ENCYCLOPÉDIE INDUSTRIELLE

PRÉCIS

D'ÉLECTROCHIMIE

ET

D'ÉLECTROMÉTALLURGIE

PRÉCIS
D'ÉLECTROCHIMIE

ET

D'ÉLECTROMÉTALLURGIE

PAR

Léon GUILLET

Docteur ès-sciences
Ingénieur des Arts et Manufactures
Professeur de Technologie chimique au Collège libre
des Sciences sociales

Avec 78 figures intercalées dans le texte.

FABRICATION DES PRODUITS CHIMIQUES
PAR ÉLECTROLYSE
Hydrogène, Oxygène, Fluor, Chlore, Soude, Potasse. —
Cuivre, Zinc, Argent, Or, etc. — Dérivés des
métaux. — Composés organiques.

INDUSTRIES UTILISANT LE FOUR ÉLECTRIQUE
Carbure de calcium, Aluminium.

APPLICATION DE L'EFFLUVE ÉLECTRIQUE
Ozone, Épuration des eaux.

ÉTINCELLE ÉLECTRIQUE

PARIS
LIBRAIRIE J.-B. BAILLIÈRE ET FILS
19, rue Hautefeuille, 19, près du Boulevard Saint-Germain,

—

1903

Tous droits réservés

PRÉCIS
D'ÉLECTROCHIMIE

PRÉFACE

Les industries chimiques ont pris depuis quelques années un développement d'une importance considérable.

Il semble donc que des monographies soient absolument nécessaires pour étudier d'une façon un peu complète les diverses branches de la chimie appliquée.

Celle que nous présentons aujourd'hui a pour but l'étude de méthodes qui, bien que très récentes, semblent devoir jouer un rôle prépondérant dans l'évolution industrielle.

L'électrochimie et l'électrométallurgie, qui, il y a douze ans, étaient encore dans la période du début, alors que l'on parlait à peine de la fabrication de l'aluminium et de l'épuration de certains métaux par électrolyse, doivent être considérées actuellement comme l'une des branches les plus importantes de l'industrie chimique minérale.

Décrire les principes de ces fabrications, en étudier les différences, établir entre elles et entre les méthodes déjà existantes des comparaisons tant au point de vue économique qu'au point de vue technique : tel est le but que nous avons cherché à remplir.

Nous tenons à remercier tous ceux qui ont bien voulu faciliter notre tâche, tout particulièrement M. Minet, qui a mis à notre disposition de nombreux dessins d'appareils.

INTRODUCTION

Division. — M. Berthelot distingue quatre principaux modes d'action de l'électricité en chimie : l'électrolyse, l'arc voltaïque, l'effluve électrique et l'étincelle électrique.

Nous adopterons cette division et nous étudierons :

1° L'électrolyse proprement dite ;

2° Le four électrique, qui emploie l'arc voltaïque ;

3° L'industrie de l'ozone, qui utilise l'effluve électrique ;

4° Nous rappellerons les quelques expériences qui ont été faites en utilisant l'étincelle électrique.

Il nous est tout d'abord nécessaire de rappeler les définitions des principales mesures employées en électricité ; nous donnerons ensuite les principales lois qui régissent l'électrolyse.

Principales mesures électriques. — On sait que le Congrès international des Electriciens, tenu à Paris en 1881, a sanctionné le choix d'un système de mesures basé sur trois *unités :* le centimètre, le gramme-masse et la seconde ; c'est ce système que l'on désigne par abréviation sous le nom de système C. G. S.

Les unités fondamentales sont donc les trois unités

de longueur (le centimètre, c'est-à-dire la centième partie du mètre, qui est, lui-même, la dix-millionième partie du quart du méridien terrestre), de masse (le gramme, c'est-à-dire la masse d'un centimètre cube d'eau distillée à son maximum de densité), de temps (la seconde, c'est-à-dire la 1/86.400 partie du jour solaire moyen.

A ces unités fondamentales se rattachent toutes les autres unités; nous citerons celles dont nous pourrons avoir besoin.

L'unité de force est la dyne; c'est la force qui, appliquée à la masse du gramme, lui donnerait une accélération de 1 centimètre par seconde.

L'unité de travail est l'erg; c'est le travail produit par une dyne agissant sur une distance de 1 centimètre.

L'unité de pression est la dyne par centimètre carré.

L'unité de densité est le gramme-masse par centimètre cube (rapport de la masse au volume).

L'unité de puissance est l'erg par seconde.

En pratique, l'unité de puissance est le kilogrammètre par seconde $= 98,1 \times 10^6$ ergs par seconde.

Dans l'industrie, l'unité de puissance est le cheval-heure, qui vaut 75 kilogrammètres par seconde (le horse-power, mesure employée en Angleterre, vaut 75,9 kilogrammètres par seconde).

L'unité de température est le *degré Celsius* ou degré centigrade; on sait quelle est sa définition de par la construction même des thermomètres.

L'unité de chaleur est la *calorie;* c'est la quantité
de chaleur nécessaire pour élever de 1° la température de 1 kilogramme d'eau.

On nomme *grande calorie* la quantité de chaleur
nécessaire pour élever de 1° la température de un
kilogramme d'eau.

Le rapport de l'unité de chaleur (grande calorie) à
l'unité de puissance (kilogrammètre) est l'équivalent
mécanique de la chaleur. Il vaut 425.

L'équivalent calorifique vaut au contraire 1/425.

Passons maintenant aux unités électriques.

Considérons un conducteur d'une longueur dl,
traversé par un courant d'une intensité I ; ce conducteur exercera une certaine force sur un pôle magnétique d'intensité m placé à une distance r. Cette
force df sera donnée par la formule due à Laplace :

$$df = K \frac{m \, I \, \mathrm{Sin} \, \alpha \, dl}{r^2}$$

α étant l'angle formé par la droite représentant
l'élément rectiligne et la droite joignant le centre de
cet élément au pôle m.

Les définitions de toutes les unités du système
électromagnétique découlent de cette loi, en y sup-
posant K = 1 ; nous donnerons les principales :

INTENSITÉ. — Un courant possède une intensité
égale à 1 unité électromagnétique C.G.S. d'intensité,
lorsque, le conducteur décrivant un arc de cercle de

rayon égal à l'unité et ayant 1 centimètre de longueur, ce courant exerce une force de une dyne sur un pôle de 1 unité C. G. S. d'intensité (1) placé en son centre.

QUANTITÉ D'ÉLECTRICITÉ. — Elle est définie par la loi de Faraday $Q = it$. L'unité électromagnétique C. G. S. de quantité est la quantité qui traverse un circuit en 1 seconde, lorsque l'intensité du courant est de 1 unité électromagnétique C.G.S. d'intensité.

DENSITÉ DE COURANT. — L'unité C.G.S. de densité de courant est la densité d'un courant ayant une intensité égale à 1 unité C.G.S. d'intensité et traversant un conducteur de 1 centimètre carré de section.

FORCE ÉLECTROMOTRICE. — L'unité électromagnétique C. G. S. de force électromotrice est celle qui fait produire un travail de 1 unité C. G. S. à 1 unité électromagnétique C. G. S. de quantité.

RÉSISTANCE. — On sait que la loi d'Ohm établit la relation $E = RI$.

L'unité électromagnétique C. G. S. de résistance est celle d'un conducteur dans lequel il passe un courant de 1 unité C.G.S. quand il y a une différence de potentiel égale à 1 unité C. G. S. entre ses extrémités.

ENERGIE ÉLECTRIQUE. — L'énergie électrique est déterminée par la formule : $W = QE = R I^2 t$.

______

(1) L'unité C. G. S. d'intensité de pôle magnétique est l'intensité du pôle qui repousse un pôle semblable placé à une distance de 1 centimètre avec une force égale à 1 dyne.

Cette définition se déduit, en somme, de la loi de Coulomb :

$$F = \frac{mm'}{d^2}.$$

L'unité électromagnétique C. G. S. d'énergie électrique est l'erg.

PUISSANCE ÉLECTRIQUE. — L'unité est l'erg par seconde.

On a la formule : $P = EI = RI^2 = \dfrac{E^2}{R}$

Unités pratiques. — Les unités pratiques sont :

Pour la résistance : l'ohm $= 10^9$. U. C. G. S.

Pour la force électromotrice : le volt $= 10^8$ U. C. G. S.

Pour l'intensité : l'ampère $= 10^{-1}$ U. C. G. S.

Pour la quantité : le coulomb $= 10^{-1}$ U. C. G. S.

         ou l'ampère-heure $= 3600$ coulombs.

Pour la capacité : le farad $= 10^{-9}$ U. C. G. S.

Pour l'énergie : le joule $= 10^7$ ergs.

Pour le travail : le watt $= 10^7$ ergs par seconde $= 1/9,81$ kilogrammètre par seconde.

Le kilogrammètre par seconde vaut donc 9,81 watts.

Le cheval-heure $= 75$ kgm. par seconde $= 7,36$ watts.

Le watt-heure $= 3600$ joules; le kilowatt-heure $= 3.600.000$ joules.

Définitions. — La décomposition d'un corps par le courant électrique, phénomène qui fut observé pour la première fois par Carlisle et Nicholson sur l'eau acidulée en 1800 et par Davy sur la potasse en 1808, reçut de Faraday le nom d'électrolyse.

Le corps ainsi décomposé se nomme *électrolyte* et les produits de la décomposition se nomment *ions*.

Les deux conducteurs servant à faire passer le courant dans l'électrolyte prennent le nom d'*électrodes*. — L'électrode positive est plus souvent appelée *anode* et l'électrode négative *cathode*.

Enfin, on désigne sous le nom d'anions les produits qui se portent sur l'électrode positive et de cations ceux qui se portent sur l'électrode négative.

Lois de Faraday. — Les lois régissant l'électrolyse ont été établies par Faraday; elles s'énoncent ainsi :

1re Loi. — Lorsque plusieurs vases électrolytiques, renfermant le même électrolyte, sont placés dans un circuit, de façon à être traversés par le même courant, la quantité d'électrolyte décomposée dans chaque vase est la même dans les mêmes *temps*.

2e Loi. — La quantité d'électrolyte décomposée dans l'unité de temps est proportionnelle à l'intensité du courant.

3e Loi. — Quand un même courant traverse des électrolytes différents, les quantités d'électrolytes décomposées sont entre elles comme leurs équivalents chimiques, en entendant par équivalents chimiques les quantités qui s'équivalent réellement.

Equivalent électro-chimique. — Les quantités d'électrolytes ainsi décomposées ont pris le nom d'équivalents électro-chimiques.

En un mot, l'équivalent électro-chimique d'un *corps* sera la quantité pondérale de ce *corps* contenant 1 gr. d'hydrogène ou contenant *le poids monovalent* de métal qui entre dans sa constitution.

L'équivalent électro-chimique de l'acide chlorhydrique sera :

$$HCl = H + Cl = 1 + 35, 5 = 36, 5.$$

L'équivalent électro-chimique du chlorure de sodium (le sodium étant un métal monovalent) sera :

$$Na\,Cl = Na + Cl = 23 + 35, 5 = 58, 5.$$

L'équivalent électro-chimique du chlorure de baryum (le baryum étant un métal bivalent) sera :

$$\frac{Ba\,Cl^2}{2} = \frac{Ba + 2\,Cl}{2} = \frac{137 + 71}{2} = 104.$$

L'équivalent électro-chimique du chlorure d'or (l'or étant trivalent) sera :

$$\frac{Au\,Cl^3}{3} = \frac{Au + 3\,Cl}{3} = \frac{196, 6 + 106, 5}{3} = 101, 03.$$

On sait par expérience que l'unité de quantité d'électricité que l'on nomme le coulomb (voir plus haut la définition) met en liberté $\dfrac{1}{96.300}$ du poids monovalent du métal, soit : 0,000010384 de ce poids.

Donc p étant le poids monovalent du métal, q la quantité d'électricité qui passe en coulombs, la quantité du métal mis en liberté sera :

$$Q = 0,000010384 \times q \times p.$$

Loi de M. Berthelot. — Aux lois de Faraday est

venue s'adjoindre la loi de M. Berthelot que l'on peut énoncer comme suit :

Pour électrolyser un composé donné, il faut employer une force électro-motrice déterminée, qui est proportionnelle à la chaleur consommée par la formation inverse du composé.

Comme l'a démontré M. Berthelot, pour déterminer la force électro-motrice minima, il ne faut tenir compte que de l'état initial et de l'état final de la solution.

« La force électro-motrice minima susceptible de déterminer l'électrolyse, dit M. Berthelot, est sensiblement la somme de deux quantités équivalentes, l'une à la chaleur absorbée par la séparation de l'acide et de la base en solutions étendues, l'autre à la chaleur de décomposition en oxygène et hydrogène de l'eau qui dissout ces corps. »

THÉORIE DES IONS. — Nous ne pouvons entrer ici dans le détail de la théorie des ions : nous ne ferons qu'en donner un aperçu, renvoyant pour plus amples détails au livre (1) écrit par M. Hollard, chef du Laboratoire central de la Compagnie française des métaux.

D'après Arrhénius, les électrolytes sont décomposés en ions avant le passage du courant ; autrement dit, dans tout électrolyte existent des ions à l'état libre. Le nombre d'ions libres est variable avec la concentration, lorsque celle-ci n'est pas trop petite, pour

(1) *La Théorie des ions et l'Electrolyse*, par A. HOLLARD, Bibliothèque de la *Revue générale des sciences*.

devenir constante lorsque la concentration est suffisamment minime.

Tout corps qui est décomposé par le courant ne doit cette propriété qu'à ce que ses molécules ou du moins un certain nombre d'entre elles sont séparées à l'état d'ions.

Le courant n'a pour effet que de transporter les ions aux électrodes. Ces ions ont, dans l'hypothèse d'Arrhénius, des charges de signes contraires aux électrodes sur lesquelles ils se portent.

Comme le fait remarquer M. Hollard, ceci explique « pourquoi, en arrivant aux électrodes, ces charges sont neutralisées, c'est-à-dire annulées à chaque instant par les charges électriques de signe contraire, qui arrivent continuellement à ces électrodes ». Nous ne pouvons entrer dans plus de détails sur ce sujet et nous renvoyons à l'ouvrage de M. Hollard, ainsi qu'aux traités spéciaux, analysant ces questions, notamment ceux publiés par MM. Etard (1), Ostwald (2) et Van T'Hoff (3).

(1) ETARD, *les Nouvelles Théories chimiques.* 1898.
(2) OSTWALD, *Abrégé de Chimie générale.*
(3) VAN T'HOFF, *Leçons de Chimie physique.*

I. — FABRICATION
DES PRODUITS CHIMIQUES
PAR ÉLECTROLYSE

La fabrication des produits chimiques par électrolyse a pris depuis, quelques années, une importance considérable et l'on peut dire, sans être taxé d'exagération, que ces méthodes, toutes récentes, de préparation de certains composés joueront un grand rôle dans le développement des industries chimiques.

Pour passer en une revue aussi complète que possible les différents procédés proposés pour la fabrication des produits chimiques par électrolyse, nous avons divisé cette étude en quatre parties :

La 1re partie comprend la préparation des métalloïdes et de leurs dérivés par électrolyse. Elle englobe la fabrication de la soude et de la potasse ; car l'obtention des alcalis est solidaire de celle du chlore.

La 2e partie comprend tout ce qui a trait à l'affinage et à l'obtention des métaux; elle constitue l'électrométallurgie par voie électrolytique.

La 3e partie traite de la préparation des dérivés des métaux,

Enfin la 4e partie s'occupe de la fabrication des produits chimiques organiques.

Dans chaque partie — excepté toutefois dans la seconde — nous avons adopté l'ordre généralement admis pour l'étude de la chimie. Dans l'électrométallurgie, nous avons préféré étudier les métaux suivant leur importance relative et les résultats industriels déjà obtenus.

Ajoutons que nous avons écarté de cette étude tous les brevets qui n'ont aucun intérêt industriel ou historique.

PREMIÈRE PARTIE

Préparation des Métalloïdes et de leurs dérivés par électrolyse.

CHAPITRE PREMIER

FABRICATION DE L'HYDROGÈNE ET DE L'OXYGÈNE

La fabrication de l'hydrogène et de l'oxygène en partant de l'eau ne date pas de longtemps, si l'on envisage la question au point de vue industriel.

Les difficultés que l'on rencontrait consistaient surtout dans l'attaque des électrodes autres que le platine par l'eau acidulée. En 1885, M. d'Arsonval a obtenu de l'oxygène pur, devant servir à des inhalations, avec un appareil composé de deux cylindres en tôle de fer dont l'un, de plus petit diamètre, était placé à l'intérieur de l'autre et perforé. Ces deux cylindres étaient remplis de potasse caustique à 3o p.1oo et formaient eux-mêmes les électrodes. Le passage du courant à travers le liquide chauffé donnait de l'oxygène et de l'hydrogène qui étaient recueillis séparément.

En 1889, M. le commandant Renard, dont les travaux sur la navigation aérienne sont bien connus, a construit un appareil semblable, dans lequel les deux électrodes étaient séparées par une paroi poreuse n'offrant pas trop de résistance au passage du courant.

Il employait comme liquide de la soude caustique à 13 p. 100, exempte de carbonate de soude.

Aucun de ces deux procédés n'est entré réellement dans l'industrie.

Un nouvel appareil a été construit par la maison Schuckert (actuellement l'Electricitaet-Actiengesellschaft); il a été mis en exploitation en 1896, à Hanau-sur-Mein. L'électrolyte employé est une dissolution sodique.

Le principal avantage de ce procédé réside dans une disposition telle qu'on peut changer chaque électrode, ainsi que la partie servant à recueillir le gaz, sans arrêter la marche de l'appareil.

L'emploi des solutions alcalines comme électrolytes n'a pas d'autre but que le remplacement avantageux de la solution au 1/20 d'acide sulfurique, employée ordinairement pour rendre l'eau conductrice.

Dans ce dernier cas, en effet, on ne pourrait songer à employer des électrodes en fer.

Des appareils produisant industriellement de l'hydrogène et de l'oxygène fonctionnent dans les villes suivantes :

En France : à Montbard et à Toulouse.

En Italie : à Rome et à Milan.

En Belgique : à Bruxelles.

En Allemagne : à Hanau.

En Suisse : à Zurich et à Lucerne.

Voici, d'après MM. Hammerschmidt et Hess (1), les plus intéressants procédés pour la préparation de l'hydrogène et de l'oxygène.

(1) *Chemiker Zeitung*, 1898, p. 123.

INVENTEUR	PUBLICATION	DATE de la publication	ÉLECTROLYTE	APPAREIL
D'Arsonval.	Manuel de l'électrotechnicien Prawinkel Strecker.	1885	Alcali caustique	Un cylindre en fer, perforé et enveloppé de coton ou de toile, est plongé dans un bac également en fer. Les deux vases servent d'électrodes.
Latschinoff.	Br. allemand N° 51.998	20 novembre 1888	Solution alcaline ou acide	Les électrodes sont en plomb et charbon ou en fer, les diaphragmes en carton d'amiante ou en papier parchemin.
Renard.	Fontaine L'Electrolyse	1890	Solution alcaline	Le diaphragme est en carton d'amiante.
Dehnard.	Br. allemand N° 58282	1891		Un cylindre en fer, perforé et enveloppé d'amiante, se trouve dans un second cylindre qui forme la seconde électrode. La hauteur de l'appareil dépasse de beaucoup la largeur.
Siemens Bros Limited.	Br. anglais N° 11.973	1893	Solution alcaline	Le diaphragme en toile de fer.
Bell.	Br. allemand N° 78.146	1893		Le diaphragme en amiante. Une électrode touche le diaphragme.
Garouti.	Br. allemand N° 83110	1895	Solution alcaline ou acide	Une série de cellules sans fond, formées par les diaphragmes. Le tout se laisse facilement démonter.
Schuckert et Cᵒ		La première installation en 1896	Solution alcaline	Les diaphragmes ne sont pas poreux. Chaque cellule peut être facilement enlevée avec l'électrode.

D'après les mêmes auteurs, le prix de revient de l'oxygène et de l'hydrogène peut se calculer comme suit, d'après les résultats des installations exécutées.

Il faut 60 kilowatts ou, en chiffres ronds, 90 chevaux effectifs pour produire 100 mètres cubes d'oxygène et 200 mètres cubes d'hydrogène par vingt-quatre heures.

FRAIS DE L'INSTALLATION.

Machine à vapeur....................	31.250 fr.
Dynamos et bains électrolytiques.	60.000 —
Bâtiment (à 290 mq)...............	15.000 —
	106.250 fr.

FRAIS DE L'EXPLOITATION JOURNALIÈRE.

Charbon pour la machine à vapeur....	67 fr.	50
Huile, graisse, etc...................	11 —	25
Main-d'œuvre......................	22 —	50
Réparations.......................	7 —	50
Amortissement.....................	17 —	50
Intérêt sur le capital à 10 p. 100.....	36 —	25
100 m. cubes d'oxyg. et 200 m. cubes d'hydrogène reviennent à	162 fr.	50

Les frais d'une production moins grande, dans le cas où l'on dispose du bâtiment et des machines, sont (par mètre cube d'oxygène) :

22 chevaux-heure, à 5 centimes.	1 fr.	10	cent.
Amortissement................	—	25	—
Réparations	—	12½	—
Main-d'œuvre................	—	12½	—
1 m. cube d'oxyg. et 2 m. cube d'hydrog. reviennent à.....	1 fr.	60	cent.

(sans tenir compte des intérêts).

Il est donc évident que la fabrication électrolytique de l'oxygène est avantageuse dans tous les cas où jusqu'à présent on employait ces gaz à l'état comprimé. L'avantage que la production électrolytique de l'hydrogène offre sur la préparation chimique, même dans les cas où on n'a aucun emploi pour l'oxygène est démontré par les chiffres suivants : 1 mètre cube d'hydrogène préparé chimiquement revient à 2 fr. 62 cent.

3 kilos de zinc à 5o cent.............	1 fr. 5o
6 — d'acide sulfurique à 18 3/4 cent.......................	1 — 12
	2 fr. 62

Tandis que l'hydrogène électrolytique revient à 80 cent. ou 1 fr. par m. cube, y compris les intérêts du capital d'installation.

CHAPITRE II

FABRICATION DU FLUOR

Le fluor n'était, il y a quelque temps, qu'un produit de laboratoire. Mais M. Moissan a montré que son action sur l'eau ne fournit pas, comme on le croyait, de l'oxygène, mais bien de l'oxygène fortement chargé en ozone. Or, comme nous le verrons plus loin, ce gaz a des applications industrielles du plus grand intérêt. Aussi trouvait-on, à l'Exposition de 1900, un appareil industriel pour la préparation du fluor, qui venait d'être créé par MM. Poulenc et Meslans.

On sait que M. Moissan, qui a découvert ce gaz en 1886, électrolysait, dans un tube en U en platine et à l'aide d'électrodes de platine fixées aux deux ouvertures par des bouchons de fluorine, un mélange d'acide fluorhydrique anhydre et de fluorure de potassium.

Dernièrement, M. Moissan a remplacé le tube de platine par un tube de cuivre de même forme, en conservant les autres dispositions essentielles de son premier appareil.

Pour obtenir un appareil industriel, il fallait résoudre les trois points essentiels suivants :

1° Suppression des isolements en fluorine et de tout joint dans la cellule anodique où le fluor se forme ;

2° Constitution d'un diaphragme inactif au point de vue électrolytique, séparant les cellules anodiques et cathodiques, n'apportant qu'un faible accroissement à la résistance de l'électrolyte et permettant toutefois une séparation efficace des gaz hydrogène et fluor ;

3° Réalisation de dispositifs permettant d'accroître à volonté la surface utile des électrodes, tout en réduisant au minimum l'épaisseur de la couche d'électrolyte interposée entre elles et permettant, par conséquent, de réduire la résistance de l'appareil et, par cela même, d'augmenter le rendement utile de l'énergie électrique et de diminuer l'échauffement du bain.

MM. Poulenc et Meslans (fig. 1) emploient comme diaphragme une sorte de boîte de cuivre percée seulement d'ouvertures latérales convenables au niveau des électrodes et munie d'un tube de cuivre, qui servira au départ du fluor.

Cette cellule, qui renferme l'anode (en platine, par exemple), est plongée dans l'électrolyte de façon que ses ouvertures latérales soient placées au-dessous du niveau du liquide. Celui-ci est contenu dans une boîte, également en cuivre, dont les parois mêmes servent de cathodes.

Les cellules anodiques sont isolées de la cuve cathodique par un joint en caoutchouc qui assure, en même temps, l'étanchéité de l'appareil. Cela est possible, puisque ce joint n'est soumis qu'à l'action (des vapeurs d'acide fluorhydrique et non à celle du fluor.

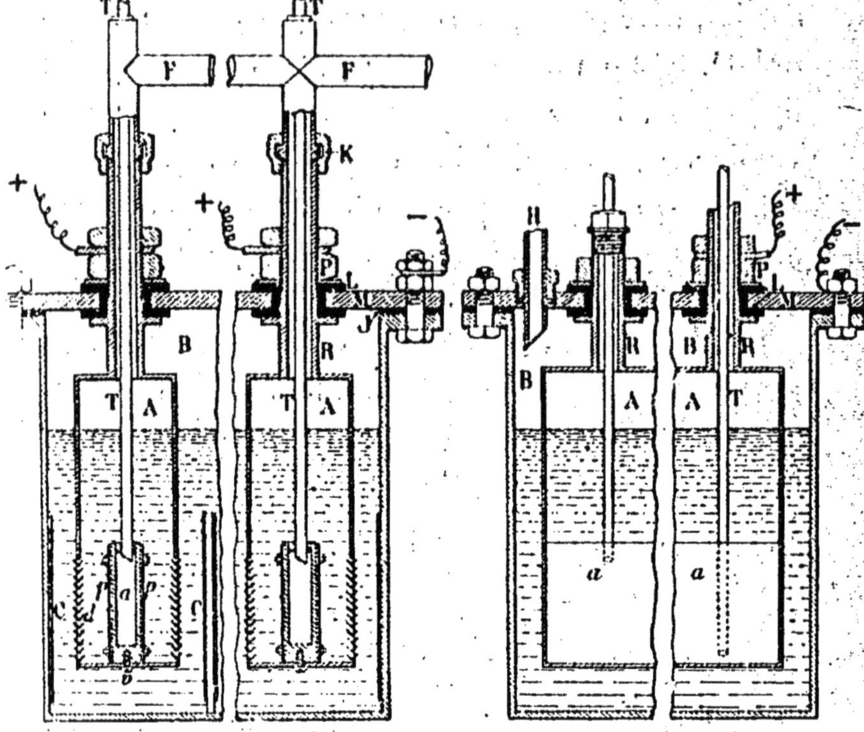

Fig. 1. — Appareil Poulenc et Meslans pour la préparation électrolytique du fluor.

Dès que le courant passe dans l'appareil, la boîte anodique entière fonctionne comme anode et décompose l'électrolyte. Du fluor se sépare sur les parois de cuivre, mais celles-ci sont aussitôt recouvertes, d'une couche très mince, mais isolante, de fluorure de cuivre et, dès lors, seule, l'anode de platine continue à électrolyser le mélange et est le siège d'un dégagement de fluor. Les parois métalliques de la cellule anodique sont transformées par la couche de fluorure de cuivre en un diaphragme inactif. Celui-ci, convenablement ajouré dans sa paroi située en regard des anodes, livre passage au courant qui traverse l'électrolyte, tout en maintenant séparés les gaz fluor et hydrogène, isolés à l'anode et sur la surface de cuivre du vase externe, qui sert de cathode.

La figure 1 représente les coupes, suivant deux plans perpendiculaires, de l'appareil pour la fabrication industrielle du fluor.

B est une cuve rectangulaire en cuivre qui renferme l'électrolyte, c'est-à-dire le mélange d'acide fluorhydrique anhydre et de fluorure de potassium; un couvercle M, également en cuivre, est fixé sur elle à l'aide de boulons; un joint de caoutchouc assure l'étanchéité.

L'ensemble est réuni au pôle négatif de la source d'électricité; des lames de cuivre C sont réunies aux parois de la cuve et sont destinées à fonctionner, ainsi que celles-ci, comme cathodes. Cette cuve est refroidie extérieurement par un bain réfrigérant.

A A sont des boîtes de cuivre de forme rectangulaire allongées et plates, fermées en bas, et munies à la partie supérieure de tubes R servant à la fois de support aux boîtes et de tubes de dégagement au fluor. Ces tubes sont isolés du couvercle à l'aide d'un joint de caoutchouc L, servant en même temps à assurer l'étanchéité, et qui est fixé par des rondelles et des écrous P.

Les anodes *aa* sont constituées par des boîtes de cuivre plates, sur lesquelles sont boulonnées des plaques de platine et à l'intérieur desquelles circule, amené par des tubes T, un courant de liquide réfrigérant.

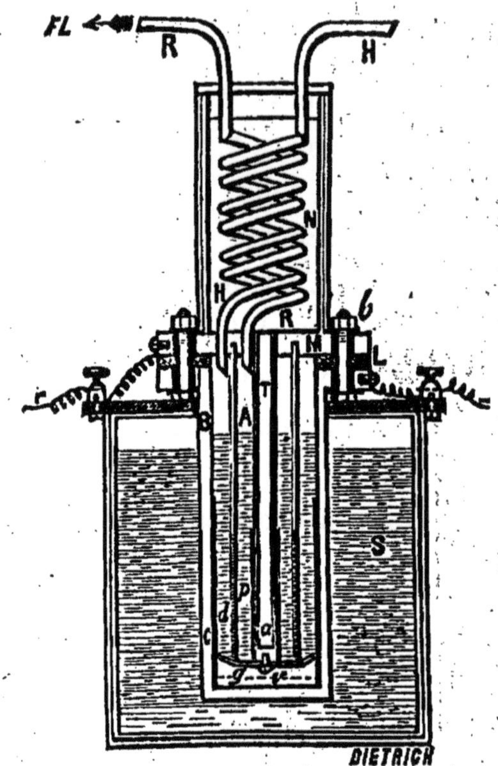

Fig. 2. — Appareil de laboratoire pour la préparation électrolytique du fluor.

Des joints cônes K en cuivre permettent de recueillir le fluor dégagé dans les diverses cellules anodiques dans un tube commun F, qui le conduit à un réfrigérant ascendant, où il se dépouille des vapeurs d'acide fluorhydrique qui, condensées, retombent dans l'appareil.

L'hydrogène, formé dans les espaces cathodiques, sort par le trou H et est soumis de même à un refroidissement énergique pour retenir les vapeurs acides.

Les parois des boîtes A sont ajourées dans la portion située en face des anodes, et des lames de cuivre minces *d*, en forme de *v*, fixées les unes aux autres à une distance convenable constituent un diaphragme peu résistant, quoique efficace au point de vue de la séparation de l'hydrogène et du fluor.

L'ensemble des boîtes anodiques A et des anodes *a* est relié au pôle positif de la source électrique. Toute la partie des boîtes A, qui plongent dans l'électrolyte, et les lames *d* se recouvrent, dès le début du passage du courant, d'une mince couche isolante de fluorure de cuivre qui les transforme en un diaphragme indifférent vis-à-vis de l'électrolyte. Dès lors, seules les plaques de platine anodiques sont le siège d'une action électrolytique et du dégagement de fluor.

Grâce à l'ensemble de ces dispositions :

1° Le fluor n'ayant de contact, jusqu'à sa sortie de l'appareil, qu'avec des parois métalliques, les joints, qui n'ont à supporter que l'action de l'hydrogène chargé de vapeurs d'acide fluorhydrique, peuvent être constitués avec des matières organiques, telles que le caoutchouc, que le fluor eût détruit. On évite donc l'emploi de fluorine;

2° Le rapprochement des électrodes peut être ré-duit à quelques centimètres avec, cependant, une séparation efficace des gaz isolés;

3° La faible résistance de la couche d'électrolyte qui sépare les électrodes et l'absence de contre-électrolyte sur les parois de séparation permettent d'obtenir un haut rendement de l'énergie électrique.

Enfin, le refroidissement de l'anode en diminue l'attaque d'une façon appréciable et permet de refroidir moins énergiquement la masse de l'électrolyte, ce qui a une heureuse influence sur le régime de l'électrolyse.

Tel est le premier appareil industriel qui ait été construit en vue de la préparation du fluor. Il se trouvait exposé à l'Exposition de 1900 à l'annexe de la classe 24, où on le faisait souvent fonctionner.

A côté se trouvait un appareil d'un modèle restreint et en différant un peu. Il est surtout destiné au laboratoire.

B est un vase cylindrique (fig. 2) en cuivre qui contient l'électrolyte et dont la paroi C sert de cathode. M est le couvercle en cuivre qui, ici, est isolé du vase B par une rondelle de caoutchouc L, qui sert aussi de joint et qui est maintenue par des boulons b isolés. Sur ce couvercle sont brasés :

1° Le tube A, qui est ajouré en bas, en d;

2° Le tube T, qui vient s'ouvrir dans la boîte N qui reçoit un liquide réfrigérant. Ce tube T, fermé à la partie inférieure, reçoit un manchon en platine p et la plaque de cuivre *g* fixés au moyen de la vis de cuivre V ;

3° Deux tubes serpentins, l'un R, qui sert au dégagement du fluor, l'autre, H, qui sert au dégagement de l'hydrogène, et qui, l'un et l'autre, sont utilisés comme réfrigérants à reflux pour la condensation des vapeurs d'acide fluorhydrique entraînées qui retombent dans l'appareil.

Cet ensemble est relié au pôle positif de la source d'électricité. Un bain réfrigérant entoure le vase cathodique. Le fonctionnement de cet appareil est identique au précédent.

Enfin, nous ferons remarquer que la préparation de l'acide fluorhydrique anhydre n'est pas un obstacle à la préparation industrielle du fluor. On arrive, en effet, à distiller le fluorhydrate de fluorure de potassium fondu dans des alambics construits tout entiers en cuivre sans avoir à redouter l'attaque du métal.

CHAPITRE III

FABRICATION DU CHLORE, DE LA SOUDE ET DE LA POTASSE

Coup d'œil général sur l'Industrie de la soude. — On sait que trois grands procédés se disputent la fabrication de la soude : le procédé Leblanc, le procédé à l'ammoniaque et les procédés électrolytiques.

Le premier ne trouve plus maintenant sa raison d'être que dans la production d'acide chlorhydrique, utilisé pour l'obtention du chlore. Encore faut-il ajouter qu'il tend à disparaître de plus en plus (excepté cependant en Angleterre) et qu'il n'en subsiste guère que la première partie, c'est-à-dire celle où se fait la transformation du chlorure de sodium en sulfate par l'action de l'acide sulfurique. On obtient, d'une part, l'acide chlorhydrique et, d'autre part, du sulfate de soude, que réclament les verreries et les fabriques d'alun.

Si quelques sociétés, comme celles de Saint-Gobain, des produits chimiques du Midi, des produits chimiques d'Alais et de la Camargue, font encore de la soude Leblanc, c'est surtout, croyons-nous, pour utiliser la portion de sulfate de soude qu'elles ne trouvent pas à vendre directement.

Le grand reproche que l'on adresse aux procédés à l'ammoniaque est la non-utilisation de ses sous-produits.

De nombreux procédés ont été inventés pour récupérer le chlore dans cette fabrication ; certains ont donné quelque satisfaction ; mais, cependant, aucun ne pourrait assurément entrer en lutte avec la production électrolytique du chlore.

Bien au contraire, ce chlore devient parfois très encombrant, lorsque l'on traite le chlorure de sodium par le courant électrique. En effet, à chaque atome de sodium, de poids atomique 23, mis en liberté, correspond un atome de chlore, de poids atomique 35,5 ; par atome de sodium, il est donc dégagé 11 litres de chlore, le poids d'un litre étant de 3 gr. 19.

La généralisation des procédés électrolytiques entraînerait, par là même, une telle surproduction de ce gaz que les débouchés ne seraient plus suffisants pour son écoulement ; c'est là, certainement, une très grave question, étant données surtout les propriétés nuisibles du chlore.

De plus, ce gaz, sortant de l'électrolyseur, agit sur la chaux avec une telle force qu'au lieu de donner ce que l'on est convenu d'appeler du chlorure de chaux, il donne souvent du chlorure de calcium. On a su parer, cependant, à cet inconvénient. D'ailleurs, la fabrication du chlore liquide, que l'on monte dans plusieurs usines, constituerait un nouveau débouché d'une importance assez grande.

Ces procédés présenteraient, toutefois, de grands avantages, si leur mise en œuvre ne rencontrait de réelles difficultés.

La première de ces difficultés se trouve dans l'obtention d'un courant électrique à bon marché, qui ne peut être réalisé que par l'utilisation des chutes d'eau ou par l'emploi de combustibles dans des conditions particulièrement avantageuses. Nous verrons que plusieurs usines fonctionnent déjà avec des machines à vapeur.

La deuxième difficulté est d'avoir une électrode qui ne soit pas attaquée par le chlore.

Enfin, la nécessité dans laquelle on se trouve de séparer les deux composés formés, chlore et soude, afin d'empêcher leur recombinaison, constitue la troisième difficulté.

Voyons, en effet, ce qui se passe dans l'électrolyse du chlorure de sodium.

Le premier effet du courant électrique est de séparer les deux éléments combinés ou plutôt, suivant la théorie d'Arrhénius, de diriger vers les électrodes les ions libres de la solution.

$$Na\,Cl = Na + Cl$$

Puis le sodium formé se trouvant au contact de la

solution; et par là même d'eau, donne la réaction bien connue

$$2\,Na + 2\,H^2O = 2\,Na\,OH + H^2$$

Supposons, pour un instant, que la cuve ne soit pas séparée en deux parties formant, l'une la cellule positive, l'autre la cellule négative.

Le chlore, laissé au contact de la soude, est susceptible d'agir sur ce composé et, suivant le degré de concentration et la température, on a les réactions :

$$Cl^2 + 2\,NaOH = Na\,Cl + Na\,Cl\,O + H^2O$$
$$3\,Cl^2 + 6\,NaOH = 5\,Na\,Cl + Cl\,O^3Na + 3\,H^2O$$

Mais le chlorate et l'hypochlorite se trouvent au contact d'hydrogène provenant de l'action du sodium sur l'eau, qui pourrait, tout au moins, réduire l'hypochlorite. Il faut donc séparer le chlore et la soude, au fur et à mesure de leur production, si l'on veut obtenir ce dernier composé.

Les différents procédés brevetés se divisent en deux grandes classes :

1° Procédés par voie humide;

2° Procédés par voie sèche.

La première classe se subdivise elle-même en:

1° Procédés à diaphragme;

2° Procédés au mercure;

3° Procédés sans diaphragme et sans mercure.

Donnons de suite la caractéristique de chacun de ces procédés.

Dans les procédés par voie humide, on soumet

à l'action du courant une *dissolution aqueuse* du chlorure alcalin que l'on veut électrolyser, tandis que, dans les procédés par voie sèche, on utilise les sels mêmes.

Dans les procédés de la voie humide, l'on prend, pour effectuer la séparation que nous avons indiquée du chlore et du sodium, une paroi poreuse, qui doit posséder un certain nombre de qualités et à laquelle on a donné le nom de *diaphragme;* les procédés basés sur ce principe sont dits *procédés à diaphragme.*

On peut également, dans des conditions que nous indiquerons plus loin, séparer le sodium du chlore, au fur et à mesure de sa production, par l'intermédiaire du mercure; on a ainsi les procédés dits au mercure.

Quant aux procédés sans diaphragme et sans mercure, ils utilisent des dispositions toutes spéciales des cuves électrolytiques. Disons de suite qu'ils n'ont point encore reçu la consécration de la pratique.

Procédés par voie humide. — Procédés à diaphragme. — Le diaphragme est une cloison devant séparer l'électrolyseur en deux parties; dans l'une se trouvera l'anode, dans l'autre la cathode.

Le diaphragme doit remplir les trois conditions suivantes :

1° Former une paroi assez consistante pour établir la séparation complète des ions ;

2° Ne pas opposer une trop grande résistance au passage du courant ;

3° N'être attaqué ni par l'électrolyte ni par les ions.

Il existe de nombreux corps, jouissant de cette propriété, qui pourraient être avantageusement utilisés, comme le parchemin végétal.

Procédé Hargreaves-Bird. — A ces deux noms de savants anglais se rattache toute une série d'expériences et d'essais qui ont été continués, après la mort de Bird, par M. Hargreaves. De ces études sont nés un certain nombre d'appareils; nous n'en décrirons qu'un seul, le plus récent, qui a été expérimenté par « la General Electrolytic Patent C° », à Farnworth (Lancashire).

L'électrolyseur se compose d'une cuve dans laquelle on a placé, à une certaine distance l'un de l'autre, deux diaphragmes spéciaux B et B' (fig. 3 et 4). C'est entre ces deux diaphragmes que l'on fait arriver la solution de chlorure de sodium à électrolyser, dans laquelle plongent les anodes A constituées par du charbon ordinaire. Tout contre le diaphragme B sont placées les cathodes formées par des toiles de cuivre.

Lorsque le courant passe, la soude se forme à la cathode et est entraînée par la vapeur d'eau que l'on envoie dans la cellule catholique. De plus, on fait passer un courant d'anhydride carbonique, qui donne du bicarbonate. L'électrolyte arrive dans le bas de la cuve, tandis que, après traitement, le liquide sort par le haut.

Tel est le principe de ce procédé qui a été expérimenté en 1898.

Dans l'appareil des mêmes auteurs, qui doit être exploité par Saint-Gobain, les diaphragmes sont formés par une sorte de tissu d'amiante auquel on incorpore une solution silicatée. Le voltage nécessaire à l'électrolyse du chlorure de sodium serait de 3, 6 volts

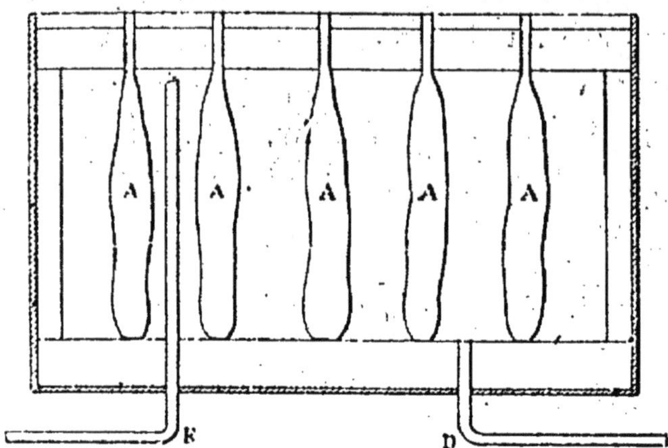
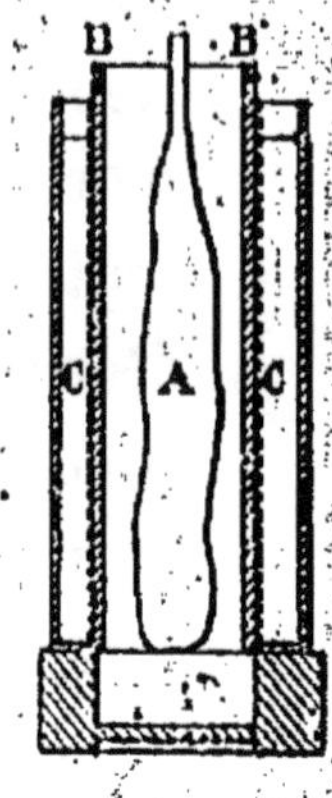

Fig. 3. — Coupe en long.

Fig. 4. — Coupe en travers.

Schéma de l'électrolyseur Hargreaves-Bird.

environ par cellule; l'efficacité du courant atteindrait 90 à 92 p. 100; enfin la densité du courant serait de 2 ampères par décimètre carré de diaphragme. La lessive découlant des cathodes contient 120 à 130 grammes de carbonate de soude par litre et seulement 6 grammes en moyenne de chlorure de sodium, soit 5 p. 100 environ. Le chlore est à 95-98 p. 100 de pureté.

Une nouvelle usine vient d'être élevée à Middlewich, dans le Ceschire. Elle comprend, à l'heure actuelle, quatre séries d'appareils de treize cellules chacun. Il s'est formé une société au capital de 5oo.ooo fr. pour l'acquisition des brevets anglais et la création de cette usine.

Procédé Outhenin-Chalandre. — Diverses usines exploitent ce procédé ; ce sont : la maison Outhenin-Chalandre fils et Cie, à Seveux (Haute-Savoie) ; la Société suisse « la Volta », à Chèvres, près de Genève, et la Société lyonnaise « la Volta », à l'usine de Plombière, près de Moutiers (Savoie).

Il est caractérisé (fig. 5) :

1º Par l'emploi de tubes poreux formant dia-phragmes ;

2º Par une disposition toute spéciale qui permet la séparation des trois produits : chlore, soude et hydro-gène, qui prennent naissance dans l'électrolyse.

L'appareil se compose de deux cuves, dont la plus petite B, placée à l'intérieur et hermétiquement close, est toute en ébonite.

Deux parois opposées de cette cuve sont traversées par des tubes poreux a, qui font un certain angle avec l'horizon.

Ces tubes sont ouverts à leurs extrémités et contien-nent les cathodes b, formées de lames de tôle ; enfin, ils sont placés par séries dans une suite de plans ver-ticaux. Entre deux séries de tubes, on place une anode formée d'une lame de platine ou de charbon. Toutes les anodes sont ainsi renfermées dans la caisse en ébonite ; elles sont, de plus, réunies à la partie supérieure et sont mises en relation avec le pôle positif de la dynamo.

Les cathodes sont toutes reliées au pôle négatif. Enfin un tuyau traversant le couvercle de la petite caisse en permet l'alimentation ; un autre tube d sert au dégagement du chlore.

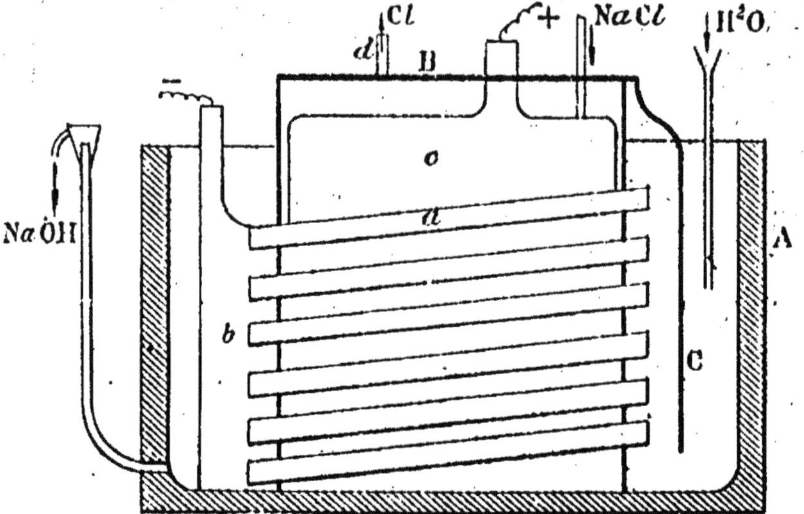

Fig. 5. — Schéma de l'électrolyseur Outhenin-Chalandre.

Pour la mise en marche de l'électrolyseur, on remplit la grande caisse d'une solution de soude caustique et on fait arriver la dissolution convenable de chlorure de sodium dans la caisse centrale.

Le courant passant, le chlore, formé aux anodes, gagne le sommet de la cuve en ébonite et se dégage. La soude, formée aux cathodes, descendra la pente des tubes poreux et le gaz hydrogène remonte, au contraire, à travers les tubes. Un système quelconque embrassant toutes les issues supérieures permettrait de recueillir l'hydrogène.

Procédé Lesueur. — Ce procédé fonctionne à Berlin-Falls (État de New-York). L'électrolyseur Lesueur se distingue :

1° Par la forme de sa cathode, qui est constituée par un anneau en fer, recouvert de plusieurs morceaux de toile de même métal et perforé de façon à laisser passer l'hydrogène ;

2° Par l'anode, qui se compose de charbons de cornue englobés dans du plomb ;

3° Par le diaphragme, qui est formé d'une feuille de parchemin végétal, à laquelle on a ajouté une double feuille d'amiante ; le tout a été collé au moyen d'albumine de sang coagulée ;

4° Par la disposition générale de l'appareil, que l'on peut résumer comme suit :

Sur le fond d'une cuve en fer est placée la cathode ; sur cette cathode vient s'appuyer le diaphragme ; enfin, sur le diaphragme même repose un vase poreux qui forme le compartiment de l'anode ; celle-ci est ainsi placée au centre même de la cuve.

Un même appareil contient, en général, un certain nombre d'électrolyseurs, 8 à 10.

A l'usine de Berlin-Falls, on précipite la soude contenue dans la dissolution par un courant d'acide carbonique, qui donne du carbonate acide de sodium ; celui-ci est ultérieurement transformé en carbonate par calcination.

La précipitation ne se fait que lorsque le liquide contient 10 p. 100 d'alcali.

D'après Weightmann, les diaphragmes sont constitués par l'amiante et durent trois à quatre semaines. Chaque cellule reçoit 800 ampères 6 volts et à un courant efficace de 60 à 80 p. 100.

Procédé de Griesheim. — C'est ce procédé qui est, actuellement, le plus exploité. Voici, d'après M. Lunge (1), quelle en a été l'origine :

A la suite d'un brevet obtenu par C. Hœpfner en 1884, trois sociétés industrielles allemandes : Mathes et Weber de Duisbourg, Kunheim et C° de Berlin et la Chemische Fabrik de Griesheim, près de Francfort-sur-le-Mein, auxquelles s'adjoignirent deux maisons particulières, fondèrent une association pour l'étude d'un procédé de fabrication électrolytique de soude et de chlore.

Les premières recherches furent faites par M. Fabian, associé de la maison Mathes et Weber. M. Fabian étant mort en 1885, la Chemische Fabrik de Griesheim fit continuer les recherches pour le compte de l'association. Elles aboutirent à un projet d'usine qui fut mis en exécution vers la fin de 1888. L'usine en question fut établie à Griesheim et mise en marche en 1890 ; elle fut doublée en 1892.

Cette même année, la Chemische Fabrik « Elektron » fonda également une usine utilisant le même procédé.

(1) *Moniteur Quesneville.* Novembre 1896.

En 1894, commença à fonctionner à Bitterfeld une autre soudière électrolytique.

Enfin, la Société industrielle des Produits chimiques exploita, en 1898, ce même procédé à La Motte (Oise).

Les usines utilisant actuellement ce procédé sont : La Motte-Breuil (Oise), Griesheim, Bitterfeld (2 usines), Rheinfelden, Ludwigshafen, Westeregeln, Zombkowice, Slaviansk, Flix (Espagne).

Dans toutes les usines qui l'exploitent, le procédé de Griesheim est tenu absolument secret ; on sait seulement que c'est un procédé à diaphragme. Cependant, dans des communications récentes, quelques auteurs ont soutenu qu'il utilisait le mercure.

Procédé Greenwood. — Ce procédé a été exploité par le « Caustic Soda and Chlorine Syndicat ».

En 1899, l'usine de Wimford, où il était exploité, a été arrêtée. La fermeture de cette usine n'était due, paraît-il, qu'à l'impossibilité dans laquelle se trouvait la Salt Union Company de régler le prix de l'achat de l'usine d'après les contrats. Les essais des appareils auraient donné de bons résultats. Nous ignorons si ce procédé a été exploité à nouveau depuis cette époque ; il est caractérisé :

1° Par l'anode employée qui consiste en un morceau de charbon métallisé ; pour l'obtenir, on prend des charbons de cornue que l'on cuivre et que l'on étame ensuite ;

2° Par le diaphragme, de forme cylindrique, qui

est constitué par des rondelles en verre ou en porcelaine, placées les unes sur les autres; mais, entre deux rondelles, on a soin de mettre une couche d'asbeste, qui est suffisamment poreuse, tout en étant inattaquée par le chlore et l'alcali;

3º Par la cuve cylindrique, qui constitue elle-même la cathode. A cet effet, cette cuve est en fer.

Dans le schéma représenté figure 6, il faut remarquer que le charbon formant l'anode C repose, non pas sur le fond de la cuve, mais sur une plaque d'ardoise jouant le rôle d'isolateur. Trois orifices sont pratiqués dans le couvercle, dont l'un permet l'échappement du chlore produit à la cellule positive et les deux autres t, t' laissent passer les tubes qui servent à l'alimentation de la cuve et plongent jusqu'au fond de chacun des compartiments. La soude sort par une tubulure située à la partie supérieure de l'électrolyseur. Le mouvement du liquide se fait donc de bas en haut. Quant à la lessive de

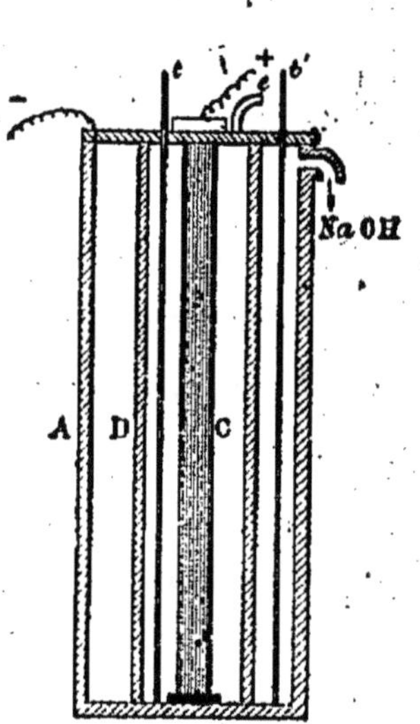

Fig. 6. — Schéma de l'électrolyseur Greenwood.

soude recueillie, elle doit être évaporée et purifiée par pêchage du sel marin non décomposé.

Procédé Spilker, Lœve et Knofler. — Ce procédé est exploité par la Vereinigte Chemische Fabrik, à Léopoldshall (duché d'Anhalt), pour électrolyser une solution de chlorure de potassium et obtenir du chlore et de la potasse caustique. Il est caractérisé par une obtention des plus ingénieuses du diaphragme.

L'électrolyseur employé est une cuve que divise en deux compartiments une feuille de parchemin végétal. Dès que le courant commence à passer, c'est-à-dire dès que le chlore se forme au pôle positif et la potasse au pôle négatif, le diaphragme serait attaqué, si l'on n'avait soin d'ajouter à la solution de l'anode, mise au début de l'opération, un peu de chlorure de magnésium ou de chlorure de calcium, tandis que la cellule cathodique contient une solution d'alcali caustique.

Le chlorure de calcium, sous l'action du courant, donne de l'oxychlorure qui se dépose en couche homogène sur le parchemin et empêche toute attaque. On fait en sorte que cette couche atteigne 7 à 8 millimètres d'épaisseur; pour cela, il suffit d'ajouter au début 2 p. 100 de chlorure de calcium à la solution que l'on veut traiter.

Il ne reste plus qu'à régler l'arrivée du sel calcaire ou magnésien, de façon à maintenir aussi constante que possible la couche d'oxychlorure protectrice du diaphragme.

Cette méthode des plus ingénieuses a donné d'excellents résultats.

Procédé Gall et de Montlaur (fig. 7). — Les travaux de MM. Gall et de Montlaur ont été des plus importants ; nous aurons d'ailleurs à y revenir à propos du chlorate de potassium. Nous décrirons ici l'appareil producteur de chlore, lequel est caractérisé :

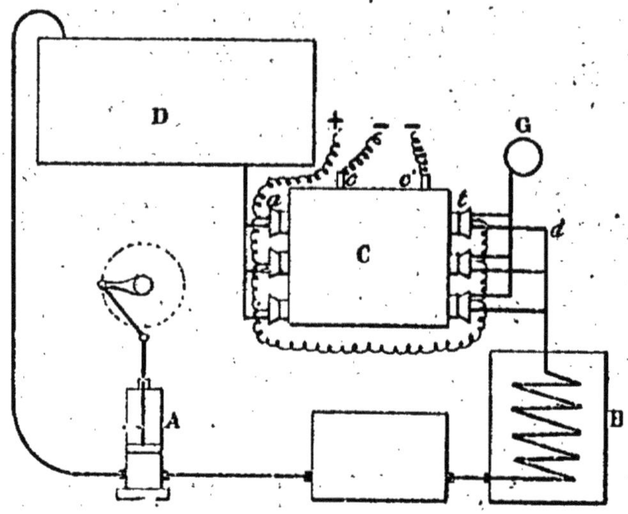

Fig. 7. — Schéma du procédé Gall et de Montlaur.

1° Par l'obtention de ce gaz, *sous une pression déterminée ;*

2° Par l'électrolyse d'une solution de chlorure *portée à une température déterminée ;*

3° Par l'usage de diaphragmes tubulaires ;

4° Par la disposition relative des anodes et des cathodes, ayant pour but de réduire le plus possible les résistances.

L'appareil complet de MM. Gall et de Montlaur comprend trois parties (fig. 7) :

3.

1º Un appareil A produisant le mouvement du liquide contenu en D;

2º Un réfrigérant B permettant d'avoir la solution saline à une température déterminée;

3º L'électrolyseur proprement dit, C.

Ce dernier se compose d'un récipient en tôle dans lequel se trouve la solution de chlorure de sodium; ce récipient est traversé par des tubes poreux *t*, qui constituent les diaphragmes. Dans chacun de ces tubes se trouve une anode *a*, tandis que les cathodes, en tôle, sont placées autour des tubes. Cette disposition a pour but de diminuer la résistance.

On peut régler le niveau du liquide dans ces tubes poreux; le chlore qui s'y dégage est donc à une pression qui varie avec ce niveau. Tout le gaz est recueilli dans un collecteur G.

PROCÉDÉ HULIN (par voie humide). — Ce procédé est basé sur le principe suivant :

Lorsqu'un courant passe dans une solution qu'il décompose, les ions se forment *seulement* au contact des électrodes.

Soit donc une électrode dont la constitution est telle qu'elle permette, en quelque sorte, de filtrer les produits formés. Plaçons cette électrode A (fig. 8), qui est rejointe au pôle négatif, de façon à former une des parois de l'électrolyseur; elle ne sera ainsi mouillée que d'un côté par la solution de chlorure de sodium. La soude se formera donc sur l'une des faces de la cathode et, étant donné le pouvoir filtrant de celle-ci ainsi que la différence de pression existant entre l'électrolyseur B et le compartiment extérieur C, la soude s'écoulera dans ce compartiment et se déversera par un trop plein c. — Tel est, en résumé, le principe de l'électrolyseur Hulin.

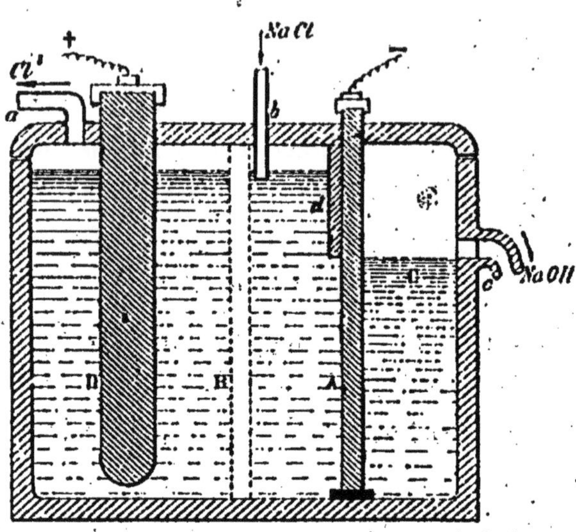

Fig. 8. — Schéma de l'électrolyseur Hulin.

Des tubes *b* permettent l'alimentation en chlorure de sodium ; un autre tube *a* permet le dégagement du chlore. Enfin, une paroi non poreuse *d* est placée de façon à masquer l'électrode-filtre sur toute la hauteur formant la différence de niveau entre l'électrolyseur même et le compartiment C.

Les électrodes-filtres sont constituées par des plaques de charbon très poreux, qui sont préparées d'une façon spéciale.

Diaphragmes divers. — On a préconisé comme

diaphragmes : l'emploi de porcelaine d'amiante (Garrus), de tissus d'amiante, enduits de kaolin et portés ensuite dans un four à porcelaine (Riquelle), de plaques d'asbeste que l'on fait tremper dans une solution de gélatine additionnée de bichromate de potassium (Rickmann).

On a aussi employé des sacs de toile dans lesquels on enferme un treillis métallique avec un mélange de poudre d'anthracite et de silicate de potassium. Ce corps se décompose en donnant de la potasse et de la silice; celle-ci, étant à l'état gélatineux, donne, avec l'anthracite, le diaphragme (Rolets).

Enfin on a cherché à protéger les diaphragmes contre l'attaque du chlore en disposant des persiennes dirigées vers le haut, de telle sorte que le gaz glisse, en quelque sorte, sur cette paroi, en gagnant le sommet du récipient. Ce système a été breveté par la fabrique de couleurs de Hœchst.

ANODES DIVERSES. — On a proposé l'emploi d'anodes en charbon recouvertes de ferrosilicium (Hœpfner), en platine enduit de noir de platine (Carhart), en coke préalablement soumis à l'arc voltaïque, en graphite, etc.

M. Castner porte au blanc éblouissant, au moyen d'un courant, des anodes en charbon entourées de charbon de bois pulvérisé.

Ces anodes résistent bien à l'action du chlore.

Le problème de la constitution des anodes est d'une importance tellement considérable que nous tenons à citer ici l'étude publiée par M. Weightmann dans *The Engineering and Mining Journal* du 4 août 1900.

D'après Weightmann, la cause prédominante de la destruction des charbons réside dans la présence de composés pouvant fournir de l'oxygène. On arrive à des résultats très curieux en faisant varier les quantités d'oxygène et de chlore. Lorsqu'il se dégage de l'oxygène pur, l'attaque a constamment lieu à la surface de l'anode ; réparti également sur toute cette surface, le carbone tombe, en poudre fine, au fond du récipient. Quand il se dégage 10 à 50 p. 100 dé chlore et 90 à 50 p. 100 d'oxygène, le carbone montre une tendance curieuse à se désagréger surtout à la surface de la solution. Cela est surtout marqué quand il se dégage 10 p. 100 de chlore et cela diminue graduellement jusqu'à 50 p. 100 ; ensuite le charbon est attaqué régulièrement, proportionnellement à la quantité d'oxygène. Du reste, tous ces effets varient beaucoup avec la qualité du charbon employé.

La part importante qui revient à la densité du courant dans la destruction des charbons n'est pas très généralement reconnue, celle-ci est d'autant plus rapide que la densité est plus forte. On voit qu'il est important d'avoir une densité de courant aussi faible que possible, ou, en d'autres termes, une surface d'électrode aussi grande que possible. Il faut aussi que le courant soit distribué très également sur toute la surface, sinon l'effet nuisible d'une forte densité de courant se fera sentir à certains endroits plutôt qu'à

d'autres et détruira plus vite le charbon en ces endroits.
C'est ainsi qu'une anode irrégulière sera attaquée de
façon que sa surface tende à s'aplanir, les parties les
plus voisines des cathodes travaillant à densités de
courant plus fortes que les autres. L'attaque des
anodes augmente quand la température s'élève, c'est
une des objections qui ont été faites à l'emploi de
conduites de vapeurs, etc., pour chauffer l'électrode.

On a employé avec quelque succès les électrodes
de graphite ou de charbon graphité à la surface, bien
que Bartoli et Papasogoli aient établi que, lorsqu'il
se dégage de l'oxygène, il se forme de l'acide graphitique $C^{14} H^2 O^3$. On a employé pour le procédé
Castner-Kellner, à Widnes et au Niagara, des charbons graphités préparés en plaçant des charbons
ordinaires dans de la poudre de charbon, en y faisant passer un courant de 5o à 3oo ampères par
pouce carré, de façon à les amener au rouge blanc, et
en laissant ensuite refroidir lentement. Les charbons
perdent ainsi 5 p. 100 environ de leur poids, deviennent beaucoup plus durs et augmentent un peu de
volume; leur résistance électrique diminue.

Les fabriques qui utilisent les procédés Castner
semblent avoir maintenant abandonné cette méthode
surtout à cause du coût de préparation. La « Mattheson
Alkali Works » à Niagara Falls, la « Castner-Kellner
Alkali Company » en Angleterre et la « Deutsche
Solway Works » en Allemagne, qui toutes utilisent
les brevets Castner et qui jadis employaient le procédé

Castner pour la préparation de leurs électrodes, font usage maintenant d'électrodes préparées par la «Acheson graphite Company », à Niagara-Falls, suivant les brevets Acheson. M. E.-G. Acheson a montré que le charbon n'est pas converti en carbone graphitique par la chaleur seule, mais qu'il est nécessaire que le charbon passe par un cycle d'opérations chimiques effectuées à haute température. Pratiquement, à Niagara-Falls, le coke est mélangé à du goudron et à un métal ou un oxyde métallique approprié; la masse formée est moulée et après quelque temps soumise à la température du four électrique : la cuisson est prolongée jusqu'à ce que les réactions entre le carbone et les constituants métalliques se soient effectuées, il se forme des carbures qui sont aussitôt décomposés, le métal se volatilise et le carbone est libéré sous forme de graphite.

Les lois suivant lesquelles les électrodes sont attaquées étant très mal connues, il est extrêmement difficile de déduire leur qualité de leur composition chimique ou de leurs propriétés physiques, et il est préférable de les placer directement dans des conditions aussi voisines que possible des conditions industrielles. Pour cela, on prendra dans chaque espèce de charbons une baguette de $6 \times 2 \times 1$ pouces et on les suspendra dans un récipient convenable, contenant une solution à 10 p. 100 d'acide sulfurique. On emploiera comme électrode négative un cylindre de plomb entourant l'anode, de façon que tous les points de celle-ci soient à peu près équidistants de la cathode. On réunira les divers charbons en tension, et on fera passer le courant, de telle sorte qu'on obtienne une densité de courant voisine de celle employée dans la pratique. Les charbons ayant été pesés avant l'expérience, on laisse le courant passer 10 à 12 heures; on les lave, on les sèche soigneusement et on les pèse de nouveau. On trouve toujours que le charbon qui a le moins perdu de poids est celui qui donne les meilleurs résultats dans la pratique.

La grosse objection faite à l'emploi du platine est son coût élevé, mais il présente le grand avantage de résister presque au chlore et à l'oxygène et cela absolument s'il est allié à environ 10 p. 100 d'iridium. Les nombreux brevets qui ont été pris ont tous eu pour but d'économiser le métal et de diminuer ainsi les frais d'installation. On a d'abord essayé de déposer électrolytiquement du platine sur du cuivre et d'autres métaux, mais c'est un fait connu que les métaux se précipitent à l'état cristallin, la couche qu'ils forment est plus ou moins poreuse et ne protège pas d'une façon efficace le métal sous-jacent. Au lieu de déposer du platine sur du cuivre, on a pensé à déposer du cuivre sur de minces feuilles de platine afin de les empêcher de se gondoler et afin de leur conserver une conductibilité et une résistance mécanique suffisantes. On recouvrait d'un vernis les faces de cuivre exposées ou on plaçait dos à dos deux plaques. Heræus (brevet anglais 1154 de 1896) se sert de tubes de platine remplis de plomb et reliés par de minces feuilles de platine. Kellner (brevet anglais 22207 de 1895) préconise l'emploi de tubes de platine munis de projections latérales en forme de nervure et d'un boyau de métal. Le Sueur a récemment introduit avec quelque succès des électrodes en platine iridié qui ont été expérimentées par la « Electro-Chemical Company » à Rumford-Falls et à Berlin. Des fils fins de platine iridié à 10 p. 100 d'iridium sont coupés en morceaux de 8 pouces de longueur; on les enroule, puis, on les aplatit à l'exception d'un petit tour à chaque extrémité. On les coupe ensuite par le milieu, on réunit les parties non enroulées et on les soude dans un tube de verre, de sorte que les extrémités en dépassent juste le fond. On étend alors radicalement les parties aplaties et, pour les préserver durant le montage, on les fixe avec de la cire à sceller sur des disques en carton. Une fois placées dans la cuve électrolytique, on les réunit avec le conducteur en plaçant une goutte de mercure dans les tubes de façon à établir un contact entre les fils de platine et une tige de fer qui va du conducteur au fond du tube. On place dans chaque cuve un grand nombre de ces électrodes, qui reviennent chacune à environ 75 centimes.

Les avantages préconisés par l'inventeur sont : 1° la distribution régulière du courant au moyen de la quantité minimum de platine; 2° la facilité offerte au dégagement du chlore gazeux qui permet d'éviter une forte polarisation et les effets nuisibles que cause une mince couche de gaz à la surface des électrodes.

On emploie exclusivement des électrodes de platine dans la fabrication du chlorate de potasse, la forte proportion d'hypochlorite empêche absolument de se servir du charbon, ces composés dégageant de l'oxygène, au cours de l'électrolyse.

Enfin on a pris de nombreux brevets pour l'emploi d'anodes formées de poudre ou de morceaux de charbon. Il faut encore signaler les électrodes graphitiques fabriquées d'après les procédés Girard et Street, par la Société « le Carbone ».

Fig. 9.
Électrode hélicoïdale
Peyrusson.

M. Peyrusson a créé de nouveaux électrolyseurs caractérisés par la *forme hélicoïdale des électrodes* (fig. 9). Cette forme présente, d'après l'auteur, l'avantage d'obliger les électrolytes à suivre tous les contours des hélices et à accomplir, par suite, un parcours beaucoup plus grand dans l'appareil. Ce parcours peut, suivant le rapprochement et la largeur des spires, être cent fois plus grand que l'axe de l'hélice. Pendant ce parcours, l'électrolyte se trouve soumis au courant électrique sous forme de tranches minces emprisonnées entre les lames de l'hélice. L'auteur assure qu'en réglant la température, le courant électrique et la durée de l'opération, on peut obtenir, dans l'électrolyse des produits organiques, des effets absolument réguliers et éviter la formation des isomères. Ce fait a évidemment une très grande importance dans la fabrication de certains produits.

Procédés au mercure. — PRINCIPE. —Dans les procédés au mercure, le principe appliqué est le suivant: se servir de mercure comme cathode, de façon que le sodium qui se forme à son contact soit immédiatement absorbé pour former un amalgame, tandis que le chlore se dégage librement à l'anode.

Quant à l'amalgame, il est décomposé ultérieurement par l'eau, qui régénère du mercure et donne de la soude, avec dégagement d'hydrogène.

PROCÉDÉ CASTNER. — Ce procédé est exploité par l'« Aluminium Cᵒ » dans son usine d'Oldbury, près de Birmingham, et par quelques autres importantes usines.

L'appareil se compose d'une cuve rectangulaire d'une profondeur très faible et divisée en trois compartiments (que nous désignerons par les numéros 1, 2 et 3) par des cloisons qui ne touchent pas tout à fait le fond de la cuve. Celui-ci est garni d'une faible couche de mercure (3 à 4 millimètres). Une anode est placée en 1 et en 3 et disposée de façon à se trouver à quelques centimètres du mercure.

En 1 et en 3, on fera arriver la solution à traiter tandis qu'en 2, où se trouve la cathode en fer, circule de l'eau froide.

De plus, par un moyen quelconque, la cuve peut

être inclinée de manière à faire passer le mercure de 1 en 2, puis en 3 et en sens inverse.

Supposons que 1 soit remplie de la solution saline et que la caisse soit inclinée de façon que le mercure occupe le fond de ce compartiment. Faisons passer le courant ; le chlore se dégage et le sodium formé se combine au mercure pour donner un amalgame.

Quand la décomposition est complète, on modifie légèrement l'inclinaison de la caisse, de façon que l'amalgame de sodium passe en 2 ; là, il se décompose au contact de l'eau, le mercure est régénéré, tandis que le sodium décompose l'eau pour donner de la soude.

Le mercure passe ensuite en 3 et est prêt à servir à une nouvelle opération ; on fait alors passer le courant en 3, qui contient la dissolution saline. Lorsque l'opération est terminée, une nouvelle inclinaison de la cuve fait passer l'amalgame qui vient se former en 2 et le mercure revient, enfin, en 1, d'où le cycle recommence.

Voici les résultats que M. Castner a publiés (1) sur le fonctionnement de son procédé.

L'installation dont il est question se compose de trente électrolyseurs ; chacun d'eux décompose 25 kg. 5 de chlorure de sodium par vingt-quatre heures, en produisant 18 kg. de soude caustique et 15 kilogr. de chlore.

____

(1) *Engineering and Mining Journal.*

La force électromotrice employée est de 4 volts et l'intensité de 55o ampères. Le chlore, ainsi préparé, contient 95 à 97 p. 100 de chlore pur ; la lessive de soude obtenue titre 20 p. 100. On évapore cette solution et on obtient des plaques de soude caustique à 99,5 p. 100 de pureté.

Jusqu'ici, on n'a pas cherché à recueillir l'hydrogène dégagé dans la cuve centrale par l'action de l'amalgame de sodium sur l'eau.

ELECTROLYSEUR RHODIN. — Le procédé Rhodin est un procédé au mercure, c'est-à-dire que la cathode est formée par du mercure. Le sodium qui vient se déposer sur l'électrode ainsi constituée s'amalgame. Le produit formé est mis au contact de l'eau ; le sodium passe à l'état de soude et le mercure est régénéré. On peut employer, à cet effet, un système à deux compartiments ; mais, comme il se forme un amalgame solide contenant une proportion très petite de sodium avec du mercure, lequel ne peut plus être diffusé par le mercure ni facilement enlevé par les moyens mécaniques, une des difficultés présentées par le système à deux compartiments où l'on emploie le mercure provient du fait que l'on ne peut pas effectuer un grand travail dans chacune des cuves ; il faut, en conséquence, une installation très étendue pour décomposer une quantité relativement petite d'eaux salées.

On a cherché, dans l'électrolyseur Rhodin, à créer une cuve électrolytique d'une grande capacité de travail.

Cette cuve est composée (fig. 10 et 11) d'un réservoir externe de peu de profondeur, en fer fondu ou en fer forgé D. Ce réservoir contient une cuve en faïence, formée d'une cloche renversée, du fond de laquelle partent une série de tubes ouverts, dont les bords pénètrent jusqu'au-dessous d'une couche de mercure M, placée sur le fond du réservoir en fer D. La partie supérieure de ce réservoir en faïence se termine par un tuyau cylindrique O, dont l'extrémité est formée par une cuvette de joint à eau S. Toute cette partie peut tourner autour de son axe; à cet effet elle est maintenue par la partie E et peut recevoir son mouvement de rotation par l'intermédiaire des engrenages W, W, de la poulie P et de la courroie K. La partie supérieure du réservoir cylindrique est divisée en six compartiments au moins; chacun d'eux est percé d'un certain nombre de trous dans lesquels sont insérés des cylindres en graphite C.

Dans le cas de cuves de fortes dimensions, ces compartiments triangulaires peuvent être construits séparés et renfermés dans un châssis en fer.

Les cylindres en charbon sont fixés par une couche de ciment.

Immédiatement au-dessous du collet de la partie E, qui soutient le tube O, se trouve un anneau F, en métal, lequel tourne avec le réservoir. Tous les cylindres en charbon sont reliés à cet anneau F par des conducteurs métalliques convenables L. Une brosse B glisse sur l'anneau F et lie ainsi les cylindres au courant. Quant à la cathode, elle est constituée par la cuve D elle-même.

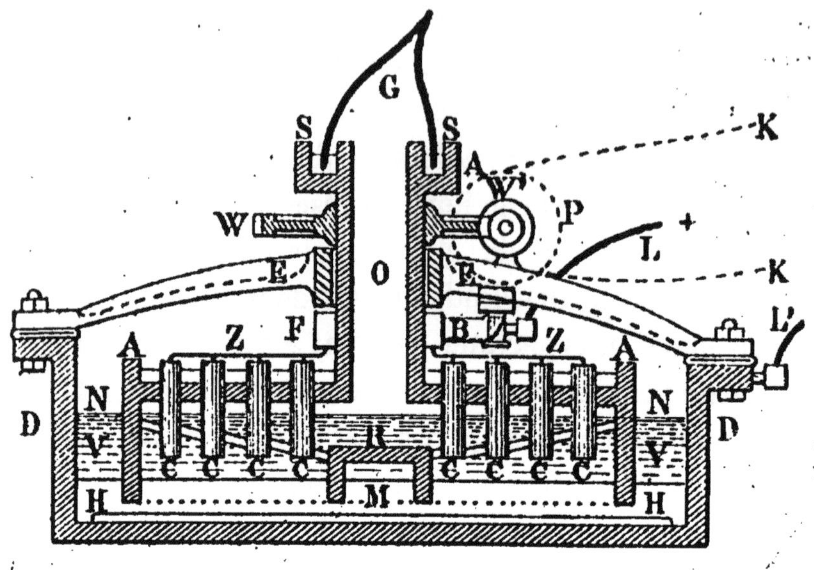

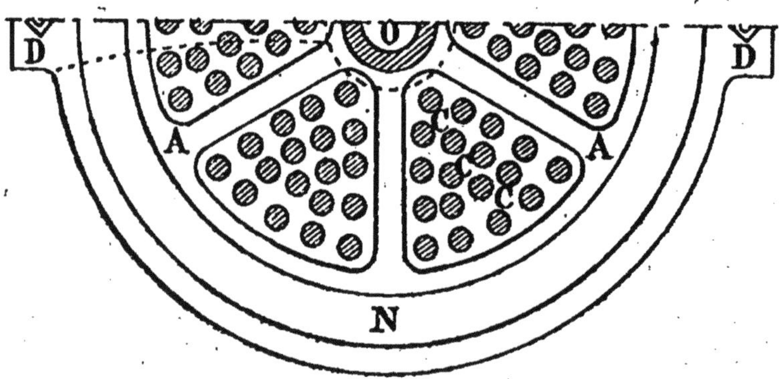

Fig. 10 et 11. — Coupe verticale et demi-plan d'un électrolyseur Rhodin.

Voici maintenant comment fonctionne cet appareil. La couche M de mercure forme un joint parfait le long du réservoir A en faïence, de telle sorte que, lorsque le réservoir intérieur est rempli d'eau salée R et que l'espace annulaire N est rempli d'eau simple, il n'y a pas de communication entre les deux liquides.

Lorsque le courant électrique parcourt la cuve, il passe de l'extrémité basse des cylindres en graphite à la surface de mercure M. Le chlore formé s'échappe par le tube central O, prolongé par un tube G, et est envoyé aux chambres à chlorure de chaux. L'amalgame sodique se forme sur la surface du mercure dans la partie intérieure du réservoir et sur la surface inférieure de la saumure. En partie par diffusion, en partie par l'agitation mécanique du mercure produit par le mouvement de rotation du réservoir intérieur, l'amalgame passe dans l'espace annulaire N, où il est décomposé en soude et mercure par l'eau située en V.

Enfin, on chauffe extérieurement le réservoir en D à une température suffisante pour élever le contenu liquide de la cuve à une température un peu inférieure à 100°. Non seulement on évite ainsi l'absorption d'une forte quantité de chlore, dans la saumure, mais on augmente encore le pouvoir de décomposition de l'eau pour l'amalgame sodique et l'on diminue la résistance électrique de la couche liquide entre la surface inférieure des cylindres et la surface du mercure.

D'après les auteurs, cet appareil présenterait les avantages suivants : 1° pureté absolue du chlore produit; 2° résistance très faible dans la cuve; d'où voltage nécessaire, très faible également; 3° efficacité très grande de la cuve; le rendement atteindrait 95 p. 100 de la théorie; 4° facilité d'examen et de réparation des cuves; 5° pertes de mercure presque nulles; 6° hygiène absolue pour les ouvriers; 7o obtention d'une soude absolument pure, et dont la densité peut atteindre un chiffre très élevé.

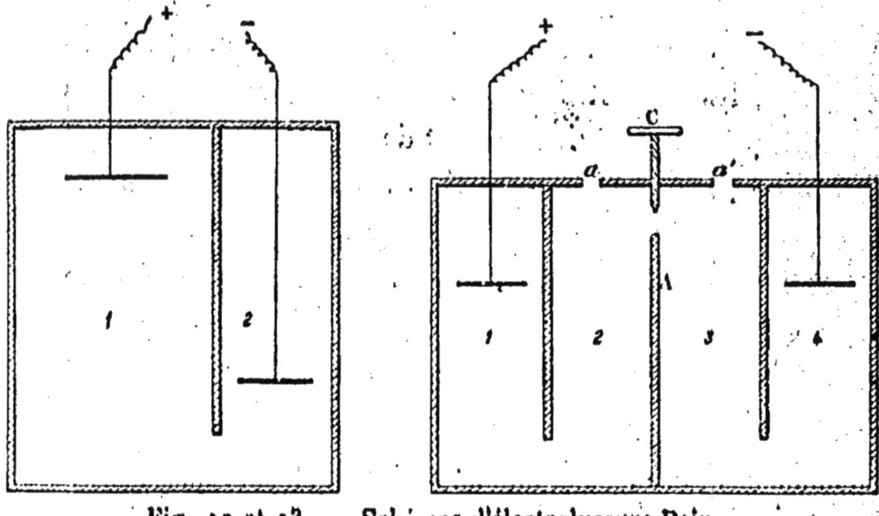

Fig. 12 et 13. — Schémas d'électrolyseurs Bein.

Procédés sans diaphragme et sans mercure. — PROCÉDÉ BEIN. — Nous n'indiquerons que le principe de ce procédé qui est fort intéressant.

Supposons que, dans une simple cuve contenant une anode et une cathode (fig. 12), nous produisions l'électrolyse d'un composé tel que le bromure de potassium; il se formera du brome au pôle positif et de la potasse au pôle négatif. Les deux éléments ainsi formés resteront dans le voisinage de l'électrode et ne se mélangeront pas, si l'on peut supprimer les mouvements qui prennent naissance dans le liquide même; or, le dégagement du gaz et la différence de densités entre les deux ions en sont les principales causes. Supposons donc qu'on ait supprimé ces mouvements : les deux composés produits ne se mélangeront pas ou, du moins, ne se mélangeront que lorsque les couches formées à chaque électrode deviendront assez puissantes pour se rencontrer; car, l'opération se poursuivant, les quantités d'ions iront en s'augmentant. Mais si les deux produits forment des couches dont on peut suivre la progression, il sera facile de saisir le moment convenable pour cesser l'opération.

L'appareil se compose d'une grande caisse divisée en quatre compartiments (fig. 13), dont aucun n'est absolument clos. Les deux extrêmes, 1 et 4, sont fermés par des cloisons partant du sommet de la cuve et n'en atteignant pas le fond. Les compartiments 2 et 3 sont, au contraire, séparés par une cloison partant du fond de la cuve et n'en atteignant pas le couvercle.

On verse dans la caisse la solution de bromure de sodium, par exemple, et on maintient le niveau un peu supérieur à la cloison A, séparatrice de 2 et 3. Le brome formé se rassemble au fond de 1, tandis que la soude se forme en 4; le courant continuant à passer, le niveau du brome monte en 2, et celui de la soude en 3.

Lorsque ce dernier atteint le sommet de la cloison A, on arrête l'opération. Du bromure de sodium non décomposé se trouve entre la soude et le brome formés; on abaisse une cloison quelconque C et, par des ouvertures spéciales *a* et *a'*, on enlève de chaque côté la partie de l'électrolyte non décomposée.

Finalement, on a d'un côté du brome et de l'autre de la lessive de soude.

L'appareil présente des modifications suivant l'électrolyte employé. Ces modifications se traduisent, en général, par d'importantes simplifications à l'appareil dont nous venons d'indiquer le principe. C'est ainsi que, pour électrolyser le chlorure de potassium, deux compartiments suffisent (fig. 12). En effet, le chlore se dégage dans les environs de l'anode en 1; la potasse formée descend de 1 en 3; on cessera l'opération juste au moment où la bande de chlorure de potassium non décomposé, laquelle est située entre l'anode et la couche de potasse formée, sera encore suffisante pour empêcher les mouvements qui proviendraient de la formation et du dégagement du chlore.

Procédé Lake. — Ce procédé est exploité par l' « Union Chemical C° ». L'électrolyseur comprend une cuve de forme cylindrique, en fer, qui formera la cathode et qui contient l'électrolyte: une cloche de moindre diamètre plonge de quelques centimètres dans ce liquide et est fixée par un moyen quelconque. L'anode est formée par des tiges de charbon au nombre de cinq, dont la disposition oblige le chlore à gagner de suite le sommet de la cloche et à s'échapper par un conduit spécial. Quant à la soude, elle se forme tout contre la cuve et coule le long des parois pour sortir par la partie inférieure.

On évite ainsi tout contact entre le chlore et la soude, et cela sans diaphragme.

AUTRES PROCÉDÉS. — A ces procédés, il faudrait ajouter ceux qui ont pour but l'absorption de la soude au fur et à mesure de sa production, ce qui supprime l'emploi du diaphragme. A cet effet, on a préconisé l'emploi des acides gras qui, avec la soude, donnent des savons.

PROCÉDÉ EN VUE DE LA FABRICATION DU CHLORE SEUL. — PROCÉDÉ LYTE. — Nous devons signaler un procédé exploité en vue de la préparation exclusive du chlore.

Ce procédé a pour but l'utilisation de certains résidus des industries chimiques et, en particulier, du chlorure de magnésium.

Il comporte quatre opérations successives :

1° Formation du chlorure de plomb, par action du chlorure de calcium sur le nitrate de plomb :

$$(Az\ O^3)^2\ Pb + Ca\ Cl^2 = Pb\ Cl^2 + (Az\ O^3)^2\ Ca ;$$

2° Le chlorure de Pb précipité est électrolysé ; on a du Pb et du chlore qui est recueilli ;

3° La liqueur de la première opération qui contient le nitrate de calcium est décomposée et l'on récupère ainsi l'acide azotique :

$$(Az\ O^3)^2\ Ca + 2\ H^2\ O = Ca\ (OH)^2 + 2\ Az\ O^3H ;$$

4° On fera réagir l'acide azotique récupéré sur le

plomb provenant de l'électrolyse, pour avoir de nouveau le nitrate de plomb.

Procédés par voie sèche. — Dans ces procédés, on électrolyse les chlorures fondus et l'on obtient du sodium et de l'eau.

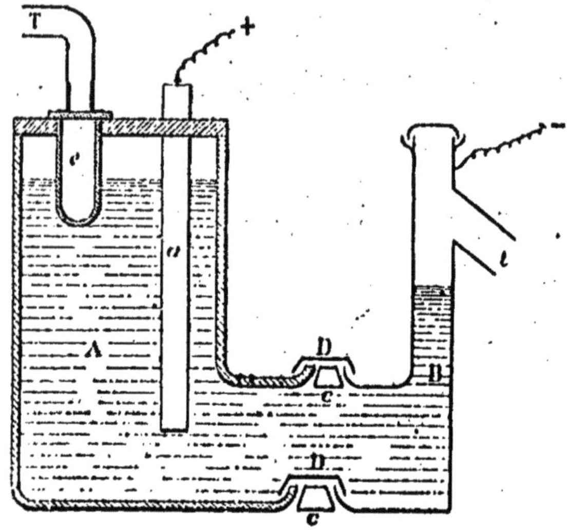

Fig. 14. — Schéma de l'électrolyseur Borchers.

On peut les diviser en deux catégories :

1° Procédés où le sodium est recueilli à l'état libre ;

2° Procédés où le sodium est recueilli à l'état d'alliage.

Procédé Borchers (fig. 14). — Dans ce procédé, la fusion de l'électrolyte est produite par le courant même et la masse qui environne chaque électrode est seule fondue.

L'électrolyseur comprend deux vases absolument

4

distincts, qui sont réunis par un tube métallique. La continuité de l'appareil est obtenue par le courant

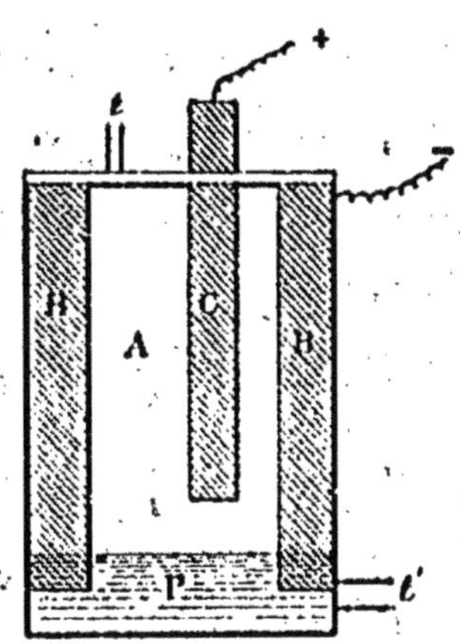

Fig 15. — Schéma de l'électrolyseur Vautin.

d'eau froide passant dans la double enveloppe du courant intermédiaire.

Ce courant maintient, en effet, à l'état solide, le sel qui y est contenu.

Procédé Vautin (fig. 15). — Le sodium est mis en présence de plomb fondu qui sert de cathode ; on recueille donc un alliage de plomb et de sodium. Quant à la fusion de l'électrolyte, elle est obtenue au moyen d'un foyer extérieur ; tout le bain est donc liquide. Comme, dans ces conditions, l'attaque d'un récipient en fer serait très rapide, on emploie un vase métallique garni intérieurement de magnésie ; cette disposition empêche également l'attaque du métal par le chlore.

Le plomb est placé au fond du vase et est relié au pôle négatif de la dynamo. Quant aux anodes, elles sont formées de tiges de charbon de cornue qui ont été préparées d'une façon spéciale.

L'alliage de plomb et de sodium est reçu dans une cuve contenant un gaz inerte ou réducteur, afin d'éviter l'oxydation du sodium.

Procédé Hulin. — Ce procédé a été exploité aux Clavaux (Isère) par la Société des Soudières électrolytiques (1898). Il est requis par la Société d'Electrochimie. Il a pour but la formation de l'alliage plomb-sodium comme le précédent.

Le vase employé est en fonte revêtue d'une enveloppe ; sur le fond de ce vase se trouve du plomb, qui servira de cathode ; le chlorure est placé au-dessus de ce plomb ; enfin une anode en charbon plonge dans la masse de chlorure qui est portée à la température de fusion.

A l'électrolyte, M. Hulin ajoute une petite quantité de sous-chlorure de plomb, qui a pour but de régulariser les opérations.

Voici comment on peut expliquer le rôle joué par ce produit :

Le sous-chlorure se transforme en chlorure au contact du chlore formé et empêche ainsi une production trop grande de gaz, laquelle cause parfois un arrêt subit du courant.

Quant au chlorure de plomb ainsi formé, au contact de la portion de sodium qui se diffuse toujours à travers la masse de l'électrolyte et qui détériorerait la garniture du vase, il est décomposé ; il se forme du chlorure de sodium et du plomb qui tombe au fond de la cuve.

Ce procédé, des plus remarquables, avait donné des résultats excellents aux essais qui ont été faits à Modane ; l'usine des Clavaux s'est montée à la suite de ces expériences, mais nous croyons savoir qu'elle n'a pas donné tous les résultats qu'on en attendait ; cela est dû plutôt à une mauvaise gestion qu'aux appareils.

UTILISATION DU SODIUM. — Il est bon de voir ici quels peuvent être les débouchés du sodium ainsi obtenu.

On sait que pendant longtemps la seule industrie qui consommait ce produit était la fabrication de l'aluminium par le procédé Henri Sainte-Claire Deville.

Depuis les procédés Hall et Héroult, ce débouché n'existe plus.

On utilise certaines quantités de sodium pour préparer l'oxyde Na^2O. A cet effet, on le fond sous une couche de soude caustique et l'on a ;

$$Na\,OH + Na = Na^2\,O + H$$

Au lieu d'utiliser le sodium pour cette préparation, on peut aussi bien utiliser l'alliage plomb-sodium. Après l'opération il reste du plomb métallique qui est renvoyé à l'appareil.

Cet oxyde Na^2O est utilisé surtout pour obtenir du bioxyde Na^2O^2 qui est employé en blanchiment et dans les laboratoires comme réactif. Pour préparer ce composé, on place l'oxyde Na^2O dans des vases en aluminium, et, en chauffant à 300°, on le soumet à l'action d'un courant d'air, de plus en plus riche en oxygène.

Un autre débouché très important du sodium se trouve dans la fabrication d'un mélange de cyanure de potassium et de sodium, lequel est utilisé pour l'extraction de l'or. On obtient ce mélange en faisant réagir le sodium sur le ferrocyanure de potassium.

On a la réaction :

$$K_4 Fe (CAz)^6 + 2 Na = 4 KCAz + 2 Na CAz + Fe.$$

Il est d'ailleurs facile de séparer le sodium de l'alliage par une simple distillation à l'abri de l'air.

Prix de revient de la soude et du chlore électrolytiques. — Nous nous proposons d'établir le prix de revient de la soude et du chlore, en fonction des prix du cheval-an et de la tonne de charbon, qui sont les deux grandes variables dans une telle évaluation; l'un et l'autre dépendent de la situation de l'usine.

Le calcul est basé sur les faits d'expérience suivants :

1° Avec une force électromotrice de 3, 5 volts, 1 ampère-heure donne, par la décomposition du chlorure de sodium : 1 gr.10 de soude caustique et 1 gr.05 de chlore ;

2° Pour obtenir 1 k. de chlorure de chaux, il faut o k. 350 de chlore et o k. 600 de chaux.

Nous évaluerons le prix de revient d'une tonne de soude caustique et de la quantité correspondante de chlorure de chaux.

1° **Prix de l'énergie nécessaire**. — Avec une force électromotrice de 3,5 volts, 1 ampère-heure donne 1 gr. 10 de soude. Donc, pour produire 1 ki·

logr. de soude caustique, il faudra 840 ampères-heure et le travail nécessaire sera :

$$T = EI = 3,5 \times 840 = 2.940 \text{ watts-heure.}$$

Et pour obtenir une tonne de soude caustique, l'énergie nécessaire sera de 2.940 kilowatts-heure, c'est-à-dire :

$$\frac{2.940.000}{736} = 3.994 \text{ chevaux-heure.}$$

La quantité de chlore dégagée par un ampère-heure est de 1 gr. 05. Donc, pendant la formation d'une tonne de soude, qui nécessite 840.000 ampères-heure, il se dégagera :

$$0,00105 \times 840.000 = 882 \text{ kilogrammes de chlore.}$$

Or, 350 grammes de chlore donnent 1 kilogr. de chlorure de chaux.

Nous aurons donc 2520 kilogr. de chlorure de chaux.

En résumé : 3994 chevaux-heure donnent 1 tonne de soude caustique et 2520 kilogrammes de chlorure de chaux.

Appelons P le prix de revient du cheval-an, fourni par une chute d'eau.

La dépense en force motrice sera donc, en comptant 300 jours de travail de 24 heures :

$$\frac{3.994}{300 \times 24} \times P = 0,555 \, P.$$

2º Prix des matières premières employées. — Ces matières sont le sel et la chaux :

a) Théoriquement, 1 tonne de soude est donnée par la décomposition de 1402 kilogr. de chlorure de sodium ; mais, à cause des pertes, on estime que le poids de cette dernière matière s'élève à 1500 kilogr. ; le prix de la tonne de sel étant d'environ 19 francs, la dépense sera donc de :

$$1,5 \times 19 = 28 \text{ fr. } 50.$$

b) Pour 1 tonne de chlorure de chaux, il faut 600 kilogr. de chaux ; pour les 2500 kilogr. correspondant à une tonne de soude, il en faudra :

$$600 \times 2,5 = 1500 \text{ kilogrammes.}$$

Et, en prenant 15 fr. 60 comme prix de la tonne de chaux, la dépense sera :

$$15,6 \times 1,5 = 23 \text{ fr. } 40.$$

La dépense totale en matières premières sera donc de :

$$28,50 + 23,40 = 51 \text{ fr. } 90.$$

3º Dépense à faire pour l'évaporation de la lessive de soude. — Cette évaporation se fait en deux opérations distinctes.

Dans la première, la plus grande quantité d'eau est enlevée ; à l'heure actuelle, cette opération se passe dans des appareils à vide, qui permettent d'évaporer

20 kilogr. d'eau par kilogramme de charbon brûlé: Dans la seconde opération, on enlève toute trace d'eau et on fond la soude. La lessive provenant des électro-lyseurs contient 80 grammes de soude par litre. Une tonne sera donc contenue dans 12 m^3 5. On aura à enlever, tout d'abord, environ 10 mètres cubes, ce qui entraîne une dépense d'une demi-tonne de charbon.

Pour l'opération finale, on évalue la dépense de charbon à 1 tonne par tonne de soude obtenue.

On dépensera donc en tout 1ᵗ, 5 de charbon.

Soit P′ le prix de la tonne de charbon rendue à l'usine; la dépense de combustible sera alors :

$$P' \times 1,5.$$

4º **Prix de la main-d'œuvre.** — On peut l'estimer à 11 francs par tonne de soude et 6 francs par tonne de chlorure de chaux.

Il faut y ajouter le salaire des hommes employés aux opérations secondaires. En comptant sur 25 hommes pour une usine produisant 5 tonnes de soude par jour (Haussermann), au salaire de 3 fr. 60, on arriverait à 18 francs par tonne.

La dépense totale sera donc :

$$11 + 6 \times 2,5 + 18 = 44 \text{ francs.}$$

5º **Frais d'entretien et frais d'emballage.** — Les premiers varient évidemment avec les appareils employés; on peut cependant les estimer, en moyenne, à 40 francs par tonne de soude.

Les frais d'emballage sont de 15 francs par tonne de soude caustique et de 20 francs par tonne de chlorure de chaux.

Nous aurons donc ici :

$$15 + 20 \times 2,5 = 65 \text{ francs.}$$

6° Amortissement de l'installation. — D'après Haussermann, le prix du matériel atteint 720.000 francs pour une usine produisant 5 tonnes par jour.

En amortissant en dix ans, on arrive à 41 fr. 15 par tonne.

Il faut, en plus, compter les amortissements des immeubles. M. Merle évalue le prix de ceux-ci à 480.000 fr., toujours pour la même usine.

Leur amortissement se faisant en vingt ans, les frais s'élèvent à 13 fr. 70 par tonne de soude.

Le total donnerait donc 54 fr. 85.

$$0,555 \, P + 1,5 \, P' + (51,90 + 44 + 65 + 54,85) = 0,55 \, P + 1,5 \, P' + 215,75.$$

Formule générale. — On arrive ainsi à la formule précédente : P étant, comme nous l'avons dit, le prix du cheval-an et P' celui de la tonne de charbon rendue à l'usine.

Dans cette formule n'entrent pas les frais généraux qui dépendent de la production. En moyenne, ils augmentent le prix de revient de 10 p. 100.

Voyons de suite ce que devient cette formule pour une usine qui, au lieu d'utiliser une chute d'eau, emploie le charbon.

En comptant sur un rendement normal, on peut admettre qu'il faudra 4.500 chevaux-vapeur pour produire 3.994 chevaux électriques et, en admettant une dépense de o k. 8 de charbon par cheval et par heure, nous aurons :

$$4.500 \times o \text{ kgr. } 8 = 3 \text{ t. } 6.$$

La dépense en charbon serait donc de 3, 6 P'.

Il faut ajouter à ce chiffre les amortissements, la main-d'œuvre, les réparations. On peut compter que, pour l'installation d'une usine produisant 5 tonnes par jour, le matériel seul revient à 250 francs par cheval-an. En comptant un intérêt de 5 p. 100 et un amortissement à 10 p. 100, on arrive à o fr. 00314 par cheval-heure. On peut tripler ce chiffre en tenant compte du service, de l'entretien et du nettoyage, et on arrive ainsi à o fr. 00942 par cheval-heure.

Donc, par tonne de soude, la dépense sera de :

$$4.500 \times 0,00942 = 42 \text{ fr. } 40.$$

La formule donnant le prix de revient d'une tonne de soude et de 2 t. 5 de chlorure de chaux devient alors :

(1) 3, 6 P' + 1, 5 P' + 215,15 + 42,40 = 5, 1 P' + 258,15.

Montrons de suite combien est approximative une pareille formule.

Outre le prix de la main-d'œuvre et les frais d'entretien, qui sont extrêmement variables, nous avons estimé les amortissements rapportés à une tonne de soude et basés sur l'établissement d'une usine produisant 5 tonnes par jour. Or, il est de toute évidence que les amortissements croîtront plus lentement que la production, si nous faisons varier celle-ci. C'est ainsi que, pour une usine produisant 10 tonnes par jour, les amortissements seront loin d'atteindre le double du prix que nous avons indiqué.

Nous appliquerons notre formule à deux cas particuliers :

Dans le premier, nous supposerons une usine pour laquelle les frais de premier établissement pour l'utilisation d'une chute d'eau se montent à 800 francs par cheval et où le prix de la tonne de charbon est de 35 francs. (C'est le cas d'usines de Savoie.)

En comptant 5 p. 100 d'amortissement, 5 p. 100 d'intérêt et les réparations, nous arrivons au prix de 85 francs pour le cheval-an. La formule (1) donne :

$$0{,}55 \times 85 + 1{,}5 \times 35 + 215{,}75 = 268 \text{ fr. } 175.$$

comme prix de revient de 1 tonne de soude et de 2 t. 5 de chlorure de chaux (non compris les frais généraux).

Dans le deuxième cas, nous supposons une mine de charbon n'utilisant que celui-ci, dont le prix est de 12 francs la tonne.

La deuxième formule donne :

$$5{,}1 \times 12 + 258{,}15 = 319 \text{ fr. } 35.$$

CHAPITRE IV

FABRICATION DES HYPOCHLORITES ET DES CHLORATES ALCALINS ET ALCALINS-TERREUX PAR ÉLECTROLYSE

Considérations générales. — Parmi les composés oxygénés de chlore, il en est de fort importants au point de vue industriel.

Ce sont :

1° L'hypochlorite de soude ou eau de javel, mélange d'hypochlorite de sodium et de chlorure de sodium ;

2° Le chlorure de chaux, dont la composition a été fort discutée ; on semble cependant devoir s'arrêter à la suivante :

$$2Ca <^{Cl}_{OH} + Ca <^{OCl}_{OH} + 2\,H_2O$$

Il serait ainsi formé d'une molécule d'hypochlorite acide et de deux molécules d'un oxychlorure dont la formule a été parfaitement établie. Nous ne pouvons d'ailleurs entrer dans tous les détails qui ont conduit à cette conception de la composition du chlorure de chaux du commerce ;

3° Les chlorates de sodium et de potassium, qui sont employés pour la fabrication des explosifs, et servent comme source d'oxygène;

4° Les perchlorates de potassium et de sodium.

Voyons d'abord quels sont les principes des procédés employés.

Nous avons déjà rappelé que, lorsqu'on fait passer dans une dissolution alcaline un courant de chlore, on obtient un mélange d'hypochlorite et de chlorure si la dissolution est froide et diluée, et un mélange de chlorate et de chlorure si la dissolution est chaude et concentrée; mais ce n'est pas là la fabrication industrielle.

Le chlorure de chaux est obtenu en faisant passer simplement un courant de chlore sur de la chaux placée sur des tablettes dans un vase à parois de plomb.

Les autres hypochlorites, en particulier l'eau de javel, sont obtenus par double décomposition entre le chlorure de chaux et un sel de sodium.

Quant au chlorate de potassium, on l'obtenait en faisant passer un courant de chlore dans une dissolution concentrée et chaude de potasse ou de carbonate de potassium. A cette méthode s'est substitué le procédé Liebig, qui consiste à former d'abord le chlorate de calcium et à le décomposer ensuite par le chlorure de potassium.

On fait passer du chlore dans un lait de chaux maintenu à 5o ou 6o°. On a alors :

$$6\,Cl^2 + 6\,Ca\,(OH)^2 = 5\,Ca\,Cl^2 + (Cl\,O^3)^2\,Ca + 6\,H^2\,O$$

On fait ensuite à part la dissolution de chlorure de potassium dans l'eau chaude, en prenant une partie de ce sel pour trois parties de chaux employées dans la première réaction. On mélange les deux solutions et on a :

$$2\,K\,Cl + (ClO^3)^2\,Ca = Ca\,Cl^2 + 2\,Cl\,O^3\,K.$$

On évapore très légèrement, et on abandonne le liquide qui laisse déposer des cristaux de chlorate de potassium.

On peut encore faire passer le courant de chlore dans un mélange de 2 molécules de chlorure de potassium et de 6 molécules d'hydrate de chaux en solution.

Telles sont, résumées, les méthodes employées dans les fabrications des composés oxygénés du chlore.

Quant au perchlorate, il prend naissance, comme on le sait, dans la décomposition du chlorate de potassium par la chaleur, lorsqu'on ne pousse pas l'opération trop loin.

C'est la formule bien connue de la préparation d'oxygène

$$2\,ClO^3\,K = ClO^4\,K + KCl + 2O.$$

Si on continuait l'opération, on aurait :

$$ClO^4\,K = KCl + 4O.$$

La formation par électrolyse d'une solution saline

de ces composés, hypochlorite et chlorate, se comprend aisément parce que l'action du courant est de donner d'une part un alcali et d'autre part du chlore ; les deux corps formés réagiront l'un sur l'autre et donneront naissance à l'un des composés oxygénés ou à leur mélange, suivant les conditions dans lesquelles on est placé.

Hypochlorites. — Procédé Hermite. — Le procédé Hermite a pour but soit le blanchiment, soit l'assainissement des villes. Quel que soit son emploi, l'électrolyseur est toujours le même.

Le liquide employé est une solution composée de 1.000 litres d'eau, 50 kilos de chlorure de sodium et 5 kilos de chlorure de magnésium.

L'appareil consiste en une cuve en fonte galvanisée, ayant à la partie inférieure un tube perforé d'un certain nombre de trous et munie d'un robinet en zinc. C'est par ce tube que la dissolution entre dans l'électrolyseur. Le haut de la boîte en fonte galvanisée est muni d'un rebord formant canal. Le mouvement du liquide se fait donc de bas en haut, et, de plus, il est continuel. La solution déborde dans le canal et est emmenée par une tuyauterie quelconque.

Les cathodes sont formées par un certain nombre de disques en zinc montés sur deux arbres qui tournent lentement.

Entre chaque paire de disques en zinc sont placées les électrodes positives, dont la surface active est constituée par de la toile de platine maintenue par un disque en ébonite qui donne la raideur nécessaire à l'anode.

Les parties supérieures des toiles de platine sont soudées avec soin à une pièce de plomb. Chacune des anodes communique par la pièce de plomb à une barre de cuivre qui traverse l'électrolyseur; le contact est fait au moyen d'un écrou et chaque électrode peut être enlevée en marche sans gêner le fonctionnement de l'appareil.

La barre de cuivre à laquelle sont fixées les électrodes positives est en communication avec le pôle positif de la dynamo.

Les disques de zinc qui constituent les cathodes communiquent, par la boîte en fonte, au pôle négatif.

Afin de maintenir les électrodes négatives parfaitement propres, des couteaux flexibles en ébonite sont placés sur des plaques positives; ces couteaux pressent contre les disques de zinc et le dépôt se trouve détaché par le mouvement de ces disques.

A la partie inférieure de la boîte de fonte se trouve une porte que l'on peut ouvrir pour le nettoyage. Un robinet permet de vider l'appareil s'il est nécessaire.

Si l'on emploie plusieurs électrolyseurs, on les monte en tension. Le courant employé est de 1.000 à 1.200 ampères avec une force électromotrice de 5 volts.

Ces appareils fonctionnent dans un grand nombre de papeteries et en particulier à Essonnes (Seine-et-

Oise). En général l'installation est faite de la façon suivante.

En haut du bâtiment se trouve la cuve contenant le liquide à distribuer des électrolyseurs. Ce liquide descend aux électrolyseurs placés à l'étage au-dessous, et est soumis au courant de la dynamo. La liqueur obtenue est envoyée par un conduit aux piles blanchisseuses.

Un tambour laveur enlève la liqueur de la pâte et l'envoie dans une cuve. Le liquide qui a servi ainsi au blanchiment est repris par une pompe centrifuge qui le remonte dans les réservoirs supérieurs.

Lorsque la pâte à papier a atteint un certain degré de blancheur, on la descend, avec le liquide contenu dans la pile, dans la cuve. La pâte se rend ensuite dans un presse-pâte. Le liquide restant se sépare alors de la masse et est repris par une pompe qui le remonte. On voit donc qu'il est en circulation continuelle.

Nous avons dit que le liquide obtenu dans l'électrolyseur Hermite pouvait être employé pour l'assainissement. A cet effet, on peut utiliser comme électrolyte soit de l'eau de mer, soit, pour les villes de l'intérieur, une dissolution composée de 3o kilogrammes de chlorure de sodium, 6 kilos de chlorure de magnésium et 1.ooo litres d'eau.

Il faut encore signaler un autre procédé exploité par M. Weber, à Trossness, pour purifier les eaux d'égouts de Londres. L'installation permet la purification quotidienne de 4.ooo m. cubes de liquide.

Autres procédés. — Un très grand nombre de procédés servent également à produire les hypochlorites. Tous sont basés sur le même principe.

Voici, d'ailleurs, comment s'exprime à ce sujet M. Swan, dans le remarquable discours prononcé à l'Assemblée générale de la Society of chemical Industry tenue à Glasgow, les 24 et 25 juillet 1901 (1) : « Il existe un très grand nombre de fabriques en Europe qui utilisent le courant électrique, pour préparer des solutions décolorantes contenant de l'hypochlorite de sodium. Les cellules sont brevetées sous divers noms et diffèrent quant aux détails de construction, mais le principe de la méthode employée est commun à toutes et repose sur l'action chimique qui se manifeste lorsque le chlore gazeux traverse une solution d'hydrate de sodium, maintenue à une température inférieure à 200° C.

La solution obtenue renferme jusqu'à 10 grammes de chlore actif par litre. Les liquides décolorants, préparés de cette manière, sont employés dans l'industrie textile et dans celle des pâtes de bois du continent. Dans beaucoup de cas, les installations sont petites, et il est impossible d'avoir des renseignements détaillés, le plus souvent, mais même on m'a dit que, dans l'Allemagne du Sud, on dispose de 1500 chevaux, pour une seule forme d'appareils, de sorte que la force totale, utilisée par les six types différents, doit être assez notable.

(1) *Moniteur scientifique*, décembre 1901.

Une des plus grandes installations de ce genre est celle de Lancey, dans l'Isère, où MM. Corbin et Cte, emploient 700 chevaux pour le blanchiment de la cellulose, en se servant d'appareils et cellules spéciaux de leur propre construction. La Paper Kellner-Partington Company possède également un vaste établissement en Norwège. »

Chlorates de Potassium et de Sodium. — **Généralités.** — Deux méthodes ont pris naissance pour la production de ces sels.

Dans la première, on emploie un diaphragme qui sépare l'alcali du chlore et l'on fait un transport régulier de l'alcali formé à la cellule négative, dans la cellule positive, afin de l'amener au contact du chlore.

Dans la deuxième, on électrolyse le chlorure de potassium en présence d'alcali et sans employer de diaphragme.

Cette méthode a été donnée par M. Oettel, à la suite d'une longue et remarquable étude. D'après l'auteur, les résultats que l'on obtient dépendent non seulement de la densité du courant et de la température de la liqueur, mais encore de son alcalinité.

Il existe, dit M. Oettel, une relation définie entre les trois facteurs de l'électrolyse : température, densité du courant et alcalinité; on peut toujours régler le troisième de façon à obtenir un rendement sensiblement constant de chlorate de potassium. Si l'on opère à froid et avec une densité de courant élevé il faudra rendre la solution alcaline.

Si, au contraire, on opère à chaud et à solution faiblement alcaline, il faudra réduire simultanément la densité de courant à l'anode.

Et il conclut : La fabrication du chlorate de potassium en solution alcaline et sans l'emploi du diaphragme se présente donc comme une opération industrielle extrêmement simple. La seule objection qu'on puisse adresser à ce système est qu'il nécessite l'emploi d'anodes en platine.

La première méthode a reçu la consécration de la pratique depuis fort longtemps, par le procédé Gall et de Montlaur, qui date de 1886.

PROCÉDÉS GALL ET DE MONTLAUR. — Ce procédé est exploité par la Société d'Electro-Chimie, à Saint-Michel de Maurienne (Savoie), à Vallorbes (Suisse).

Il avait été étudié à Villers-Saint-Sépulcre.

La méthode est basée sur l'électrolyse d'une solution de chlorure de potassium à 25 p. 100 portée à la température de 50 à 60°.

On emploie des cuves rectangulaires, en lave de Volvic isolées du sol par des godets en porcelaine remplis d'huile afin de rendre moins dangereux le maniement des appareils.

Ces cuves sont divisées en deux parties par un diaphragme poreux : l'une forme la cellule cathodique, l'autre la cellule anodique.

Dans la première plonge une simple lame de tôle et dans la deuxième une feuille de platine très mince qui est encadrée dans un châssis spécial.

La potasse qui se forme à la cathode est amenée dans la cellule anodique par une circulation continue, établie au moyen de monte-jus.

Le chlorate étant fort peu soluble, il se dépose en beaux cristaux que l'on pêche et que l'on essore. On les redissout à nouveau et on les refait cristalliser pour les épurer.

Le rendement atteint 70 p. 100 ; s'il ne peut dépasser ce chiffre, cela provient de ce qu'une partie du courant est employée à l'électrolyse de l'eau et d'autre part à ce que l'hydrogène formé réduit une partie de chlorate.

Lorsqu'on veut avoir le chlorate de sodium, on peut appliquer le même procédé. Toutefois, comme ce corps est très soluble, il serait très facilement attaqué par l'hydrogène de la cathode.

Pour éviter cet inconvénient, on augmente les dimensions de la cellule anodique ; de plus, le produit ne se dépose plus dans la cuve.

Alors on emploie le même moyen que pour la lessive de soude : on évapore, on pêche le chlorure de sodium non décomposé qui se dépose et, lorsque la solution est concentrée, on l'abandonne et le chlorate de sodium se dépose en beaux cristaux.

PROCÉDÉ HURTER. — M. Hurter, de Liverpool, a fait breveter un électrolyseur dont le principe a été donné par Becker (1).

____

(1) BECKER, *Electrochimie*, pp. 379, 380.

La cuve électrolytique en fonte est revêtue intérieurement d'une couche poreuse en ciment, formée par l'application d'une série de fines couches d'un mélange de ciment, de sable et d'eau.

Chaque cuve, de préférence ronde ou ovale (pour favoriser la conservation du ciment), est en communication avec le pôle négatif du générateur. L'anode, formée d'une lame de platine, plonge au centre de la cuve.

M. Hurter superpose ses cuves en les séparant par une rondelle en matière isolante. L'anode de chaque électrolyseur est directement attachée au fond de la cuve qui se trouve au-dessus. Celle du dernier appareil est fixée au couvercle.

Le liquide circule d'une cuve dans l'autre, au moyen de tuyaux en matière non conductrice et inattaquable à l'électrolyse ou en métal également inattaquable, que l'on isole par des colliers spéciaux. Deux autres tubes sont destinés à l'entrée et à la sortie du liquide et les gaz s'échappent par des ouvertures, ménagées à la partie supérieure de chaque cuve.

M. Hurter opère avec une solution alcaline de chlorure de potassium chauffée à 60-80°, soit par le courant lui-même, soit au moyen d'une source de chaleur extérieure.

Procédé Franchot et Gibbs (1). — Les anodes sont en charbon et les cathodes sont constituées par

____

(1) Becker, *Electrochimie*, pp. 380, 381.

une grille en cuivre recouverte d'oxyde de cuivre. Celui-ci, qui est réduit par l'hydrogène, empêche ce gaz de réagir sur l'hypochlorite. Après réduction totale, on réoxyde la cathode par un grillage à l'air.

Les auteurs admettent que, lorsque tout l'oxyde de cuivre a été réduit, la moitié du sel de potassium en dissolution a été transformée en chlorate. L'électrolyte est alors versé dans des bacs de cristallisation ; puis, après être débarrassé des cristaux de chlorate, est ramené à la teneur primitive par addition de chlorure, enfin électrolysée à nouveau.

MM. Franchot et Gibbs estiment que la chaleur dégagée dans la réduction de l'oxyde de cuivre est suffisante pour amener l'électrolyte à la température voulue.

Il y aurait donc, de ce fait et de la suppression du diaphragme, une notable économie d'énergie électrique, économie dont il faut cependant déduire les frais occasionnés par la préparation et le renouvellement des cathodes.

De plus, l'oxyde de cuivre peut se détacher des électrodes et amener la destruction de l'hypochlorite, entraînant par cela même une diminution du rendement en chlorate.

Procédés divers. — D'autres procédés sont employés par l'« Elektron Actiengesellschaft », à Francfort, et la « Allgemeine Electricitaet Actiengesllschaft » à Bitterfeld.

Dans le dernier de ces deux procédés, l'électrolyte

est rendu alcalin par addition de 1,5 à 2 et même 3 p. 100 de carbonate alcalin; au début de l'électrolyse, on utilise des électrodes de charbon, puis, avant que l'électrolyse n'ait une trop forte teneur en chlorate, on continue l'opération avec des électrodes de platine.

On emploie des cuivres électrolytiques sans diaphragme et l'électrolyte est maintenu à une température variant de 40 à 100°.

Il faut encore signaler le procédé Blumenberg, mis en essai en 1896, à Niagara Falls, par la « Chemical Construction C° », sur lequel nous n'avons aucun détail.

Chlorate de sodium. — La fabrication du chlorate de sodium s'effectue comme celle du sel de potassium; seulement, le chlorate de sodium étant très soluble dans l'eau, il faut évaporer les solutions électrolysées et pêcher le sel marin non transformé. Le chlorate de sodium cristallise par le refroidissement des liqueurs.

La solubilité du chlorate de sodium donne lieu également à une destruction plus importante par l'hydrogène dégagé pendant l'électrolyse; on obvie, autant que possible, à cet inconvénient en diminuant le volume du compartiment négatif où se produit la destruction du chlorate formé dans le compartiment positif.

Voici ce que dit sur la question économique de la fabrication des chlorates le 2e supplément du dictionnaire de Wurtz :

Au point de vue industriel, la fabrication électrolytique des chlorates présente des avantages importants sur les produits chimiques.

Le prix de revient des chlorates électrolytiques dépend surtout de celui de la force; il est bien entendu que, seules, des forces hydrauliques peuvent être employées : encore faut-il que les travaux hydrauliques de captage n'atteignent pas un prix trop élevé.

Nous citerons ici comme exemple le prix de revient de la force à l'usine de Vallorbe, qui exploite les procédés Gall et de Montlaur et qui est la première installation de ce genre ayant fonctionné sur une grande échelle.

L'usine de Vallorbe utilise la cascade connue sous le nom de Saut-du-Day et provenant de la rivière d'Orbe; la hauteur de la chute atteint 70 mètres, la force utilisée 3000 chevaux. Les dépenses de premier établissement ont été les suivantes :

	fr.
Concession et terrains..............	30.000
Tunnel d'arrivée d'eau et accessoires.	20.000
Barrage..........................	50.000
Tuyaux d'amenée d'eau aux turbines.	30.000
Turbines et vannes.................	110.000
Bâtiments des turbines.............	20.000
Dynamos...........................	300.000
Dépenses diverses.................	40.000
Total........	600.000

Ce qui met le cheval électrique à 200 francs. Les charges d'amortissement et d'intérêt du capital de l'usine hydraulique représentent donc par cheval :

Intérêts à 5 p. 100............... 10 fr.
Amortissement à 5 p. 100........ 10 —
Total........ 20 fr. par an.

soit, pour 300 jours de travail par an, 0 fr. 07 environ par jour. Or, 1 cheval-jour pouvant produire au
minimum 1 kilogr. de chlorate, on voit quel faible
rôle joue la force hydraulique pour la production du
chlorate de potassium dans une usine bien située
comme celle de Vallorbe.

CHAPITRE V

AUTRES PRODUITS DÉRIVANT DES MÉTAL-LOIDES

Persulfates. — L'acide persulfurique, découvert par M. Berthelot, forme des sels doués d'un grand pouvoir oxydant, qui pourraient remplacer dans certaines applications l'eau oxygénée. Le persulfate d'ammonium est déjà fabriqué industriellement sur une grande échelle par la Société d'électrochimie, à Vallorbe.

On obtient un rendement satisfaisant en persulfate d'ammonium en appliquant les méthodes préconisées par M. Berthelot et perfectionnées par M. Elbs.

On opère avec une forte densité de courant environ 5oo ampères par décimètre carré (5o.ooo ampères par mètre carré) et en ayant soin de maintenir la température du compartiment positif entre 1o et 2o° au maximum. L'électrolyte du compartiment négatif, dans lequel plonge une cathode en plomb de grandes dimensions, est de l'acide sulfurique à 5o p.1oo. Le liquide qui entoure l'anode est une dissolution saturée de sulfate d'ammonium ; les deux liquides sont séparés par une cloison poreuse. Il convient d'enlever le persulfate, autant que possible, au fur et à mesure de sa formation, en le remplaçant par du sulfate d'ammonium. Par suite du transport des ions négatifs à la cathode, l'acide sulfurique se sature peu à peu en se transformant en sulfate d'ammonium. Lorsque le liquide devient basique, il faut le remplacer par une nouvelle quantité d'acide ; quant au sulfate d'ammonium formé, il rentre naturellement en fabrication. De même le liquide de l'anode s'enrichit en acide sulfurique, et il est nécessaire de le ramener de temps en temps à saturation par l'addition d'une dissolution ammoniacale de sulfate d'ammonium. Cette addition doit se faire avec ménagement en refroidissant le liquide avec soin, de manière à éviter toute élévation de température qui détruirait le persulfate.

On obtient ainsi du persulfate d'ammonium à 95-97 p. 100, suffisamment pur pour être employé dans l'industrie.

Le rendement atteint 66 p. 100 du rendement théorique.

Acide hydrosulfureux et hydrosulfite de sodium. — L'acide hydrosulfureux découvert par P. Schützenberger a pour formule brute SO^2H^2 et pour formule détaillée $SO < {}^{OH}_{H}$.

Cette formule montre que ce corps n'est qu'un monoacide et ne peut donner naissance qu'à une seule espèce de sel, tel que $SO < {ONa \atop H}$, hydrosulfite de sodium.

Schützenberger l'a obtenu en faisant réagir le zinc sur une dissolution d'anhydride sulfureux,

Mais c'est un acide absolument instable.

Le sel de sodium s'obtient dans des conditions analogues, mais il se forme un sulfure double de sodium et de zinc. Schützenberger avait également montré qu'on peut obtenir cet hydrosulfite de sodium en réduisant du bisulfite par de l'hydrogène produit par électrolyse.

La mise en pratique de ce procédé est due à M. Villon.

L'appareil se compose d'une cuve en bois de sapin que l'on refroidit et qui est séparée, par une cloison en argile poreuse, en deux parties dont l'une est double de l'autre.

Dans la plus grande cellule est disposé un charbon ou une plaque de cuivre doré qui formera la cathode ; on y fait arrriver une dissolution de sulfite acide de sodium marquant 35° B. Dans la plus petite cellule se trouve l'électrode négative, qui peut être de même composition que la positive. Cette partie contient une solution d'acide sulfurique au 10ᵉ.

Le prix de revient de cet hydrosulfite ne serait que de 228 fr. la tonne.

Pour le blanchiment de la laine on emploie une solution contenant 1 kilogramme de sel pour trois litres d'eau.

L'opération peut se faire très économiquement. En effet, que se passe-t-il dans le blanchiment? La matière colorante abandonne son oxygène à l'hydrosulfite et l'on a formation du sulfite acide.

$$SO^2\,Na\,H + O = SO^3\,Na\,H$$

On voit qu'après l'opération on a de nouveau le sulfite acide, que l'on pourra électrolyser à nouveau.

On arriverait ainsi, dit M. Minet, à blanchir 100 kilos de laine pour 2 francs, tandis que, d'après M. Domergue, avec la méthode chimique, il faut compter une dépense de 13 francs.

Ces chiffres montrent quel rôle peut jouer, au point de vue économique, l'électrolyse de certains corps.

Composés d'arsenic. — Parmi les composés d'arsenic, quelques-uns s'obtiennent par voie électrolytique : tel est le cas des matières colorantes minérales en dérivant.

C'est ainsi que le vert de Scheele se prépare industriellement en électrolysant une solution de 8 p. 100 de sel de Glauber que l'on chauffe, en présence d'acide arsénieux.

A l'électrode négative qui est en cuivre, se forme de la soude, qui donne, avec de l'acide arsénieux, de l'arsénite.

A l'électrode positive se forme du sulfate de cuivre qui s'unit à l'arsénite de sodium pour donner le vert de Scheele.

En employant de l'acide arsénique au lieu d'acide arsénieux on obtient le vert mitiss.

DEUXIÈME PARTIE
Électrométallurgie par électrolyse.

Généralités. — Dans l'Électrométallurgie, il faut envisager deux sortes d'opérations bien distinctes :

1º Le minerai, après purification et, s'il y a lieu, après traitement chimique, est soumis au courant, en vue d'en opérer l'électrolyse. On a ainsi l'électrométallurgie par électrolyse;

2º Le minerai, après un traitement convenable, est soumis, en présence de charbon, à la chaleur de l'arc voltaïque. Ici, il s'agit principalement d'une réduction à haute température. Nous traiterons cette métallurgie récente dans une partie spéciale consacrée au four électrique.

L'électrométallurgie par électrolyse se divise elle-même en deux parties :

1º Elle peut avoir lieu sur des solutions. On a ainsi l'électrométallurgie par voie humide. C'est cette opération qui est la plus appliquée;

2º Elle peut avoir lieu sur le produit solide et constitue l'électrométallurgie par voie ignée. La métallurgie de l'aluminium et du magnésium forme les deux principales branches de cette industrie que nous traiterons à propos du four électrique.

Nous nous occuperons de suite de l'électrométallurgie par voie humide; elle peut porter sur :

1° Le raffinage du métal brut, fourni par des méthodes métallurgiques autres que les méthodes électrolytiques;

2° Le traitement des minerais eux-mêmes par voie électrolytique.

Nous passerons successivement en revue ces opérations pour les divers métaux.

CHAPITRE PREMIER
ÉLECTROMÉTALLURGIE DU CUIVRE

I. — RAFFINAGE DU CUIVRE BRUT

Principe. — Le principe général du raffinage des métaux par voie électrolytique est le suivant : si, dans une cuve contenant un bain de composition convenable, on utilise comme anodes des plaques de métal que l'on veut purifier et comme cathode des plaques en même métal, mais pur, sous l'influence du courant l'anode se dissout et un dépôt métallique se fait sur la cathode.

Si l'on a eu soin d'opérer dans des conditions convenables de composition de bain, d'ampérage, de température, etc., on peut obtenir ainsi un dépôt constitué par un métal pur.

Deux cas peuvent se produire :

1º Les métaux ou corps étrangers qui constituent les impuretés sont plus électronégatifs que le métal à déposer ; alors ils se déposent en forme de boue au fond des cuves ;

2º Les impuretés sont plus électropositives ; elles s'accumulent dans le bain sous forme de sels.

Dans cette opération du raffinage, l'énergie consommée est extrêmement faible; en théorie, elle est nulle : en effet, s'il y a absorption d'énergie par suite de la dissolution du métal dans le bain, il y a, d'autre part, production d'une quantité égale d'énergie par suite du dépôt métallique. Mais il y a dépense par suite du transport des ions; de plus, il y a des résistances à vaincre, résistance des conducteurs, polarisation, etc. Toutefois ces résistances sont extrêmement faibles et il faut bien noter que le raffinage électrolytique du cuivre peut être exploité avec succès, sans avoir recours aux chutes d'eau.

C'est, avec la galvanoplastie et le nickelage, la seule industrie électrolytique à laquelle on puisse attribuer de très sérieux avantages, tout au moins au point de vue de sa généralisation, c'est-à-dire de son établissement en un lieu quelconque.

Si l'on envisage spécialement la question du raffinage du cuivre, il est de toute nécessité de rappeler les expériences de Kiliani. C'est en effet sur les résultats obtenus par ce savant que sont basées les méthodes de raffinage.

Si l'on classe les métaux qui se rencontrent dans le cuivre brut suivant leurs chaleurs d'oxydation, on remarque qu'ils se suivent dans l'ordre suivant :

Manganèse, zinc, fer, étain, cadmium, cobalt, nickel, plomb, arsenic, bismuth, antimoine, cuivre, argent et or.

Les métaux qui précèdent le cuivre doivent, d'après le principe du travail maximum, passer avant lui en solution; seuls, l'or et l'argent se dissoudront avant lui.

Réciproquement, si l'on considère les métaux dissous dans le bain, ils devront se déposer, sous l'influence du courant, suivant un ordre inverse du précédent; c'est-à-dire que l'or et l'argent se déposeront tout d'abord, puis le cuivre, et ensuite les autres métaux.

On conçoit alors aisément quel parti l'on peut tirer de ce fait; mais il se complique par suite de la présence de quelques autres impuretés, notamment des oxydes et sulfures, qui ont pris naissance dans le traitement métallurgique. Voyons ce qui arrive alors :

Expériences de Kiliani. — Les expériences de M. Kiliani ont porté sur un électrolyte normal renfermant 150 grammes de sulfate de cuivre cristallisé et 50 grammes d'acide sulfurique par litre. La densité du courant était de 20 ampères par mètre carré. Dans ces conditions, on a observé les phénomènes suivants :

Oxydule de cuivre. — Se dépose dans l'électrolyte sans être modifié par le courant, mais se dissout peu à peu en saturant l'acide sulfurique libre, surtout si le liquide est soumis à une circulation énergique qui facilite l'action de l'oxygène de l'air.

Sulfure de cuivre. — Quand il est en petite quantité dans l'anode, il se dépose tel quel dans les boues;

en plus grande quantité, il est décomposé par le courant et il se dépose du soufre.

Argent, or et platine. — Quand la solution est acide et que la teneur de l'anode en métaux précieux est faible, comme c'est généralement le cas, ceux-ci se déposent dans les boues.

Quand le bain est neutre, l'argent est également dissous et se rend à la cathode avec le cuivre.

Bismuth et oxyde de bismuth. — Le métal et son oxyde se déposent, soit directement, soit à l'état de sels basiques dans les boues. On ne rencontre pas de bismuth dans le métal de la cathode.

Etain. — L'étain se dissout et se précipite de nouveau à l'état de sel basique. Quand l'anode est riche en étain, la plus grande partie du métal reste sur l'anode à l'état de sel basique.

Fait digne de remarque, la présence de l'étain, dans le métal de l'anode a pour effet de favoriser le dépôt du cuivre à la cathode; sa seule présence suffit à rendre ce dépôt uni et très malléable, tandis que l'électrolyse d'une solution de cuivre pur donne un produit fragile.

Arsenic. — Quand il est contenu dans l'anode à l'état métallique, il se dissout à l'état d'acide arsénieux et ne se dépose dans les boues qu'après sursaturation de la solution.

Quand il se trouve à l'état d'arséniate de cuivre, il se dépose dans le bain à l'état de boue.

On n'a pas à craindre de dépôt d'arsenic à la cathode

tant que la composition du bain reste normale au point de vue de la teneur en cuivre et en acide libre. Il n'en est pas moins nécessaire de surveiller très scrupuleusement la composition du bain à ce point de vue.

Antimoine. — L'antimoine métallique exerce la même action que l'étain. Avec un electrolyte acide ou neutre, il passe en partie dans la solution et se dépose plus tard à l'état de sel neutre ; en partie, il reste sur l'anode à l'état de sulfate basique d'antimoine qui se comporte sous l'action de l'air comme le sulfate basique d'étain. Quant aux dérivés de l'antimoine qui se trouvent dans l'anode, le courant électrique n'exerce sur eux aucune influence. L'antimoine ne se dépose pas sur la cathode si la teneur du bain en cuivre et en acide est à peu près normale.

Plomb. — Le courant électrique agit sur le plomb plus vite que sur le cuivre ; le plomb passe dans l'électrolyte à l'état de sulfate de plomb insoluble. Il ne se dépose pas sur la cathode.

Fer, zinc, nickel, cobalt. — Ces métaux se dissolvent par l'action du courant avant le cuivre.

Le fer est contenu dans le bain à l'état de sulfate de protoxyde, et on ne trouve de sulfate ferrique à l'anode qu'en cas de travail avec de fortes densités de courant qui ont pour corollaire une augmentation de tension.

En général, le fer, le nickel, le cobalt et le zinc ne gênent l'électrolyse que quand le liquide s'est considérablement appauvri à cuivre.

6.

L'attaque des anodes ne se produit pas, comme on pourrait le croire, de la surface au centre. On constate, au contraire, que les parties centrales sont rongées avant que tout le cuivre de la périphérie soit entré en solution.

Les conditions à remplir pour avoir un bon dépôt sont :

1° Une circulation rapide du bain, qui y détermine une agitation ;

2° Une constance aussi absolue que possible de l'acidité du bain ;

3° De même pour la teneur en cuivre du bain ;

4° Un courant dont l'intensité ne dépasse pas 3o à 4o ampères par mètre carré d'électrode.

Procédé général. — Nous décrirons d'abord le procédé généralement employé. Nous examinerons ensuite comment ce procédé a été modifié.

Des cuves en bois (fig. 16) doublé de plomb reçoivent le bain. Les anodes sont constituées par le cuivre brut ; elles sont obtenues par coulée dans des moules en fonte ; on a eu soin de ménager deux oreilles qui permettent de les rejoindre aux conducteurs.

Quant aux cathodes, formées par des lames de cuivre pur de o ^{mm} 3 d'épaisseur, elles sont enduites de pétrole sur la surface et de paraffine sur les bords. Ce sont ces précautions qui permettent de retirer aisément le *dépôt* qui s'est formé.

Les anodes et les cathodes sont jointes respectivement à deux bases de cuivre *pur* qui amènent le courant; elles sont maintenues à une distance d'environ 5 centimètres par des tiges en bois; on évite ainsi tout contact des plaques. De plus, elles ne *plongent* pas jusqu'au fond des bains, sans quoi il pourrait s'établir des courts-circuits, par suite des boues qui prennent naissance.

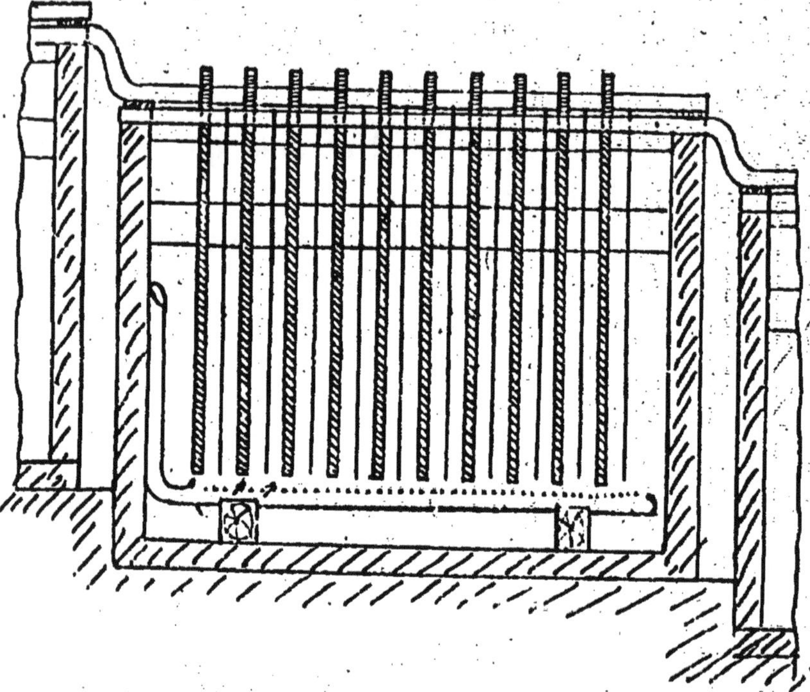

Fig. 16. — Raffinage du cuivre. Cuve munie de l'appareil Borchen.

Quant au liquide, il est siphonné dans le bain qui précède par l'intermédiaire d'un tube et s'échappe dans la cuve par toute une série de petits trous percés dans la partie horizontale du tube. Puis il passe par un autre siphon dans la cuve suivante. On assure ainsi un mouvement rapide de la masse.

Procédé Siemens et Halske. — Ce procédé diffère peu du procédé général. C'est en effet cette importante maison qui a développé en Allemagne l'industrie du raffinage du cuivre, dès 1880.

Voici d'ailleurs ce qu'a écrit sur ce procédé un ingénieur de cette Société dès 1884 (1) :

Six machines fonctionnent actuellement aux établissements métallurgiques d'Oker; chacune de ces machines précipite 250 à 300 kilogr. de cuivre par jour, avec une dépense de force de 7 à 8 chevaux. Le rendement annuel s'élève maintenant à 500-600 tonnes de cuivre. Le cuivre à raffiner a déjà subi un affinage métallurgique et il ne contient que 0,3 à 0,5 p. 100 d'impuretés. Malgré cela, le procédé électrolytique est rémunérateur, parce que l'élimination des dernières impuretés augmente considérablement la valeur du cuivre.

A Oker, les deux systèmes, l'un avec de grands bains peu nombreux, l'autre avec des bains plus petits en plus grand nombre sont placés l'un à côté de l'autre, et ils fonctionnent également bien, seulement dans le dernier système le capital d'établissement est moins considérable. Le cuivre brut aussi bien que le cuivre pur sont employés sous forme de plaques ayant environ 1 m. de longueur et 0,5 de largeur. L'épaisseur des plaques de cuivre brut, qui sont soumises à l'électrolyse, s'élève à environ 15 mm. Les

____

(1) *Elecktrotechnische Zeitschrift*, 1884.

plaques de cuivre pur qui se trouvent dans le commerce ont une épaisseur un peu plus faible. La machine qui travaille avec un petit nombre de grands bains fournit, pour une production journalière, de 250 à 300 kilogr. de cuivre, environ 315 volts de tension et 1.000 ampères d'intensité de courant.

Chaque machine alimentant les petits bains fournit généralement le courant à 12 bains associés en tension, et l'installation de ces 12 bains occupe un espace de 80 mètres carrés environ. La machine qui alimente les grands bains fournit une tension de 30 volts avec une intensité de courant de 120 ampères (ou quelquefois 15 volts et 240 ampères). A Oker, elle alimente environ 80 petits bains. L'espace occupé par cette installation, la quantité de la lessive, la force motrice, le précipité de cuivre sont les mêmes avec cette machine que dans les autres installations. Les frais sont cependant différents, et l'installation avec les grands bains offre ce grand avantage sur les autres, que les bains peuvent être établis à une très grande distance de la machine, ce qui n'a pas lieu autrement.

Procédés avec insufflation d'air. — Dans les procédés ordinaires, le gros inconvénient consiste dans le changement relativement fréquent de l'électrolyte devenu impur, par suite des corps étrangers qui s'y sont dissous. Kiliani et Frölich ont bien recommandé d'employer un cuivre brut aussi pur que possible. On serait alors conduit à ne soumettre à l'électrolyse que les cuivres, déjà purifiés, mais contenant des métaux précieux. C'est généralement ce qui se fait.

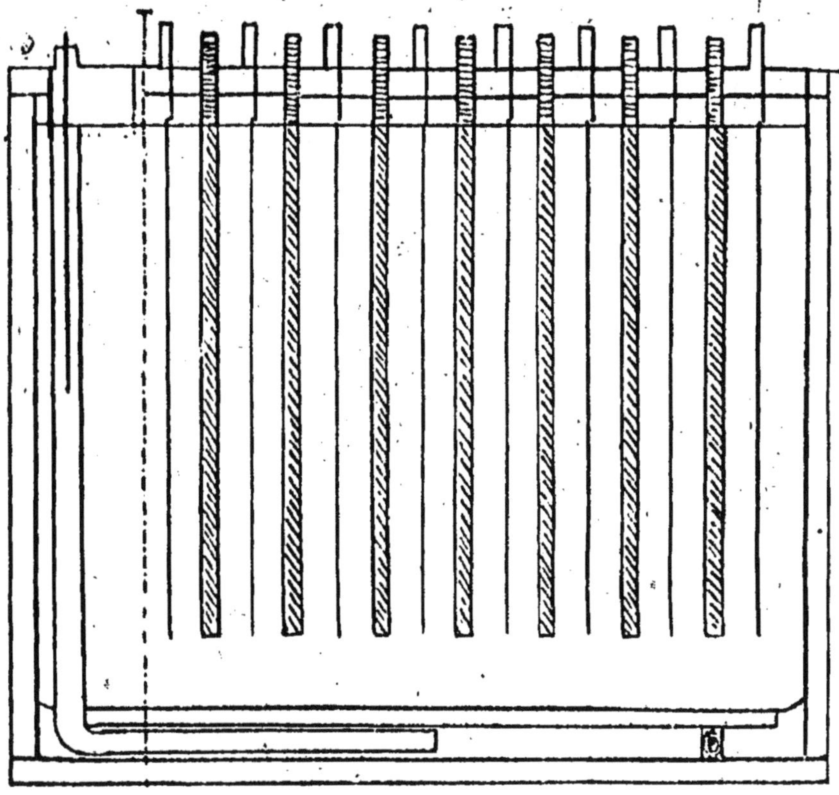

Fig. 17. — Raffinage du cuivre. — Cuve munie de l'appareil Borchers. (Coupe en long.)

Toutefois on a proposé certains perfectionnements qui permettent de changer moins fréquemment l'électrolyte. Un seul est à retenir : c'est l'insufflation d'air.

Si, dans un bain dans lequel se trouve dissous de l'arsenic, du nickel, du cobalt et du fer, l'on vient à

insuffler de l'air, on a la précipitation de ces impuretés sous forme d'arséniates.

Cette découverte est due à MM. H. et K. Borchers,
fabricants de produits chimiques à Goslar (Harz).

Le dispositif généralement adopté est le suivant
(fig. 17 et 18) :

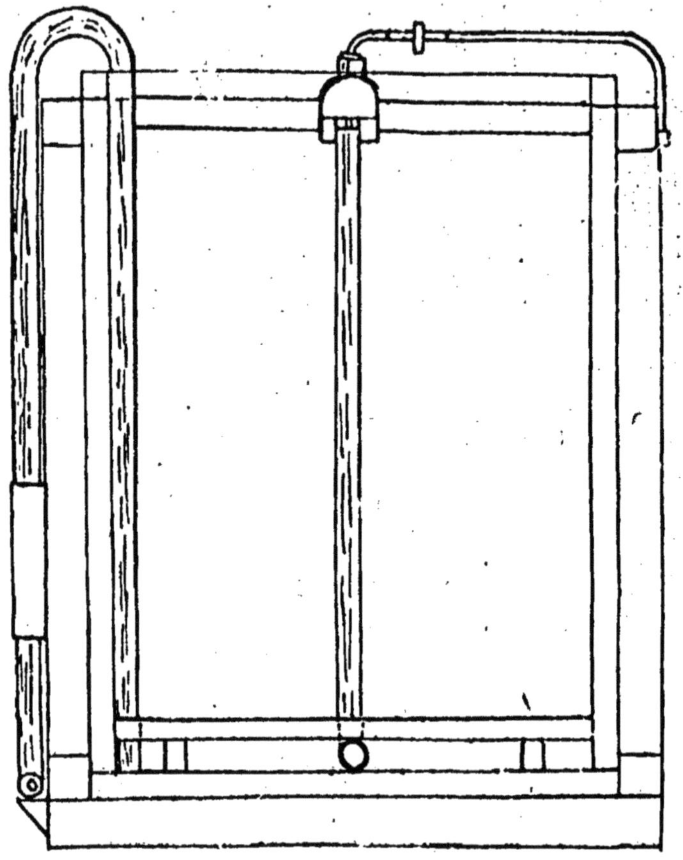

Fig. 18. — Raffinage du cuivre. — Cuve munie de l'appareil
Borchers (coupe en travers).

Un tube en plomb descend dans la cuve et se termine par une branche horizontale; dans ce tube

librement ouvert se trouve du liquide provenant du bain. A la partie supérieure de ce conduit a été placé, maintenu par un bouchon, un tube de verre qui est effilé à son extrémité et peut être facilement élevé ou abaissé. L'air est insufflé par ce tube; il vient se mélanger avec le liquide contenu dans le tube de plomb, forme en quelque sorte une aspiration dans cette colonne et le liquide monte petit à petit pour venir déborder dans le haut de la cuve; il y a donc un mouvement du bain qui a lieu de bas en haut, en passant par le tube de plomb et dans ce mouvement l'air se mélange à l'électrolyte (fig. 17 et 18). Cette façon d'opérer a comme premier avantage celui de produire un mouvement continu de la masse liquide. De plus, et c'est là le but principal du procédé, on maintient ainsi les lessives dans un grand état de pureté.

La précipitation des arséniates qui ont pris naissance se fait avec une très grande rapidité.

Procédé de Stalman (usine d'Anaconda, Etats-Unis). — Ce procédé est caractérisé par ce fait que la première anode et la dernière cathode de chaque bain sont seules réunies aux deux pôles de la génératrice. Quant aux électrodes intermédiaires, elles sont réunies deux à deux, anode et cathode, soit par l'intermédiaire d'un boulon en cuivre, soit au moyen de tiges de fer. Les deux lames sont d'ailleurs séparées par du verre ou de l'amiante.

Le courant part de la première anode, se rend

ensuite à la première cathode. par l'intermédiaire du bain ; il gagne ensuite la seconde anode, qui est rejointe à la première cathode, et ainsi de suite.

Les bains peuvent être montés en quantités ou en tension.

L'ensemble de l'installation comprend une machine à vapeur, accouplée à une dynamo, laquelle fournit le courant nécessaire. D'autre part, une pompe assure le mouvement du liquide, qu'elle puise dans le bac inférieur pour le porter au bac supérieur, d'où l'électrolyte recommence le passage à travers les diverses cuves d'électrolyse.

M. W. Borchers, professeur à l'école de métallurgie de Duisburg, donne la sévère appréciation suivante de ce procédé (1) :

« L'ancienne pile de Volta sert de base à un autre système d'arrangement des électrodes. Il a été appliqué sous différentes formes et même dans quelques cas pour éviter les plaques cathodes.

« Un de ces procédés, dans lequel toutefois on se sert encore de plaques cathodes particulières, a été décrit par Schnabel, qui l'a vu employer aux usines d'Anaconda, dans l'État de Montana (États-Unis de l'Amérique du Nord). Sans ce témoignage, il eût cependant été très difficile de penser qu'il se soit rencontré dans l'industrie des partisans de ce dispositif, le plus incommode de tous les appareils de raffinage du cuivre.»

(1) Borchers, *Traité d'Électrométallurgie.*

GUILLET. Électrochimie. 7

PROCÉDÉ HAYDEN. — Le procédé Hayden est beaucoup plus simple : il n'y a plus de cathodes intermédiaires. La première plaque de cuivre brut est seule reliée au courant ; puis viennent une série de ces mêmes plaques qui sont purement et simplement suspendues dans le bain ; enfin, se trouve une plaque de cuivre pur qui est reliée au pôle négatif de la dynamo.

De cette disposition, il résulte que le cuivre pur est précipité sur les plaques intermédiaires du côté qui regarde la plaque positive et que le cuivre brut se dissout du côté qui regarde la plaque négative,

D'après M. Borchers, le gros inconvénient de ce procédé résiderait dans la dissolution irrégulière du métal brut, ce qui entraîne la formation de cavités qui peuvent atteindre le métal pur déposé sur l'autre face, lequel alors se dissout à nouveau.

PROCÉDÉ OEFERN. — Ce procédé est caractérisé par l'emploi d'anodes en oxyde de cuivre. — Le métal, qui doit constituer les anodes est oxydé au moment de sa sortie du four à reverbère dans lequel il était fondu. On obtient ainsi des anodes qui se dissolvent avec beaucoup plus de facilité.

L'électrolyte employé est formé d'une solution aqueuse de 15 p. 100 d'acide sulfurique, si l'on opère avec une densité de courant de 30 ampères par mètre carré. Mais cette composition varie avec l'intensité ; ainsi, avec une densité de courant de 50 ampères par mètre carré, il faut employer une solution à 20

p. 100 de sulfate de cuivre et 5,5 p. 100 d'acide sulfurique.

Avant d'abandonner cette question du raffinage du cuivre par voie électrolytique, il nous faut décrire les procédés permettant d'obtenir les tubes de cuivre, dont on a pu admirer des échantillons superbes à notre dernière exposition.

Procédé

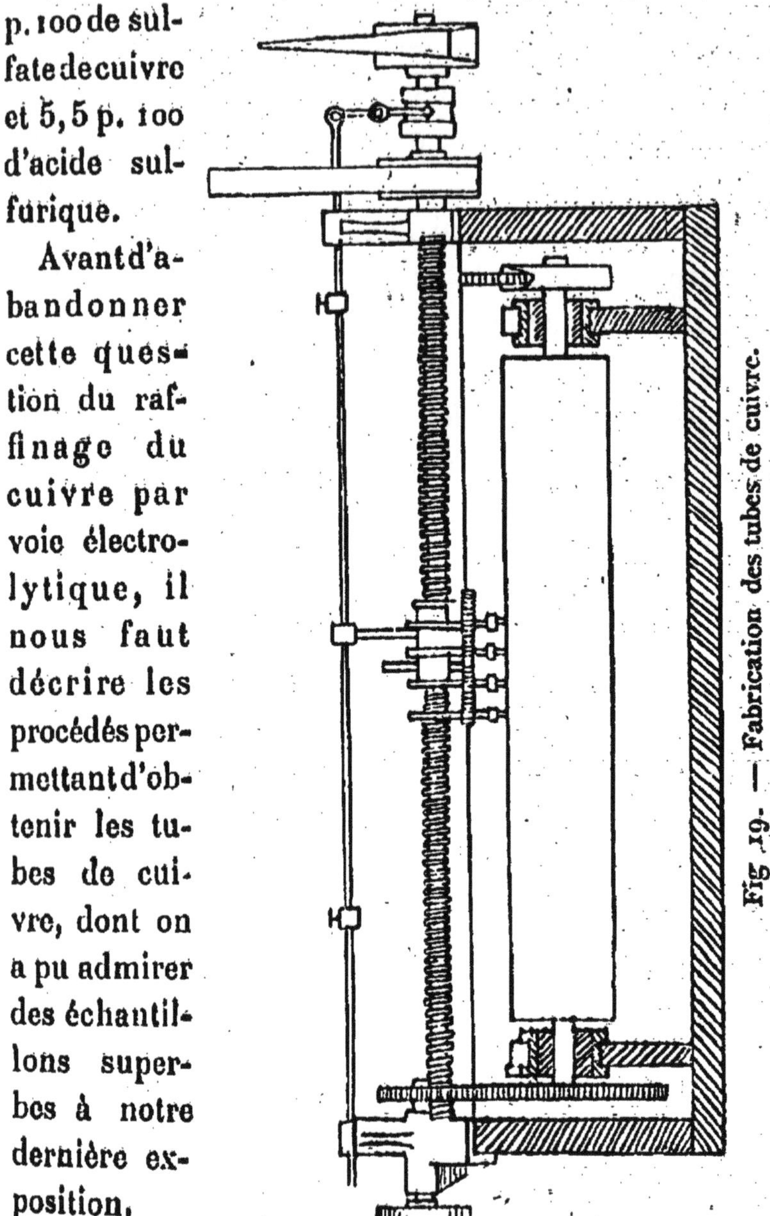

Fig. 19. — Fabrication des tubes de cuivre.

Elmore (fig. 19 à 21.) — Lorsqu'on fait un dépôt électrolytique d'un métal, on remarque généralement que le dépôt a un aspect cristallin et ne présente qu'une très faible résistance mécanique.

Si donc l'on veut avoir par voie d'électrolyse un dépôt métallique qui soit desuite un produit marchand il sera de toute nécessité de lui faire subir, pendant le dépôt même, une transformation en vue d'obtenir la résistance voulue.

M. Elmore a eu en vue la fabrication des tubes en cuivre de grand diamètre. Les tubes ainsi fabriqués présenteront le grand avantage de n'avoir aucune soudure et, partant, de présenter au point de vue mécanique la résistance maximum.

Le principe appliqué par cet industriel est le suivant : déposer le cuivre électrolytique sur un mandrin cylindrique tournant dans le bain et comprimer le dépôt métallique à mesure qu'il se dépose.

Pour ce faire, M. Elmore utilise un compresseur mobile en agate.

La disposition de l'appareil est la suivante (fig. 19, 20, 21) :

Les anodes ont la forme d'U ; à l'intérieur se trouvent les cylindres sur lesquels doit se faire le dépôt et qui tournent à une certaine vitesse, dans le bain électrolytique. D'autre part des brunissoirs en agate viennent frotter contre le mandrin ; un mouvement de va-et-vient leur est donné de la façon suivante : une vis les supporte et les oblige à se déplacer entre deux taquets. Une butée vient frapper les taquets, lorsque les mandrins arrivent à l'une des extrémités de la course ; il se produit alors, par l'intermédiaire d'un embrayage et des deux poulies montées sur l'arbre de la vis, un changement dans le sens du mouvement des mandrins.

La vitesse des mandrins ainsi que la vitesse de

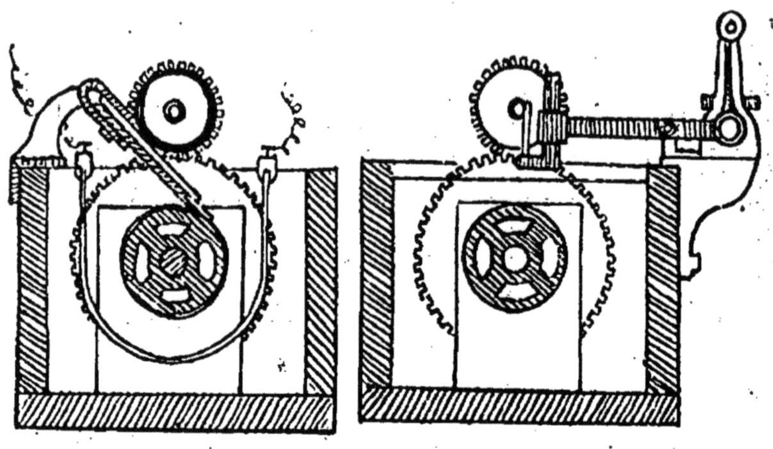

Fig. 20   Fig. 21

Fabrication des tubes de cuivre (procédé Elmore).

rotation des cylindres sont calculées de façon que toute la surface soit bien comprimée par les brunissoirs.

On obtient ainsi des tubes d'une homogénéité, d'un brillant et d'une résistance vraiment extraordinaires.

La question de la composition des mandrins est de la plus haute importance. Au début de cette fabrication, on utilisait des mandrins en plomb antimonieux, que l'on saupoudrait avec de la poudre de bronze, afin de pouvoir séparer aisément le tube obtenu par dépôt électrolytique.

Depuis, on a employé des mandrins composés d'une

âme en bois sur laquelle on place des tubes en acier poli.

Voici comment on utilise ces mandrins : on les fait tourner au début dans les cuves électrolytiques, contenant une dissolution de cyanure double de potassium et de sodium, à 5 p. 100. — On obtient rapidement une couche mince de cuivre ; ce dépôt, que l'on obtient au bout d'un quart d'heure, est exposé à l'air pour être oxydé. C'est sur le mandrin ainsi préparé que l'on vient faire le dépôt des tubes, lequel peut ainsi être détaché facilement.

On peut opérer avec un courant de 180 ampères par mètre carré de cathode, si l'on a soin d'opérer, comme il a été dit, avec une solution suffisamment riche en sulfate de cuivre.

L'on peut, par des moyens analogues, obtenir des fils. D'autre part, ceux-ci peuvent être obtenus en découpant des lanières de cuivre dans les tubes préparés comme nous l'avons indiqué et en passant ces lanières dans une suite de filières. Quant aux plaques, on peut les obtenir en coupant les tubes cylindriques suivant une génératrice et en développant le cylindre.

PROCÉDÉ COWPER-COLES. — Dans ce procédé, on n'emploie plus le frottement pour obtenir un dépôt résistant ; mais l'on fait simplement tourner rapidement le cylindre dans le bain.

On a d'ailleurs peu de données sur ce procédé ; l'on sait toutefois qu'il donne d'excellents résultats :

on a pu les voir, d'ailleurs, à l'Exposition de 1900.

PROCÉDÉ DUMOULIN. — Avec le procédé Dumoulin, nous retombons dans l'emploi de la pression pour rendre suffisamment résistant le dépôt électrolytique de cuivre. Le frottement est obtenu par l'intermédiaire des bandes de peau spécialement apprêtées.

PROCÉDÉ DE LA SOCIÉTÉ DES CUIVRES DE FRANCE. — Dans ce procédé, on utilise comme cathode deux cylindres tournant en sens inverse et venant frotter l'un contre l'autre. Ces deux cylindres constituent, somme toute, un véritable laminoir; le dépôt, ainsi obtenu, a toutes les qualités de résistance et d'homogénéité.

Remarques générales. — M. Joseph Wilson Swan a décrit, à l'Assemblée générale de la Society of Chemical Industrie, assemblée tenue à Glasgow les 24-25 juillet 1901, quelques expériences personnelles sur le dépôt électrolytique du cuivre. Nous croyons devoir les reproduire ici.

« Des essais que j'avais fait, il y a quelques années, dit M. Swan, m'avaient permis de constater qu'il est possible, en variant la composition de la solution à électrolyser, de supprimer presque complètement la tendance qu'a le dépôt d'acquérir une structure cristalline et d'obtenir un dépôt comparable au cuivre d'œuvre, au point de vue du poli, de la dureté et de l'élasticité.

La nature du dépôt éprouve un changement remarquable par l'addition d'une minime proportion de gélatine en solution dans l'acide nitrique dilué à une solution de sulfate de cuivre (composé d'une solution saturée aux deux tiers et additionnée de 5 p. 100 d'acide sulfurique). Si on ajoute une partie de gélatine à 30.000.000 parties de cuivre, le dépôt ne sera pas cassant et cristallin, mais, dans des conditions de température et de densité de courant convenables, poli, brillant et élastique ; cependant, un excès de gélatine rend le dépôt excessivement dur et cassant.

La lenteur avec laquelle le cuivre électrolytique se dépose ordinairement est une entrave sérieuse à l'utilité d'un des plus beaux procédés. Il est en effet nécessaire d'opérer lentement, lorsqu'il s'agit d'obtenir du cuivre pur possédant la plus forte conductibilité possible. Mais quand il y a lieu d'opérer très vite et qu'une extrême pureté n'est pas nécessaire, la rapidité peut être augmentée. Même lorsqu'il devient nécessaire ou avantageux d'opérer avec une rapidité dix fois plus grande, nous possédons les moyens de l'obtenir ; mais, dans ce cas, il faut employer un voltage plus grand, une force supplémentaire, en d'autres termes, et il s'en suit que le prix est plus élevé. On peut cependant réduire la dépense, en ayant recours à une solution fortement métallisée, à résistance spécifique faible telle que le nitrate, et employer des moyens de provoquer la diffusion rapide de l'électrolyte à la surface de la cathode. Grâce à ces moyens simples, j'ai produit une électrotypie irréprochable en une seule opération. »

Prix de revient. — Divers prix de revient ont été donnés pour l'affinage électrique du cuivre.

1º D'après M. Fontaine, pour une usine fonctionnant à bas régime (20 ampères par mètre carré) avec de la force vapeur, les frais de raffinage sont de 192 francs par tonne ; ils se décomposent comme suit :

Force motrice......................	40 francs.
Main-d'œuvre......................	40 —
Frais généraux....................	40 —
Entretien.........................	12 —
Intérêt du capital	60 —
Total par tonne	192 francs.

2º D'après M. Ponthière, on peut arriver, en se basant sur une production de 900 tonnes par an, à 148 francs la tonne, se décomposant ainsi :

Exploitation proprement dite...........	79 francs.
Intérêt et amortissement..............	69 —
Total...............................	148 francs.

3º D'après M. Fontaine, dans le procédé Thofern on obtient un prix notablement moins élevé, soit 98 fr. la tonne.

Voici les détails de ce prix :

EXPLOITATION

Fonte des anodes................	12,78	
Fabrication des cathodes.........	7,38	
Service des bacs................	6,67	51 fr. 18.
Force motrice..................	13,24	
Frais généraux d'usine..........	11,11	

INTÉRÊT ET AMORTISSEMENT :

Terrain (intérêt 5 p. 100)............	1,25
Frais d'installation.................	9,11
Cuivre dans les bacs...............	14,25
Cuivre en stock...................	7,50
Approvisionnements divers........	1,58
Amortissement du matériel et des bâtiments....................	13,13

} 40 fr. 82

Total égal.............. 98 francs.

L'économie qui a lieu sur l'amortissement et l'intérêt du capital engagé est due à l'élévation exceptionnelle du régime que permet l'oxydation des anodes recommandée par M. Thofehrn.

Dans le tableau suivant (p. 119), M. Borchers a établi les frais de fabrication pour des densités de courant de 30 à 100 ampères ; ce calcul correspond aux conditions existant ordinairement en Allemagne ; dans les pays où l'on doit prendre pour base des nombres très différents, on peut facilement le modifier ; mais relativement à la différence des frais de traitement entre l'ancien et le nouveau procédé, il donnera toujours un résultat analogue.

On voit, d'après ce tableau, que, dans le nouveau procédé, les frais de traitement sont de 20 p. 100 environ plus faibles que ceux du travail d'après l'ancien procédé ; en outre, si l'on considère que l'intérêt du capital employé à l'achat du terrain et à la construction des bâtiments, ainsi que celui de l'argent retiré du schlamm, sont considérablement diminués, le résultat se montre encore plus favorable.

FRAIS DE TRAITEMENT PAR JOUR pour un rendement de 1 tonne de cuivre par jour	Ancien procédé Densité de courant : 30 ampères	Nouveau procédé Densité de courant : 100 ampères
	Francs	Francs
Dépense de force (1 cheval-heure = 62,5 cent.)......	21,25	37,50
Main-d'œuvre................	37,50	18,75
Intérêt du cuivre (5 p. 100)..	19,50	6,00
Amortissement (5 p. 100)....	10,35	5,20
Frais de chauffage des bains (250 kilogr. de charbon)..	»	6,25
Frais de régénération de la lessive..................	5,00	»
	93,60	73,70

II. — EXTRACTION DU CUIVRE

Principe général. — Lorsque l'on veut appliquer l'électrolyse à l'extraction des métaux de leurs minerais, l'on peut employer deux méthodes :

Dans la première, on utilise les minerais mêmes comme anode ; mais il faut que le minerai soit conducteur. Ce genre de traitement a donné peu de résultats industriels.

Dans la seconde méthode, on fait subir au minerai une préparation préalable pour le faire passer en solution. Le liquide obtenu est soumis à l'électrolyse et l'on utilise des anodes insolubles. La dépense en énergie électrique est alors élevée et, de plus, on ne peut éviter le phénomène de polarisation qu'en faisant intervenir une réaction secondaire.

En effet, lorsque l'on vient à électrolyser du sulfate de cuivre, on sait qu'il se forme.

$$SO^4 Cu = SO^4 + Cu.$$

L'ion SO^4 réagira sur l'eau, et donnera :

$$SO^4 + H^2O = SO^4 H^2 + O.$$

Cet oxygène produira le phénomène bien connu de la polarisation que l'on ne pourra éviter qu'en faisant intervenir quelque composé pouvant s'emparer de cet oxygène.

Bien que l'extraction du cuivre par voie électrométallurgique n'ait pas donné tous les résultats que l'on pouvait attendre, nous passerons en revue les principaux procédés employés; ce sont ceux de :

Siemens.

Marchese.

Höpfner.

PROCÉDÉ SIEMENS. — La caractéristique du procédé Siemens, outre la disposition des appareils, se trouve dans l'emploi du sulfate ferreux pour éviter la polarisation.

Ce sel en effet donne avec les ions SO^4 la réaction :

$$2 SO^4 Fe + SO^4 = (SO^4)^3 Fe^2.$$

On évite ainsi l'action des ions SO^4 sur l'eau et par conséquent la production d'oxygène.

Le procédé Siemens utilise des minerais pauvres, contenant 4 à 5 p. 100 de cuivre. Il comprend les opérations suivantes :

1° Pulvérisation du minerai dans un broyeur à moulin;

2° Attaque du minerai pulvérisé par l'intermédiaire de la solution de sulfate ferrique provenant d'une opération préalable, on a :

$$(SO^4)\ {}^3Fe^2 + Cu = SO^4\ Cu + 2\ SO^4\ Fe.$$

Cette réaction a lieu dans une cuve en bois, chauffée par un serpentin en plomb dans lequel circule la vapeur et munie d'un agitateur ;

3° La liqueur ainsi obtenue, passe à travers un filtre à vide, qui sépare le minerai épuisé du liquide électrolytique;

4° Celui-ci se rend ensuite dans un bac, qui est en surcharge dans les cuves électrolytiques. Après électrolyse, le liquide sort de la série des bains et retourne dans la cuve.

L'opération est continue; le nombre des cuves d'électrolyse, le courant et la vitesse d'écoulement du liquide sont calculés de façon que, à la sortie des cuves, le liquide ne contienne plus de cuivre et soit à ce moment riche en sulfate ferrique ; il est donc propre à opérer une nouvelle dissolution du minerai.

Pour terminer ce qui a trait à ce procédé, nous étudierons la disposition des électrolyseurs.

Les cuves ont une forme plate; elles sont en bois

et sont rendues absolument étanches, par du tissu de jute asphalté. L'anode, qui, nous l'ayons dit, est insoluble, est constituée par deux lames de plomb durci et verni dans lesquelles sont encastrées 169 tiges rondes d'un charbon résistant. Toute l'anode a 1.600 mm. de longueur et 405 mm. de largeur, elle repose sur le fond de la cuve. Les cathodes sont formées d'une lame très mince de cuivre placée sur des plaques de bois. Le bain est partagé en deux compartiments : celui de l'anode et celui de la cathode, par un filtre en toile ; de plus, dans le compartiment de la cathode, un agitateur mécanique maintient homogène le liquide.

Dans ce procédé, la densité du courant atteint 120 ampères par mètre carré de cathode. Les frais d'installation du procédé sont d'environ 200 à 250.000 fr. pour une usine produisant une tonne de cuivre par jour, non compris les frais d'installation de la force motrice et des bâtiments.

La force nécessaire pour une telle installation est de 120 chevaux se décomposant ainsi :

Electrolyse......................	65 chevaux
Extraction du cuivre...........	10 —
Pulvérisation des minerais.....	45 —

Ce procédé Siemens n'avait pas donné de résultats dans les essais qui avaient été faits à l'usine Stolberg. D'après M. Borchers, cette usine fut mise en activité et, au début, elle répondit à toutes les espérances qu'on avait conçues. Les bains fonctionnaient très bien, le cuivre précipité était pur. Cependant au bout de peu de jours, la tension des bains commença à s'élever. Elle monta dans quelques cas jusqu'à 5 volts. Cet accroissement de tension était dû d'abord à la séparation d'une énorme quantité de soufre aux anodes, qui s'opposait au contact de l'électrolyte avec les métaux.

Depuis, les appareils ont été sensiblement perfectionnés. Toutefois l'on n'a pas de renseignements précis sur les essais récents.

Les frais du traitement, d'après ce procédé, seraient de 285 francs pour une tonne de minerai à 14 p. 100 et de 225 francs pour une tonne de minerai à 35 p. 100 en comptant la force hydraulique à 0,025 du cheval-heure.

Procédé Marchese. — Le procédé Marchese rentre dans la première catégorie des procédés que nous avons indiqués; c'est donc le minerai même qui sert d'anodes, mais pour augmenter sa conductibilité on place dans les anodes des bandelettes en cuivre. Des usines ont été montées à Casarza, près de Sestri-Levante, par la « Societa Italiana di Miniere di Roma e di Elettrometallurgica », de Gênes.

Des essais, qui ont duré un temps suffisamment long, ont prouvé clairement la non-valeur de ce procédé.

Voici, d'après Badia, le mode de travail employé à l'usine de Casarza (1).

---

(1) *Lumière électrique*, t. XI, n⁰ˢ 40, 42 et 44.

1º Le traitement pour matte brute de la quantité do minerais destinée à la préparation des anodes avait lieu comme à l'ordinaire. On se contenta, au début, d'une matte avec 3o p. 1oo de cuivre, 3o p. 1oo de soufre et 4o p. 1oo de fer ;

2º Pour couler les anodes (de 800×3o mm.) avec cette matte brute, on se servait de moules. Ils étaient munis de pinces pour maintenir un ruban de cuivre qui doit se fixer dans l'anode. Ce ruban servait pendant le travail pour conduire le courant.

Le refroidissement des plaques ainsi coulées devait avoir lieu très lentement et pour cela les moules étaient entourés de matières mauvaises conductrices de la chaleur ; ils étaient placés pendant le coulage et le refroidissement dans de petites fosses ménagées dans le sol de l'usine.

Naturellement on ne pouvait pas songer à suspendre ces plaques si fragiles et si friables à l'aide du ruban de cuivre dont on les avait munies pendant leur coulée ; elles étaient placées sur un support en bois établi dans les bains à cet effet. Le ruban de cuivre était toutefois, comme cela a lieu pour des plaques suspendues, enroulé sur une tringle en bois, pour être ensuite fixé au conducteur principal, établi sur le long côté des bains ;

3º Les cathodes, minces lames de cuivre (de 7oo×7oo×o,3 mm.) étaient suspendues comme à l'ordinaire à des tringles en bois au moyen de rubans de cuivre. On amenait l'un de ces rubans en longeant le bord supérieur de la tringle de bois, directement au conducteur principal épais de 30 mm., sur lequel il était fixé comme il a été dit plus haut.

4° Les bains eux-mêmes étaient des cuves en bois revêtues de plomb de 2.000×900 mm. et 9 mm. de profondeur, que l'on avait réunies par groupes de 12 servis chacun par une dynamo.

Le mode d'assemblage des parois en bois avec le revêtement en plomb mérite d'être signalé. Ce dernier était vissé avec les premières, et, par suite, contrairement à ce qui a lieu ordinairement, il n'était pas obtenu par réunion et soudures de plaques de plomb;

5° L'électrolyte consistait en une solution de sulfates de cuivre et de fer; il était obtenu par grillage d'une partie des minerais et lixivation du minerai grillé avec de l'eau acidifiée par de l'acide sulfurique. La circulation uniforme à travers les bains établis en gradins était réglée au moyen de tuyaux de plomb et de canaux en bois placés au fond des cuves. La solution était amenée par une rigole dans le réservoir le plus élevé et elle était distribuée sur toute la longueur du vase, duquel elle débordait ensuite dans le bain suivant.

CHAPITRE II

ÉLECTROMÉTALLURGIE DU ZINC

Généralités. — L'électrométallurgie du zinc offre des difficultés toutes spéciales au point de vue industriel. Le métal, étant d'un prix peu élevé, ne saurait supporter des frais de fabrication élevés; les minerais de zinc sont mauvais conducteurs de l'électricité et ne se prêtent pas, par conséquent, à la confection d'anodes solubles; le zinc obtenu doit présenter quelque cohésion; or, si l'on ne veut pas l'obtenir à l'état de mousse, il est de toute première nécessité d'employer un voltage élevé; de ce fait, le métal obtenu n'est pas pur.

En un mot, l'électrométallurgie du zinc n'a pas pris le développement que l'on pouvait espérer étant données les imperfections nombreuses des autres procédés métallurgiques, cela n'est dû qu'à la nature du dépôt et à la dépense en force nécessaire pour ces méthodes.

Je m'empresse d'ajouter, toutefois, qu'une usine, montée à Wimington et qui emploie le procédé Hœpfner, donne, assure-t-on, d'excellents résultats.

Le zinc obtenu est d'une pureté remarquable; on obtient couramment des lingots à 99,96 p. 100 de zinc.

On a pu, d'ailleurs, en voir des échantillons à l'Exposition de 1900 et à l'exposition de Glasgow (1901); ils étaient exposés par la méthode Brunner, Mond et Compagnie.

Procédé Létrange. — La caractéristique de ce procédé se trouve dans l'emploi de l'acide sulfurique, *fourni par le minerai lui-même*, pour produire la dissolution de celui-ci.

Voici, très résumé, le mode opératoire :

Les blendes sont soumises à un grillage modéré, de façon qu'il se dégage aussi peu que possible de soufre et que le sulfure soit transformé en sulfate. Ce dernier est dissous dans de l'eau et décomposé par un courant électrique; l'acide sulfurique mis en liberté sert pour dissoudre de la calamine et de l'oxyde de zinc. Dans ce but, il traverse un système de bassins en maçonnerie, qui communiquent entre eux au moyen de tuyaux et sont remplis de la matière zincifère. Dès que l'oxyde de zinc du premier bassin est dissous, celui-ci est mis hors du courant, rempli à nouveau et remis dans la série, où il forme alors le dernier bassin. La solution saturée de zinc se rend dans un réservoir, d'où elle est conduite régulièrement dans les vases à décomposition établis un peu plus bas. Dans le réservoir la solution de zinc peut éventuellement être dépouillée des métaux étrangers par les méthodes connues. L'argent et le plomb contenus dans le minerai de zinc se rassemblent dans les résidus des bassins de dissolution et ne sont pas par conséquent perdus. Les bassins de décomposition sont en bois revêtus de plomb ou en verre, en ciment, etc. ; ils contiennent des plaques minces de zinc (ou de cuivre ou de laiton) servant de cathodes ; les anodes sont en charbon. La solution sulfurique de zinc est amenée sur le fond des bassins, tandis qu'un égal volume de l'acide sulfurique mis en liberté s'écoule par en haut, grâce à son poids spécifique plus faible. Le zinc se sépare de la cathode. Si les oxydes de zinc à traiter sont très purs, le procédé est encore plus simple, la dissolution étant effectuée dans les vases à décomposition. On se sert alors de deux vases communicants ou d'un bain partagé en deux comparti-ments, par une cloison poreuse. L'un des vases sert pour recevoir l'anode et l'oxyde de zinc ou la cala-mine, tandis que l'autre contient la cathode, sur laquelle se dépose le zinc précipité. Comme l'oxyde de zinc est un mauvais conducteur, il est mélangé avec un peu de charbon, afin qu'on puisse le mettre en communication conductrice avec l'anode et faciliter ainsi la dissolution.

Voici, d'après Kershaw (1), la description de quel-ques autres procédés dont deux ont donné des résul-tats industriels.

PROCÉDÉ ASHCROFT. — Le solvant que l'on a utilisé

(1) *Moniteur scientifique*, 1900, p. 169, et *Electrical Review*, nᵒˢ 1128-1129.

tout d'abord pour cette méthode à Grays (Essex) et à Newcastle (Nouvelles-Galles du Sud) était une solution d'un sel ferrique. La solution zincifère obtenue, après élimination du fer, était électrolysée dans des cuves à anodes de fer ou charbon et à cathodes de zinc. A la suite d'essais nombreux, effectués en 1897 et 1898, ce procédé a été complètement abandonné.

Dans un mémoire présenté à l'*Institute of Mining and Metallurgy*, en juin 1898, M. Ashcroft a indiqué les trois causes suivantes de cet insuccès :

1o Diminution de la teneur en zinc des minerais envoyés par l'usine de concentration pour être traités par le procédé en question ;

2o Impossibilité de rendre le procédé absolument cyclique, par suite de l'accumulation du manganèse et des autres impuretés dans l'électrolyte ;

3o Insuffisance des capitaux engagés dans l'usine de Cokle-Creek.

L'effondrement de ce procédé, auquel on avait fait une réclame démesurée, et pour lequel la *Sulphide Corporation* de Londres avait payé une somme considérable (1), a été le signal de récriminations amères, et il faut reconnaître que cette duperie ne contribuera guère à attirer les capitaux anglais dans les entreprises électro-chimiques et électro-métallurgiques que l'on essaye de lancer.

En ce qui concerne la seconde cause de l'insuccès, il semble étonnant qu'on ne se soit pas déjà rendu

(1) Voir *Moniteur scientifique*, juin 1898, p. 448.

compte des inconvénients que présente l'accumulation du manganèse lors des premiers essais effectués à Grays. Si cet inconvénient s'est produit dès le début il faut reconnaître qu'on a commis une lourde faute en construisant l'usine de Cockle-Creek avant d'avoir trouvé le moyen de supprimer une aussi grave chance d'insuccès. Et si, au contraire, le manganèse n'a été la source d'aucun mécompte lors des essais, on peut en conclure que le minerai envoyé pour être soumis à l'expérience ne représentait pas le produit moyen destiné au traitement en grand. En résumé, les explications fournies sur cet échec ne sont pas soutenables.

PROCÉDÉ DIEFFENBACH. — Dans ce procédé, on utilise comme matière une pyrite de fer renfermant du zinc que l'on exploite à Siegen (Westphalie). Cette pyrite contient 8 p. 100 de zinc avant grillage et 15 p. 100 après. Le minerai est broyé, puis grillé en présence de sel marin, de manière à transformer le sulfure de zinc en chlorure, le produit grillé est lessivé avec de l'eau pure, et la solution de chlorure de zinc ainsi obtenue est électrolysée dans des cuves spéciales, dont le compartiment de l'anode est hermétiquement clos. Le chlore qui se dégage est utilisé à la fabrication du chlorure de chaux.

Ce procédé fonctionne industriellement à Duisbourg depuis 1895. En décembre 1896, la production de l'usine était de 90 tonnes par mois, et l'on projetait, pour 1897, un agrandissement de l'installation.

Dans ce procédé, le résidu de la lixivation ne contient plus que 0,50 p. 100 de zinc, et peut être passé au haut-fourneau comme minerai de fer. Le zinc obtenu renferme de 0,02 à 0,05 p. 100 d'impuretés principalement constituées par du plomb.

D'après un article publié récemment par Peters (1), le succès financier du procédé Dieffenbach serait médiocre, les frais de traitement étant sensiblement deux fois plus élevés que dans le procédé ordinaire de distillation. Enfin, plus récemment (2), Borchers a prétendu que l'usine de Duisbourg avait cessé sa fabrication. La cause de cet échec n'est pas encore bien connue.

PROCÉDÉ SIEMENS ET HALSKE (3). — Ce procédé a été imaginé en vue de tirer parti des énormes gisements de Broken Hill. Il consiste à lessiver le minerai grillé, au moyen d'une solution d'acide sulfurique, et à electrolyser la solution de sulfate de zinc ainsi obtenue. Cette méthode n'est donc qu'une reprise du procédé Létrange, qui fut exploité en grand à Saint-Denis, il y a quelques années, et fournit de mauvais résultats.

L'électrolyte contient de 5 à 10 grammes d'acide sulfurique libre par litre, et la circulation du liquide dans les électrolyseurs est assurée par injection d'air

(1) *Dingler's Polyt. Journ.*, vol. 309, p. 237.
(2) *Zeits. f. Elektr.*, 2 mars 1899.
(3) Brevet anglais, n° 13434, 1895.

comprimé. On emploie des anodes de plomb et des cathodes de zinc.

Après quelques essais faits à Berlin, on s'était décidé à construire une petite usine d'exploitation à Lake Illawarra (Nouvelle-Galles du Sud).

Ces nouveaux essais paraissent avoir donné d'assez médiocres résultats, et, à l'heure actuelle, l'usine fonctionne avec un procédé tout différent, purement chimique, et basé sur la précipitation de la solution de sulfate de zinc au moyen de la magnésie. La *Smelting Company of Australia* construit, d'autre part, une grande usine pour l'application de ce même procédé de précipitation.

Procédé Nahnsen. — Dans ce procédé, on emploie comme électrolyte une solution de sulfate double de magnésie et de sodium. Il a été appliqué, en 1893, à Lipine (Silésie) dans une usine appartenant à la *Schlesische-Aktien Gesellschaft für Zinkhütten-betrieb;* la maison a dû l'abandonner, les demandes de zinc pur étant à peu près nulles à cette époque. D'après Nahnsen, la production de l'énergie électrique nécessaire à la précipitation d'une tonne de zinc par son procédé correspond à une consommation de 3 à 5 tonnes de charbon. Les derniers renseignements recueillis indiquent que le procédé Nahnsen fonctionne encore actuellement à l'usine de Lipine; mais il est impossible d'avoir aucune information précise sur la marche de l'exploitation.

Procédé Hoepfner. — Ce procédé a été essayé pour

la première fois à Fuerfuhrt (Allemagne), et il fonctionne actuellement sur une échelle industrielle en Allemagne, en Autriche et en Angleterre, usine de Brunner, Mond et Cie (à Winnington) ; cette dernière usine a produit, en 1897, 400 tonnes de zinc par le procédé Hœpfner, tandis que l'usine de Fuerfuhrt en avait produit 700 la même année.

L'électrolyte est une solution de chlorure de zinc contenant d'autres chlorures (plomb ou sodium). Les cellules électrolytiques sont divisées en deux compartiments au moyen de diaphragmes de construction spéciale.

Les cathodes sont constituées par des disques de zinc, tournant dans un plan vertical et partiellement immergées dans la solution. Les anodes sont en plomb ou en charbon.

La cathode rotative est considérée par Hœpfner comme un des traits essentiels de son invention. D'après Schnabel, on obtiendrait l'électrolyse en lessivant le minerai, grillé et broyé, au moyen d'une solution alcaline. D'après Steinhardt, on la préparerait en traitant une solution de sulfate de zinc par la lessive de chlorure de calcium qui constitue le sous-produit de la fabrication de la soude à l'ammoniaque.

D'après une autre description du même procédé (1), on substituerait le chlorure de plomb au chlorure de

____

(1) *Zeits. f. Angw. Chem.*, 1899, p. 36.

calcium, et l'on obtiendrait ainsi du sulfate de plomb comme sous-produit , mais il reste à savoir comment la solution de chlorure de plomb est préparée.

Des indications fournies par Ingells, il résulterait que le procédé Hœpfner fournirait 5 kilogrammes de zinc et 15 kilogrammes de chlorure de chaux par cheval électrique. Grâce à une modification de la méthode primitive, Hœpfner prétend obtenir 16 kilogrammes de zinc par cheval électrique ; mais, dans ce cas, le chlore dégagé à l'anode est utilisé à transformer un sel au minimum en sel au maximum ; on n'obtient donc pas de chlorure de chaux comme sous-produit.

D'après Borchers (1), le procédé Hœpfner a cessé récemment de fonctionner à Fuerfurth ; mais cet arrêt doit être dû à des causes locales ou temporaires, car, à la suite des dernières informations publiées par Hœpfner lui-même (2), il est difficile d'admettre que son procédé n'a réellement aucune valeur.

Procédé Cowper-Coles. — Dans ce procédé, on emploie une solution d'acide sulfurique pour lessiver les résidus de minerais zincifères. La solution de sulfate de zinc que l'on obtient ainsi est électrolysée avec des anodes de plomb et des cathodes rotatives en zinc ou en aluminium (3). Ce procédé n'est donc qu'une modification plus simple des méthodes de

<hr>

(1) *Zeits. f. Eleck.*, 1899, p. 407.
(2) *Electrotechn. Zeits.*, 1898, p. 734.
(3) *Elect. Press.*, 25 nov. 1898.

Létrange et de Siemens et Halske, qui n'ont réussi ni l'une ni l'autre.

Le procédé Cowper-Coles a été expérimenté à Hayle (Cornouailles) en 1897-1898, et, plus récemment, aux mines de la Bristish Broken Hill Proprietary Company (Nouvelle-Galles du Sud). Dans leur dernier rapport, les directeurs de cette compagnie déclarent que le procédé en question n'est susceptible d'aucun succès commercial, mais que le procédé Cowper-Coles pour la fabrication de la céruse peut rendre des services. Comme ce dernier n'est pas électrolytique, il n'y a pas lieu de s'en occuper ici.

PROCÉDÉ DE HERNECK. — A l'usine électro-métallurgique de Herneck, près de Saint-Pétersbourg, on produit annuellement 714 tonnes de zinc par un procédé électrolytique (1). Le Dr Rostin, qui donne ce renseignement, n'a fourni aucun détail sur la composition du minerai traité ni sur celle de la solution employée en lessivage.

PROCÉDÉ SWINBURNE. — Il s'agit ici d'un procédé par voie sèche (2). Le minerai est fondu avec certaines matières jouant le rôle de solvant et le mélange fondu est ensuite soumis à l'électrolyse. Il paraîtrait que l'argent, le plomb et le zinc sont séparés au cours des diverses phases de ce procédé. Il ne s'agit encore que des essais de laboratoire; mais les premiers résultats obtenus semblent indiquer un réel succès.

(1) *L'Électrochimie*, vol. III, p. 105.
(2) *Monit. Scient.*, août 1899, p. 593.

Autant qu'on peut en juger par les renseignements publiés sur les différents procédés d'extraction électrolytique du zinc par voie humide, deux seulement de ces procédés sont susceptibles d'une application industrielle : celui de Hœpfner et celui de Dieffenbach. Et si les données de Peters sont exactes, il faut admettre que, seul, ce dernier procédé est financièrement réalisable.

Dans le cas du procédé Hœpfner, la méthode est spécialement applicable au traitement des minerais de zinc pauvres et peut être combinée avec la fabrication de la soude à l'ammoniaque. Le chlore, qui, jusqu'ici, était totalement perdu dans le procédé Solvay, devient récupérable par la méthode Hœpfner, et peut être utilisé à la fabrication du chlorure de chaux.

Dans le procédé Dieffenbach, la matière première est une pyrite zincifère, inutilisable pour la production d'acide sulfurique, et inutilisable comme minerai de fer. Non seulement ce minerai, traité par le procédé Dieffenbach, devient utilisable comme minerai de fer, mais encore on récupère du chlore dans l'électrolyse du chlorure de zinc.

En somme, on voit que le succès économique de ces deux procédés est dû, en grande partie, à la valeur du produit que l'on recueille à l'anode, c'est-à-dire le chlore.

Des quatre autres procédés par voie humide, trois sont déjà déclarés inutilisables, et le succès du quatrième (Nahnsen) est pour le moins douteux. D'autre part on a montré qu'en employant comme électrolyte une solution de sulfate de zinc, la dépense en force motrice nécessaire à l'électrolyse s'élève à 82 fr. 5o par tonne de zinc produite (1). En employant le chlorure de zinc, la dépense, de ce chef, est beaucoup moindre, la force électromotrice de décomposition du chlorure étant inférieure à celle qu'exige le sulfate.

En résumé, l'opinion générale est que les méthodes d'extraction électrolytique du zinc par voie humide. n'ont de chance de succès que dans quelques cas particuliers, et dans certaines conditions spéciales de fonctionnement. En ce qui concerne la matière première la plus importante, c'est-à-dire le minerai complexe et réfractaire de Broken Hill, le problème ne semble devoir être résolu que par l'un des deux procédés par voix sèche décrits (2).

(1) *Electricity*, 12 janvier 1898.
(2) *Moniteur scientifique*, mai 1899, p. 357.

8.

CHAPITRE III

ÉLECTROMÉTALLURGIE DE L'ARGENT

L'électrométallurgie de l'argent a été indiquée par Becquerel en 1835. Il nous semble nécessaire de donner une description sommaire de son procédé; nous étudierons ensuite les procédés de Mœbius, de Dietzel et de Rossler, qui ont donné lieu à d'importantes exploitations.

Procédé de Becquerel. — Voici, d'après la communication faite par ce savant à l'Académie des sciences, le principe de ce procédé qui n'a plus qu'un intérêt historique. Il consiste à faire subir d'abord aux minerais une préparation telle que les combinaisons d'argent et de plomb produites soient solubles dans une solution de sel marin complètement saturée; ces combinaisons sont le chlorure d'argent et le sulfate de plomb. Lorsque la solution s'est clarifiée, on l'écoule dans des cuves en bois où l'on produit la décomposition des sels métalliques, avec des couples formés de lames de zinc et de fer blanc, ou de cuivre, ou d'amas de charbon bien recuit; on peut aussi employer des couples formés de plaques de plomb et des mêmes éléments électro-négatifs.

Les plaques de zinc ou de plomb se trouvent dans des sacs en toile à voile, qui sont remplis de solution de sel saturée et plongent dans la solution métallique tandis que les autres plaques sont placées directement dans cette dernière. On établit ensuite les communications entre les éléments à l'aide de baguettes métalliques. Avec des plaques de zinc, on obtient sur les autres plaques un précipité électrochimique sous formes de très fines particules, et qui se compose de tous les métaux facilement réductibles : argent, cuivre et plomb; avec des baguettes de plomb, le précipité est formé d'argent, qui, suivant la teneur en plomb de la dissolution, est plus ou moins pur.

Au lieu des sacs en toile à voile, il vaut mieux employer de petites caisses en bois, faites avec des planchettes épaisses de quelques millimètres et dont on a éliminé préalablement les matières extractives à l'aide de la vapeur; on peut aussi se servir de vases en argile demi-cuite que l'on remplit aussi complètement que possible, de même que les caisses, avec de petits morceaux de zinc amalgamé et avec du mercure. L'action est plus régulière et la quantité de zinc consommée est en proportion atomique avec celle du métal précipité. En variant la composition des couples voltaïques, on arrive à séparer successivement chacun des métaux dissous dans la solution salée.

Les expériences, citées par l'auteur, avaient été

effectuées avec des quantités de minerais variant de 100 grammes à 100 kilogrammes. Les quantités d'argent recueillies en vingt-quatre heures s'élevaient de quelques décigrammes à 1 ou 2 kilogrammes de sorte qu'il a été possible de reconnaître les avantages et les inconvénients du traitement électrométallurgique des minerais d'argent, de plomb et de cuivre, surtout des deux premiers, dont la préparation préliminaire offre plus de difficultés.

En moyenne, le travail est terminé en vingt-quatre heures; mais si l'on opère en faisant intervenir l'action d'un appareil plus énergique, celle d'un couple indépendant et dont la température est élevée à l'aide de vapeur, une opération peut être achevée en un quart moins de temps. Ce couple doit évidemment être mis en communication voltaïque avec les autres appareils: si l'on opère de cette manière, on ne met dans les derniers que des plaques de plomb, dont les unes forment alors les éléments électro-positifs, les autres les éléments électro-négatifs de la pile et, bien que le plomb décompose directement le chlorure d'argent, les deux courants en sens opposé qui proviennent de cette action du plomb ne paraissent pas cependant nuire à l'effet de couple indépendant. On réunit de cette manière les avantages de la précipitation immédiate de l'argent par le plomb à ceux qui résultent de l'action électrochimique du couple indépendant, lequel transforme tout appareil, à la température ordinaire, en un couple de Volta.

Lorsque l'on se sert de plaques de plomb, on n'a, dans l'eau salée après plusieurs opérations, que du chlorure et du sulfate de plomb que l'on décompose avec de la chaux.

Procédé Mœbius. — Le principe de ce procédé est le suivant :

Le métal, contenant environ 95 p. 100 d'argent, que l'on obtient dans la coupellation du plomb argentifère, est coulé pour constituer les anodes; les cathodes sont formées de lames d'argent fin; l'électrolyte est une dissolution étendue de nitrate d'argent. Les anodes sont placées dans des sacs en toile. D'autre part des racles en bois détachent l'argent qui vient se déposer sur les cathodes; cette précaution a pour but d'empêcher les courts-circuits.

D'autre part, une boîte munie d'un fond en toile est placée au-dessous des électrodes; elle reçoit la presque totalité de l'argent détaché des cathodes.

Cet appareil exige une certaine dépense; le prix de l'argent, qui a subi une baisse considérable, ne permettrait plus de faire avec fruit l'exploitation d'un tel procédé. Mœbius a perfectionné sensiblement son appareil. Dans la nouvelle disposition adoptée le dépôt du métal se fait sur un ruban d'argent qui se déplace sur des rouleaux. Une toile sans fin vient frotter contre ce ruban et lui enlever le dépôt au fur et à mesure qu'il se produit. Un appareil spécial vient gratter cette toile et fait tomber les cristaux d'argent dans un récipient quelconque.

PROCÉDÉ RŒSSLER. — Ce procédé a trait à la métallurgie de l'argent et à celle du zinc. Il nous est nécessaire de rappeler le principe des procédés ordinaires employés dans le traitement des minerais d'argent.

Le premier procédé est l'amalgamation : si l'on n'a pas affaire à un chlorure comme minerai, il faut l'amener à cet état par un grillage chlorurant. On met le chlorure d'argent en présence de mercure ; il se trouve d'abord décomposé, et l'argent qui a pris naissance est dissous par le mercure. L'amalgame ainsi formé est soumis ensuite à une distillation qui permet de récupérer le mercure.

Le second procédé est celui connu sous le nom de plombage ; cette opération consiste à fondre le minerai en présence de plomb ou de minerai de plomb, de façon à former un alliage argent-plomb.

Ayant obtenu cet alliage, on cherche à en enrichir une partie en argent; pour cela, on peut employer trois méthodes : le *pattinsonage*, le traitement par le zinc ou le procédé Rœssler et Edelmann.

Le pattinsonage consiste à soumettre le plomb d'œuvre (c'est ainsi que l'on nomme l'alliage formé dans la première opération, lequel contient généralement moins de 1 p. 100 d'argent) à des cristallisations successives, qui permettent de retirer des cristaux de plomb pur, l'alliage plomb-argent étant moins fusible que ce métal.

Dans le traitement par le zinc, on fond le plomb

d'œuvre en présence de zinc; il se forme alors un alliage argent-zinc-plomb, qui est plus difficilement fusible que le plomb.

On fait ensuite fondre la masse métallique ainsi obtenue et l'alliage vient surnager. On recueille cette *écume de zinc* qui est distillée ou décomposée par la vapeur d'eau ; il reste un plomb riche en argent.

Dans le procédé Roessler et Edelmann, on ajoute au zinc un peu d'aluminium, qui a pour but d'empêcher l'oxydation de ce métal. On obtient ainsi un alliage contenant 15 p. 100 d'argent.

Quelle que soit la méthode employée, on peut en retirer l'argent soit par l'opération connue sous le nom de coupellation, soit par électrolyse.

La coupellation est fondée sur la propriété que possède le plomb de s'oxyder à l'air en donnant de la litharge, qui est fusible.

On peut donc faire couler cet oxyde, tandis que l'argent reste sur la sole du four.

Il nous reste à examiner l'extraction par voie électrolytique.

Le troisième procédé employé pour l'extraction de l'argent de ses minerais consiste dans la dissolution par voie chimique suivie de précipitation.

D'après Ziervogel, on grille la matte provenant de la fonte des minerais, de façon à former du sulfate d'argent; on lave la masse à l'eau bouillante et avec des solutions acides de sulfate de cuivre; on précipite par le cuivre.

D'après d'autres industriels, on lave les minerais à l'hyposulfite de sodium et de cuivre (Russel) ou bien on soumet les minerais à un grillage chlorurant et on retire le chlorure d'argent par une solution soit de sel marin, soit d'hyposulfite de sodium, soit d'hyposulfite de calcium.

Quand, d'une manière ou d'une autre, on a fait entrer l'argent en solution, on le précipite soit à l'état de sulfure (par un sulfure soluble), soit à l'état métallique par le cuivre.

Dans le procédé Mœbius, on opère l'électrolyse de l'alliage en dissolvant l'argent à l'anode. Dans le procédé Rœssler-Edelmann, au contraire, l'électrolyse de l'alliage se fait en laissant l'argent à l'anode. Autrement dit, on part de l'alliage zinc-aluminium proposé dans la méthode déjà indiquée et due aux mêmes auteurs ; cet alliage sert à constituer l'anode et on ne dissout par électrolyse que le zinc ; on laisse l'argent.

Avant d'employer le procédé Rœssler-Edelmann pour le traitement des minerais, on obtenait un alliage contenant 80 p. 100 de plomb et seulement 12 p. 100 de zinc et 2, 4 d'argent ; le traitement électrolytique de tels produits n'a donné aucun résultat.

Avec le nouveau procédé, on obtient après ressuage un alliage contenant 15 à 40 p. 100 d'argent environ, 70 p. 100 de zinc et très peu de plomb. Cette matière a donné d'excellents résultats dans le traitement par électrolyse.

On n'a que peu de renseignements sur le procédé; l'on sait toutefois que l'électrolyte est une solution de chlorures de zinc et de magnésium; les anodes sont formées par l'alliage coulé en plaques, tandis que les cathodes sont constituées par des disques en zinc tous montés sur un même arbre horizontal, qui permet de les animer d'un mouvement de rotation dans l'électrolyte.

Le zinc de l'alliage se dissout et vient se déposer sur les cathodes; on obtient un métal d'une pureté remarquable (99, 94 p. 100). D'autre part, l'argent reste à l'anode; la masse, que l'on y recueille, contient environ, d'après Borchers, 75 p. 100 d'argent, 12 p. 100 de plomb et de petites quantités de chlorures et d'oxydes insolubles (argent, cuivre, zinc, fer et plomb). Les oxydes de cuivre et zinc sont éliminés par un traitement à l'acide sulfurique. Pendant ce traitement, on réduit également le chlorure d'argent présent en ajoutant des copeaux de fer. Le résidu contient maintenant, à l'état sec, 80 à 85 p. 100 d'argent avec 15 p. 100 de plomb. On raffine par coupellation.

PROCÉDÉ DIETZEL (fig. 22). — Ce procédé a en vue le traitement des alliages cuivre, argent, or, pour en séparer les constituants.

Le premier appareil créé par Dietzel était composé d'une cuve dont le fond avait une double pente. Cette cuve était partagée en deux compartiments par une toile filtrante, mais épaisse; d'une part se trouvent les cathodes formées par des lames en cuivre cylindriques placées sur des rouleaux; d'autre part, la matière brute *préalablement granulée* est coulée len-

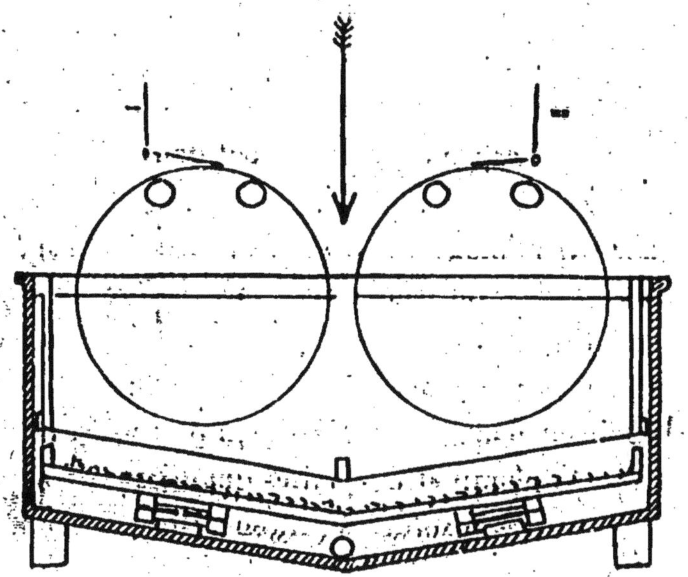

Fig. 52. — Appareil Dietzel pour l'extraction de l'argent.

tement sur l'une des pentes du fond de la cuve. Ce plan incliné est constitué par une plaque en charbon. Quant à l'électrolyte, c'est une solution de nitrate de cuivre.

Voici ce qui se passe : l'azotate de cuivre, coulant dans la cellule anodique, il s'y sépare du cuivre; puis la liqueur passe à travers la toile filtrante; il se dissout alors dans la cellule anodique du cuivre et de l'argent et l'or reste.

La solution contenant les sels de cuivre et d'argent est ensuite traitée par des lames de cuivre métallique qui précipite l'argent.

Deux perfectionnements ont été apportés à ces procédés; le premier consiste à placer la matière à traiter sur des plaques inclinées formant un faux-fond dans la cuve et à faire subir à ces plaques un mouvement de translation par l'intermédiaire de rails. On peut ainsi mieux manipuler et la matière première et le résidu.

Depuis, on a coulé en plaques la matière brute et on vient simplement la placer sur une toile en fil de platine, formant support.

PROCÉDÉ TOMMASI (fig. 23, 24, 25).—Le procédé Tommasi a pour but la désargentation du plomb d'œuvre.

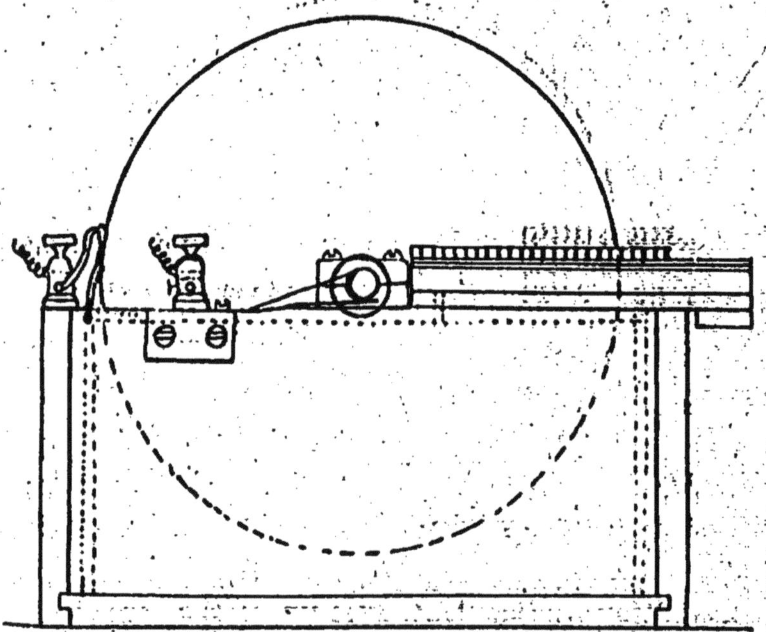

Fig. 23.—Désargentation du plomb d'œuvre : appareil Tommasi.

A cet effet, on se sert de cuves où plongent deux anodes constituées par le plomb d'œuvre ; ces anodes

sont divisées, chacune, en deux parties, chaque partie ayant la forme d'un demi-cercle (fig. 23). Entre
ces anodes, se trouve la cathode formée d'une lame
circulaire en bronze d'aluminium, qui, par l'intermédiaire d'un arbre, peut recevoir un mouvement de rotation, cette lame ne plonge qu'en partie dans le bain,
c'est là un point du plus haut intérêt. La portion, qui
se trouve hors de l'é-
lectrolyte, passe entre
deux râteaux (fig. 24
et 25).

Voici comment fonc-
tionne le procédé :

L'électrolyte, formé
principalement par une
solution d'acétate dou-
ble de plomb et de po-
tassium ou de sodium,
étant versé dans la cuve,
et la cathode d'une part
et les anodes d'autre
part étant reliées au

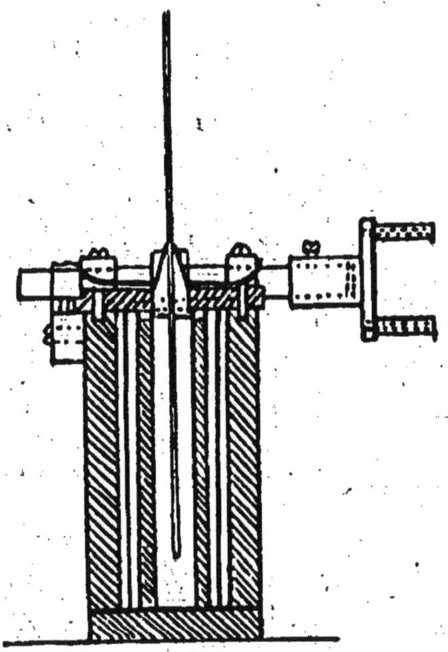

Fig. 24. — Appareil Tommasi.
(Coupe)

courant, on fait tourner le disque. Le plomb des
anodes se dissout, puis vient se déposer sur le disque
central.

Les râteaux permettent, avec un serrage approprié
d'enlever tout le métal déposé et même les bulles
d'hydrogène qui viennent adhérer au disque.

L'argent reste insoluble, au fond du bain.

L'électrométallurgie de l'argent a déjà reçu la sanction de la pratique.

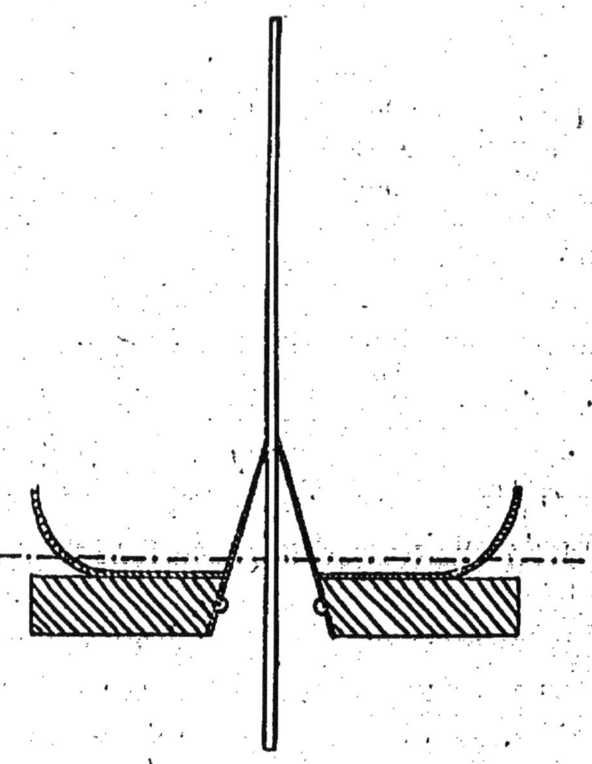

Fig. 25. — Appareil Tommasi : récipient servant à recueillir l'argent.

Une usine à Francfort emploie le procédé Rœssler ; l'usine de Pforzheim, le procédé Dietzel ; celle de Hambourg, la méthode de Mœbius.

Aux États-Unis, nous citerons la raffinerie de Guyenheim, à Pesth-Amboy, qui raffine 100.000 onces d'argent par jour.

CHAPITRE IV

ÉLECTROMÉTALLURGIE DE L'OR

On a cherché à faire intervenir de diverses façons l'électrolyse dans l'extraction de l'or ; on a proposé notamment d'opérer l'amalgamation en présence du courant électrique ; mais cette méthode, qui a fait naître de nombreux appareils, n'a pas donné de résultats industriels réellement intéressants. Nous ne nous occuperons ici que de deux sortes de procédés : la première, dans laquelle l'or reste insoluble ; la deuxième, dans laquelle on traite par électrolyse les dissolutions d'or faites par voie chimique.

Première méthode. — L'or reste à l'anode. —Nous avons déjà décrit ce procédé à propos de l'argent; nous n'avons rien de plus à ajouter.

Deuxième méthode. — On électrolyse des dissolutions d'or faites par voie chimique. — Cette méthode a donné lieu à plusieurs procédés, nous étudierons en détail le procédé Siemens et Halske; qui est le plus important, puis, sommairement, quelques autres procédés.

Procédé Siemens et Halske. — On sait que l'un des procédés d'extraction de l'or connu sous le nom de procédé Mac-Arthur Forrest consiste dans le traitement des minerais par le cyanure de potassium. On a la réaction :

$$Au + 4\,K\,Cy + O + H^2O = 2\,Cy\,Au\,Cy + 2\,KOH.$$

D'aucuns prétendent que cette réaction se passe sans l'intervention de l'oxygène de l'air. On place les minerais en contact avec des solutions étendues de cyanure de potassium contenant de 0,8 à 0,2 p. 100 de cyanure. Puis on précipite l'or par le zinc.

Le procédé Siemens et Halske a pour but le traitement de ces solutions par le courant. — On emploie des anodes en fer et des cathodes en plomb. Lorsque ces cathodes se sont suffisamment enrichies en or, on les retire du bain, on les fond, et on les soumet à la coupellation.

Nous extrayons du Traité de M. W. Borchers les renseignements suivants :

Aux usines de la « Rand Central Ore Reduction Company », à Worcester, au Transvaal (Afrique du Sud) l'appareil de précipitation se compose de quatre cuves de fer, ayant chacune pour dimensions 6 × 2,50 × 1,15 mètres. Des plaques de fer de 2 m. 15 de longueur sur 0 m. 92 de largeur et 0,003 d'épaisseur y sont suspendues comme anodes. Des plaques de plomb de mêmes dimensions, tendues dans des cadres en bois légers, servent de cathodes. La communication avec les conducteurs principaux se trouve sur les longues parois des cuves.

En vue du réglage de la circulation, les électrodes sont disposées de façon que l'une ne descende pas tout à fait au fond du vase, tandis que l'autre repose sur ce dernier, son bord supérieur plongeant toutefois dans le liquide.

La distance entre les électrodes est maintenue constante au moyen de tringles fixées sur le fond et les parois latérales des cuves ; elle s'élève à environ o m. o3.

On travaille avec une densité de courant de 6o ampères environ par mètre carré et on emploie pour cela 5 volts de tension.

La matière des cathodes doit remplir les conditions suivantes : 1° l'or précipité doit y rester adhérent ; 2° afin de réduire autant que possible les frais d'établissement, elle doit pouvoir être employée en couches, plaques ou lames minces ; 3° elle doit pouvoir être séparée facilement de l'or ; 4° elle ne doit pas être plus électropositive que la matière des anodes. Comme le mercure reviendrait trop cher à cause de son prix élevé et surtout avec la faible densité de courant employée, on a choisi le plomb comme étant la substance la plus convenable. Le fer est employé pour la confection des anodes. Le charbon n'est pas suffisamment résistant. Le fer est, il est vrai, également attaqué ; mais il se forme sur ces anodes du bleu de Prusse, avec lequel on peut régénérer le cyanure de potassium.

Les vases à électrolyse sont fermés. Une fois par mois, on retire les cathodes et cela l'une après l'autre sans interrompre le travail. Les plaques de plomb recouvertes de 2 à 12 p. 100 d'or sont fondues. Le plomb est coupellé.

Les plaques de plomb enlevées du bain sont remplacées par des nouvelles. La consommation mensuelle de plomb s'élève à 340 kilogrammes, ce qui correspond une à dépense d'environ 1 fr. 80 par tonne.

Après la précipitation, la lessive appauvrie est retournée dans les vases à lixiviation, mais après qu'on y a ajouté une quantité de cyanure de potassium suffisante pour remplacer les pertes produites pendant la lixiviation et la précipitation.

Résultats du procédé. — Le cyanure de potassium est décomposé non seulement par la dissolution de l'or et d'autres métaux, mais encore par l'air et l'acide carbonique que celui-ci renferme. La quantité ainsi consommée est, en tout cas, variable avec la nature du minerai ou des résidus de l'amalgamation.

Dans une usine du Transvaal, qui traite par mois 3000 tonnes de résidus d'amalgamation contenant environ 8 grammes d'or par tonne, on employait par tonne de résidus 113 grammes de cyanure de potassium.

La dépense de force s'établissait de la manière suivante :

Comme force humaine, on employait, dans une usine analogue :

Deux surveillants et cinq ouvriers noirs,

Cette même usine consomme :

Pour la précipitation électrolytique de l'or environ 5 chevaux-vapeur.

Pour le travail tout entier environ 25 chev.-vap., y compris l'éclairage électrique et le transport électrique de la force pour actionner les agitateurs.

Les frais d'établissement des cuves et des dispositifs pour le service des ateliers de lixivation et de précipitation varient beaucoup, naturellement, avec les différentes localités; on peut cependant les évaluer d'après la quantité des minerais ou des tailings.

On peut admettre que chaque cuve à lixivation doit contenir la quantité de tailings à traiter par jour et est chargée et vidée une fois par jour et qu'on établit 3 à 4 de ces cuves suivant la nature des tailings et le nombre des lixiviations.

Dans la partie électrique, on peut se borner aux dynamos nécessaires pour l'atelier de précipitation, y compris leurs accessoires ; cependant, il est convenable d'ajouter l'éclairage électrique de toute l'usine et le transport électrique de la force pour actionner les agitateurs et les pompes.

Dans une usine traitant 3.000 tonnes de tailings par mois, les frais de l'installation électrique, sans les frais de transport et de douane, et le montage, s'élèvent à peu près aux chiffres suivants :

Installation électrique pour l'atelier de
précipitation...........................   6.250 fr.
Eclairage électrique et transport électrique de la force.....................   18.750 —

Le prix de revient du traitement dans l'usine du
Transvaal précédemment mentionnée, qui travaille
par mois 3.000 tonnes de résidus d'amalgamation,
s'élevait aux chiffres suivants :

	Par mois. Francs.	Par tonne de résidus. Francs.
Remplissage et vidange des cuves (par un entrepreneur et ses ouvriers)......................	3.125	1.00
Cyanure de potassium...............	1.850	0.60
Chaux.............................	375	0.12
Soude.............................	150	0.05
Plomb.............................	350	0.11
Fer...............................	700	0.22
Ouvriers blancs....................	1.625	0.52
Indigènes, salaire et nourriture.	500	0.20
Charbon...........................	1.425	0.45
Fournitures générales et charges	1.025	0.32
	11.025	3.60

Le rendement en or s'élevait, en moyenne, à 70 p.
100.

Le bénéfice est établi par le calcul suivant :

La teneur en or des tailings s'élevait en moyenne
à environ 8 gr. par tonne ; comme le rendement était
de 70 p. 100, on retirait environ 16 kilogrammes d'or

brut dont la valeur était à peu près égale à 48.250 fr.
Si on retranche les frais de traitement, etc. 17.500 —
il reste par mois...................... 30.750 —

De cette somme il faudrait encore déduire le prix des résidus et les appointements du directeur de l'usine, pour connaître exactement ce qui reste pour l'impôt, l'amortissement et le dividende.

La Rand Central Ore Reduction Company, citée précédemment, a pu, dans la première année qui a suivi l'installation de l'usine de Worcester, distribuer un dividende de 25 p. 100, malgré d'importants amortissements.

Les avantages de cette méthode de précipitation, comparée à la méthode chimique, sont très importants. Cette dernière exigeait, pour la lixiviation, des solutions de cyanure de potassium relativement concentrées : car l'or ne peut être précipité tant soit peu complètement par des métaux comme le zinc que dans de pareilles solutions. La précipitation électrolytique réussit au contraire très bien avec des solutions faibles. La consommation de cyanure de potassium est aussi considérablement réduite, comme le montrent les chiffres suivants :

Dans le procédé Mac Arthur-Forrest on emploie des dissolutions contenant en moyenne 0,3 p. 100 de cyanure de potassium ; les plus fortes solutions dans le procédé Siemens ne contiennent pas plus de 0,05 à 0,08 p. 100 KCy, mais on en emploie aussi avec 0,01 p. 100 seulement de ce sel.

Une usine qui traiterait par mois, d'après le premier, procédé 3.000 tonnes de résidus d'amalgamation emploierait pendant ce temps pour 5.500 fr. de cyanure, tandis qu'une usine travaillant, dans le même temps, la même quantité de résidus, d'après le procédé de Siemens, n'en consommerait que pour 1875 fr.

PROCÉDÉ KÉITH. — Ce procédé repose sur l'emploi d'une solution de cyanure double de potassium et de mercure pour le traitement des minerais.

PROCÉDÉ GAZE. — Dans cette méthode, le dissolvant est du chlorure de brome préparé en électrolysant une solution de chlorure et de bromure de potassium.

PROCÉDÉ WOHLWILL. — Ce procédé, qui est exploité à Hambourg, a pour but le raffinage des lingots d'or. Il repose sur l'emploi d'une solution acide de chlorure d'or ; l'or est dissous, tandis que l'argent et le platine passent dans la boue anodique, d'où ils sont régénérés par les méthodes chimiques. M. Swann assure que la valeur de ces impuretés régénérées est à même de couvrir entièrement les frais du traitement et que, dans quelques cas, elle les dépasse même.

PROCÉDÉ RIECKEN. — Dans ce procédé, qui est essayé en Australie, le minerai, pulvérisé avec grands soins, est agité avec une solution de chlorure de sodium et de cyanure de potassium ; pendant l'agitation même, le produit est soumis à l'électrolyse ; les cathodes sont constituées par des plaques de cuivre amalgamé et les anodes par du charbon.

CHAPITRE V

ÉLECTROMÉTALLURGIE DE L'ÉTAIN

Il n'existe aucun procédé pour extraire l'étain de ses minerais par électrolyse; mais il y a une industrie fort intéressante, qui a donné lieu à de nombreuses exploitations et que l'on doit classer dans ce chapitre : nous voulons parler du traitement du fer blanc, c'est-à-dire du fer étamé.

Dans cette opération, on peut se proposer de séparer l'étain du fer et de l'obtenir sous une forme commerciale et d'avoir le fer à un état de pureté suffisante (exempt de plomb notamment) de façon que l'on puisse le refondre et l'utiliser dans l'industrie.

On peut classer les procédés employés pour le traitement du fer blanc en deux catégories :

La première catégorie comprend les procédés où l'on utilise comme électrolyte les hydrates alcalins. Voici comment, d'après Beatson, on opère : les morceaux de fer blanc sont placés dans des cylindres en toile de fer qui vont constituer les anodes; on obtient ainsi un stannate que l'on électrolyse ensuite de façon à précipiter l'étain sur deux cylindres qui tournent en exerçant une pression l'un sur l'autre, ce qui permet d'obtenir de l'étain compact.

La seconde catégorie des procédés utilisés pour séparer l'étain du fer est basée sur l'emploi de l'acide sulfurique ou de sulfate comme électrolyte.

Les anodes étaient constituées par les déchets de fer blanc placés dans des paniers en bois ; les cathodes étaient formées par des plaques de cuivre étamé.

Ce procédé a été monté par la maison Siemens et Halske.

CHAPITRE VI

ÉLECTROMÉTALLURGIE DES AUTRES MÉTAUX

Électro-métallurgie du nickel. — L'électro-métallurgie du nickel par voie humide n'a pas encore donné de résultats industriels.

Il semble même extraordinaire que ce métal, qui permet d'obtenir des dépôts si réguliers sous une faible épaisseur, se prête si peu aux méthodes électrolytiques d'extraction.

Un procédé est cependant à retenir : c'est celui breveté par Farmer.

L'appareil dont il s'est servi comprend des électrolyseurs dans lesquels plongent des cylindres en bois recouvert de laiton ouverts aux deux extrémités et qui possèdent un mouvement de rotation autour de leurs axes, mouvement qui leur est communiqué par des rouleaux extérieurs aux cuves.

Le cylindre est relié au pôle négatif du courant, tandis que dans la cuve se trouvent les plaques de nickel coulées qui sont reliées au pôle positif.

Le courant sort du cylindre par l'intermédiaire

d'une potence et d'un rouleau métallique placé à la partie supérieure, lequel appuie constamment sur le cylindre.

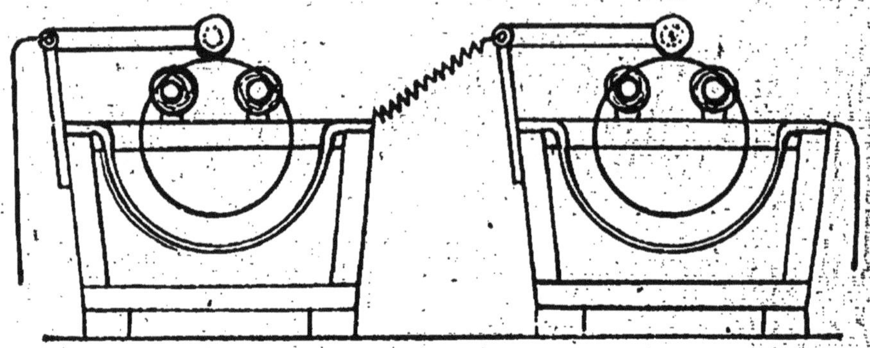

Fig. 26. — Fabrication du nickel. Appareil Farmer.

L'électrolyte employé est un sel de nickel ou, de préférence, un sel double de nickel et d'ammonium.

Cette méthode ne semble guère susceptible d'être appliquée qu'au raffinage du métal et à l'obtention de nickel en tubes ou sous toutes autres formes spéciales, comme il a été dit pour le cuivre

On a également proposé l'électrolyse de sels rendus faiblement acides par de l'acide citrique.

Mais tous ces procédés ne sont pas exploités régulièrement.

Électro-métallurgie du chrome. — Il reste à citer quelques expériences intéressantes qui ont été faites pour l'électrométallurgie du chrome par voie humide.

Ces expériences, dues à M. Placet, ont fourni une

certaine quantité de chrome, dont quelques échantillons figurèrent à l'Exposition de Chicago.

On électrolysait une dissolution de 100 parties d'alun de chrome, 10 à 15 parties de bisulfate de sodium et 100 parties d'eau et on maintenait constante la concentration de la dissolution.

Il n'y a rien d'intéressant à citer au sujet des autres métaux.

TROISIÈME PARTIE
Fabrication des dérivés des métaux

Nous avons déjà examiné les principaux procédés de production des alcalis, à propos de l'électrolyse des chlorures ; nous n'y reviendrons donc pas ici.

Baryte et strontiane. — Pour obtenir la baryte et la strontiane, on a proposé l'électrolyse d'une solution du chlorure correspondant dans une cuve divisée en deux compartiments par une feuille de parchemin ; la cathode est en cuivre et l'anode est formée de copeaux de fer.

Le chlore, qui se forme, se porte immédiatement sur le fer, tandis qu'il se forme de la baryte et de la strontiane et qu'il se dégage de l'hydrogène.

Quant au chlorure de fer, provenant de l'attaque de l'anode par le chlore, il est utilisé de la façon suivante : la matière première de la fabrication est le sulfate de baryum ; on le réduit par le carbone ; on a ainsi du sulfure qui est transformé en chlorure par double décomposition avec le chlorure ferrique, résidu d'une opération précédente.

Chromates et bichromates. — Le procédé le plus connu est dû à Haussermann. L'appareil employé comprend un vase en verre à l'intérieur duquel est placé un vase d'argile poreuse. Celui-ci forme la cellule anodique et contient une lame de platine formant l'électrode positive; on y verse un mélange d'hydrate d'oxyde de chrome et de soude caustique, en dissolution concentrée. L'autre partie contient la cathode qui est formée d'une lame de tôle de fer. On y met de l'eau légèrement alcaline. Lorsqu'on fait passer le courant, le liquide se colore bientôt en jaune, par suite de la formation de chromate. Il y a, à la cathode, dégagement d'hydrogène.

Si on emploie une solution de chromate de sodium concentré à l'anode et toujours de l'eau alcalinisée à la cathode, le liquide devient rouge à l'anode par formation de bichromate, tandis qu'il se dégage de l'oxygène et même de l'ozone à l'anode et toujours de l'hydrogène à la cathode.

Voici ce qui se passe :

1° Le chromate se décompose par électrolyse :

$$Cr\,O^4\,Na^2 = 2\,Na + Cr\,O^4 ;$$

2° En même temps, le radical $Cr\,O^4$ se décompose en anhydride chromique et oxygène ozonisé :

$$Cr\,O^4 = Cr\,O^3 + O ;$$

3° L'anhydride chromique se combine au chromate neutre pour donner le bichromate rouge :

$$Cr\,O^3 + Cr\,O^4\,Na^2 = Cr^2\,O^7\,Na^2\,;$$

4° Le sodium donne à la cathode de la soude, avec dégagement d'hydrogène.

On vient de proposer un autre procédé qui consiste essentiellement en l'électrolyse d'une solution de chlorure alcalin, en employant comme anodes des plaques de ferrochrome, à 5o p. 100 au moins.

Le chrome se dissout, tandis que le fer donne du sesquioxyde.

Permanganate de potassium. — A la « Chémische Fabrik auf Actien », à Berlin, on fabrique le permanganate de potassium par électrolyse, en employant un appareil divisé en deux parties; au pôle négatif, on met une dissolution alcaline et, au pôle positif, une dissolution de manganate.

Il se dégage de l'hydrogène à la cathode, et il se forme du permanganate à l'anode.

La matière première, le manganate, s'obtient par action du bioxyde de manganèse sur le carbonate de potassium.

Quant aux réactions qui se passent pendant l'électrolyse, elles sont à peu près analogues à celles du procédé des chromates:

$$Mn\,O^4\,K^2 = 2\,K + Mn\,O^4.$$
$$Mn\,O^4 + Mn\,O^4\,K^2 = 2\,Mn\,O^4\,K$$
$$2\,K + 2\,H^2\,O = 2\,KOH + H^2.$$

On voit seulement qu'il n'y a pas dégagement d'oxygène, l'ion $Mn\,O^4$ s'unissant de suite au manganate décomposé.

Ferricyanure de potassium. — Il faut signaler la production électrolytique du ferricyanure de potassium, bien que nous ne croyions pas que le procédé employé, dont le prix de revient doit être élevé, soit appelé à un avenir sérieux.

On électrolyse purement et simplement le ferrocyanure de potassium.

Carbonate de plomb ou céruse. — Nous diviserons les procédés employés en deux classes :

1° Les procédés indirects, dans lesquels l'électrolyse n'a pour but que de produire un composé de plomb facilement transformable en carbonate ;

2° Les procédés directs, dans lesquels le carbonate de plomb se forme dans l'électrolyseur même.

Dans tous ces procédés, le plomb devant entrer en combinaison forme l'anode ; à cet effet, il est coulé sous forme de plaques ou de feuilles.

Procédés indirects. — PREMIER PROCÉDÉ. — On se sert d'une cuve en bois divisée en deux parties par un diaphragme poreux. L'électrolyte employé est une solution de nitrate de sodium à 10 p. 100.

La cathode est formée d'une plaque de cuivre.

Voici ce qui se passe :

1° La solution de nitrate de sodium est décomposée par le courant et, en présence de l'eau, on a de l'acide azotique et de la soude ;

2° L'acide azotique attaque le plomb pour donner de l'azotate ; de l'hydrogène se dégage ;

3° On recueille séparément les deux solutions soude

et nitrate de plomb. On les mélange dans une cuve et l'on a précipitation d'hydrate d'oxyde de plomb :

$$(AzO^3)^2 Pb + Na\,OH = 2\,AzO^3Na + Pb(OH^2);$$

4° On traite l'hydrate d'oxyde de plomb par du carbonate de sodium neutre :

$$Pb(OH)^2 + CO^3Na^2 = CO^3Pb + 2\,Na\,OH.$$

Deuxième procédé. — Il ne diffère que fort peu du précédent. L'électrolyte et les électrodes sont les mêmes; mais l'électrolyseur ne contient pas de diaphragme. Les deux premières réactions sont identiques à celles qui viennent d'être décrites. Mais on fait couler continuellement l'électrolyte sur la cathode, ce qui fait mélanger les deux ions formés. On a alors la troisième réaction, c'est-à-dire précipitation d'hydrate d'oxyde de plomb et régénération de l'électrolyte, dans la cuve même.

On laisse déposer le précipité, puis on le soutire et on l'expose à l'air ou, si l'on veut une action plus rapide, on le place dans une atmosphère d'acide carbonique. Il y a alors formation de carbonate.

Troisième procédé. — Nous signalerons encore la préparation de la céruse, d'après Ferranti et Hoad, par l'électrolyse d'une solution d'acétate d'ammonium. Le plomb de l'anode donne de l'acétate; à la cathode, il se forme de l'ammoniaque. On mélange les deux produits et on expose le précipité à l'action de l'acide carbonique.

La Compagnie électro-chimique de Saint-Béron (actuellement dissoute) a employé un procédé indirect qui se rapproche des précédents.

Procédés directs. — PREMIER PROCÉDÉ. — D'après Bottome, on peut employer comme électrolyte un mélange de carbonate de sodium et de carbonate d'ammonium ; l'anode fournit toujours le plomb.

Les carbonates se décomposent en soude et en ammoniaque, qui se portent à la cathode, et en anhydride carbonique, qui se combine au plomb. La céruse se dépose sur la plaque métallique en croûtes blanches qui tombent à mesure qu'elles se forment. On fait, de plus, passer un courant d'anhydride carbonique qui, se combinant avec la soude et l'ammoniaque de la cathode, régénère l'électrolyte.

DEUXIÈME PROCÉDÉ. — Dans ce procédé on emploie, comme électrolyte, un sel ammoniacal, dont l'acide donne avec le plomb un sel soluble. On ajoute à ce sel du carbonate acide de sodium et l'on fait passer le courant.

1º Le sel ammoniacal, qui est, par exemple, du sulfate se décompose :

$$SO^4 (AzH^4)^2 = SO^4H^2 + 2AzH^3 ;$$

2º L'acide formé réagit sur le plomb de l'anode et donne du sulfate (suffisamment soluble);

3º D'autre part, le carbonate acide se décompose et donne de l'anhydride carbonique à l'anode;

4º Cet anhydride carbonique décompose le sulfate:

$$SO_4Pb + CO_2 + H_2O = CO_3Pb + SO_4H_2;$$

5o L'acide carbonique se recombine à l'ammoniaque pour redonner le sel primitif. Comme on fait passer tout le temps de l'opération un courant d'anhydride carbonique, il y a régénération du carbonate acide de sodium.

On voit donc que l'électrolyte est complètement régénéré et que les seules dépenses faites l'ont été en plomb, en eau et en anhydride carbonique.

En résumé, on voit que tous ces procédés, directs ou indirects, reviennent à la production, par électrolyse, d'un sel soluble de plomb que l'on décompose ensuite, soit par l'anhydride carbonique, qui donne la céruse, soit par un alcali qui précipite l'oxyde, lequel est ultérieurement transformé en carbonate.

Quant aux résultats donnés par l'exploitation de plusieurs de ces procédés, ils ont été fort critiqués.

Les partisans de la céruse électrolytique ont assuré que celle-ci avait une valeur supérieure au produit obtenu par le vieux procédé hollandais. Il semble, a priori, que le produit ainsi obtenu doit être d'une très grande pureté; enfin, ces procédés paraissent présenter un grand avantage, c'est la rapidité de production; on sait qu'au contraire le procédé hollandais nécessite un temps considérable. Toutefois, il est nécessaire d'ajouter que les résultats des exploitations électrolytiques ne sont pas encore bien connus.

Couleurs minérales. — De nombreuses couleurs minérales, outre celles d'arsenic, dont il a déjà été question, sont produites par électrolyse. Tels sont le jaune de cadmium, le bleu de Paris, etc. Quant au *vermillon*, il a donné naissance à une exploitation des plus régulières.

Le procédé exploité est le suivant :

Au fond d'une cuve formant électrolyseur en bois, se trouve placée une plaque de cuivre galvanisée reliée au pôle négatif; sur cette plaque de cuivre se trouve une couche assez mince de mercure. D'autre part, la cuve est remplie d'un liquide contenant, pour 100 parties d'eau, 8 parties d'azotate d'ammoniaque et 8 parties d'azotate de sodium. A demi-hauteur, dans le liquide, se trouvent des disques métalliques formant le pôle positif. A travers le couvercle de la cuve passent deux tuyaux, l'un qui servira au départ des gaz, et l'autre à l'arrivée d'un filet continu d'acide sulfurique. Un agitateur rend le mélange homogène. Dès que l'on supprime l'arrivée de l'acide sulfurique, le sulfure de mercure se précipite et se rassemble au fond de la cuve.

Un autre procédé consiste en l'emploi d'un mélange de 100 parties d'eau, 8 d'azotate d'ammoniaque, 8 d'azotate de soude, 8 de sulfure de sodium et 8 de soufre. Dans cette méthode, il n'est plus question, bien entendu, d'acide sulfurique; on se sert du même électrolyseur.

QUATRIÈME PARTIE
Fabrication des composés organiques

L'effet de l'électrolyse sur une matière organique, quelle qu'elle soit, peut se classer en quatre sortes de réactions :

1° L'électrolyse produisant de l'hydrogène, il y aura réduction du composé organique.

C'est ainsi que l'on pourra faire successivement passer un acide à l'état d'aldéhyde, puis à l'état d'alcool primaire, d'après les formules générales :

$$R - CO - OH + H^2 = R - C{\displaystyle \Big\langle}{}^O_H + H^2 O$$

Acide.   Aldéhyde.

$$R - C{\displaystyle \Big\langle}{}^O_{\mathrm{H}} + H^2 = R - CH^2 - OH,$$

Aldéhyde.   Alcool primaire.

dans lesquelles R représente un radical monovalent quelconque.

De même, un composé nitré passera à l'état d'amine :

$$C^6 H^5 - Az O^2 + 2H^2 = C^6 H^5 - Az H^2 + H^2 O;$$

Mononitrobenzine.   Aniline.

2º L'électrolyse produisant de l'oxygène, il y aura oxydation de la matière organique.

On pourrait ainsi reproduire les réactions inverses de celles de la transformation de l'acide en alcool primaire;

3º On peut aussi opérer des substitutions halogénées dans le composé, en faisant naître par électrolyse du chlore, du brome et de l'iode.

Nous en verrons des exemples, en particulier pour la formation des dérivés iodés du phénol;

4º Enfin, une matière organique peut se transformer elle-même par électrolyse.

En résumé, on voit que, mise à part cette transformation du composé lui-même sans avoir recours à aucun autre agent que l'électricité, l'électrolyse a pour but de faire naître un corps qui réagira sur la matière organique, et cela avec d'autant plus de puissance qu'il est, comme l'on dit, à l'état naissant. On ne fait donc, somme toute, que remplacer la réaction chimique faisant naître l'agent transformateur, par l'action d'un courant électrique sur un composé susceptible de l'engendrer en présence de la matière organique.

C'est ainsi que, dans la transformation de la mono-nitrobenzine en aniline, le courant, qui décomposera une solution alcaline en présence du composé nitré, n'a pour but que de remplacer la réaction du zinc sur l'acide chlorhydrique, par exemple. Nous allons voir comment ces diverses réactions ont été mises à profit dans l'industrie.

Chloroforme et iodoforme. — Le procédé que nous allons signaler est exploité par la « Chemische Fabrik auf Aktien » à Berlin.

Dans une cuve en fonte émaillée, à double fond, on fait arriver une dissolution à 20 p. 100 de chlorure de sodium. Cette dissolution est maintenue à 100°, en envoyant de la vapeur dans le double fond. La caisse est complètement close ; deux tubes permettent, l'un le passage d'un courant continu d'alcool éthylique ou d'acétone, l'autre le dégagement des vapeurs. Ce dernier tube aboutit à un serpentin qui est refroidi. Les électrodes employées sont de simples plaques de plomb.

Les réactions peuvent s'expliquer facilement :

1° Le chlorure de sodium se décompose d'abord en ses éléments, et le sodium donne de la soude;

2° Le chlore formé réagit sur l'alcool et, en tant qu'oxydant, il produit de l'aldéhyde :

$$CH^3 - CH^2 - OH + 2\,Cl^2 = CH^3 - C \underset{H}{\overset{O}{\Big\langle}} + 2H\,Cl\,;$$

Alcool éthylique.   Aldéhyde éthylique.

3° Le chlore produit une substitution et donne le chloral :

$$CH^3 - C \underset{H}{\overset{O}{\Big\langle}} + 3\,Cl^2 = CCl^3 - C \underset{H}{\overset{O}{\Big\langle}} + 3H\,Cl\,;$$

4° Le chloral réagit sur la soude formée, d'après la réaction :

$$CCl^3 - C \underset{H}{\overset{O}{\Big\langle}} + Na\,OH = CHCl^3 + H - COOK.$$

Chloral.   Chloroforme.   Formiate de potassium.

Les vapeurs s'échappant de l'électrolyseur sont reçues dans un serpentin et, après refroidissement, on a une couche de chloroforme au-dessus de laquelle se trouve un mélange d'alcool et d'eau. On purifie le produit ainsi obtenu par les moyens ordinaires.

Ce procédé est dû à M. E. Schering.

Des procédés analogues sont exploités par la même Société en vue de la fabrication du bromoforme et de l'iodoforme, en partant du bromure ou de l'iodure de potassium.

Dérivés iodés des phénols. — La fabrique de couleurs d'Elberfeld (Allemagne), qui est plus connue sous le nom de maison « Frédéric Bayer et Cie », fabrique par électrolyse le produit employé en méde-cine sous le nom d'*aristol*.

Pour cela, elle électrolyse une solution composée de trois parties de thymol et sept parties d'iodure de potassium, et 0,8 partie de soude. L'électrolyse a pour but de décomposer l'iodure de potassium, et l'iode formé donne un dérivé substitué.

Aniline, hydrazobenzol, azobenzol et azoxy-benzol. — Lorsque l'on produit, par électrolyse, de l'hydrogène, en présence de la monohitrobenzine, on peut avoir les réactions suivantes :

$$1^o \quad 2 C^6H^5{-}AzO^2 + 3H^2 = C^6H^5{-}Az{-}Az{-}C^6H^5 + 3H^2O;$$

$$\underset{O}{\vee}$$

Diphénylhydrazine.

$$2^o \quad 2 C^6H^5{-}AzO^2 + 4H^2 = C^6H^5{-}Az{=}Az{-}C^6H^5 + 4H^2O;$$

Azobenzol.

$$3° \quad 2\,C^6H^5{-}AzO^2 + 5\,H^2 = C^6H^5{-}Az{-}Az{-}C^6H^5 + 4\,H^2O;$$

$$\overset{\displaystyle |}{H} \quad \overset{\displaystyle |}{H}$$

Azoxybenzol.

$$4° \quad C^6H^5{-}AzO^2 + 3\,H^2 = C^6H^5{-}AzH^2 + 2\,H^2O.$$

On voit que les réactions dépendent des proportions relatives d'hydrogène et de mononitrobenzine.

Ces réactions ont donné naissance à plusieurs procédés que nous nous bornerons à signaler.

Les appareils employés se composent essentiellement de deux vases cylindriques, l'un, de plus petit diamètre, et en matière poreuse, est placé à l'intérieur de l'autre et forme la cellule anodique.

Procédé Haüssermann. — Dans ce procédé, la cathode est en tôle de fer et l'anode en charbon de cornue.

On met dans la cellule anodique de l'alcali pur, et dans la cellule cathodique une dissolution alcoolique de mononitrobenzine, additionnée légèrement d'alcali. On chauffe : on a d'abord de l'azobenzol, puis de l'hydrazobenzol.

Procédé Elbs. — Ici le liquide placé à la cathode est une dissolution alcoolique de nitrobenzine légèrement acidifiée. On fait passer le courant en maintenant une température de 50 à 60° et l'on obtient surtout de l'aniline.

Procédé Voigt. — Dans ce procédé, on emploie une dissolution de nitrobenzine dans l'acide acétique; on peut aller ainsi jusqu'à l'aniline.

Paramidophénol. — La maison Bayer et Cie fabrique ce produit par électrolyse, en plaçant à la cathode une dissolution de 20 kilogr. de mononitrobenzine dans 150 kilogr. d'acide sulfurique concentré, tandis qu'à l'anode se trouve de l'acide sulfurique à 90 p. 100.

Il se forme ainsi du sulfate de paramidophénol, qui se dépose en cristaux incolores.

La réaction qui se passe est la suivante :

$$\begin{array}{c} C-Az O^2 \\ HC \quad CH \\ HC \quad CH \\ CH \end{array} + 2H^2 = \begin{array}{c} C-AzH^2 \\ HC \quad CH \\ HC \quad CH \\ COH \end{array} + H^2O$$

MM. Guttermann, Clément et Noye obtiennent le composé monosulfoconjugué du paramidophénol, en électrolysant une solution de nitrobenzine dans l'acide sulfurique.

On a les deux réactions :

$$C^6H^5-AzO^2+4H = C^6H^4 \left\langle \begin{array}{l} AzH^2 \\ OH \end{array} \right. + H^2O,$$

$$C^6H^4 \left\langle \begin{array}{l} AzH^2 \\ OH \end{array} \right. + SO^2 \left\langle \begin{array}{l} OH \\ OH \end{array} \right. = C^6H^3 \left\langle \begin{array}{l} AzH^2 \\ OH \\ SO^2-OH \end{array} \right. + H^2O,$$

Paramidophénol monosulfoconjugué.

Cette fabrication peut avoir une très grande importance, le paramidophénol étant de plus en plus employé comme développateur en photographie.

De plus, le paramidophénol peut donner la phénacétine dont l'usage se répand en thérapeutique.

Matières colorantes. — Des recherches, aussi nombreuses qu'importantes, ont été faites pour obtenir les matières colorantes par électrolyse. A ces essais, devenus en partie industriels, est attaché le nom de M. Goppelsrœder, dont les premiers travaux sur ce sujet datent de 1885.

Les électrolyseurs employés sont toujours composés de deux parties afin d'éviter le mélange des deux corps se produisant, l'un au pôle positif et l'autre au pôle négatif. Les électrodes sont ordinairement constituées par des lames de platine.

Matières colorantes dérivant de l'anthracène, alizarine, purpurine, etc. — Si on électrolyse un mélange de potasse caustique et d'anthraquinone chauffé jusqu'à fusion, on obtient au pôle négatif une coloration rouge provenant de monoxyanthraquinonate de potassium, puis une coloration d'un bleu violet par suite de formation d'alizarate, ensuite une coloration rouge violet provenant d'un mélange d'alizarate et de purpurate ; enfin une belle couleur rouge que donne le purpurate de potassium.

Les réactions successives sont les suivantes :

1° ... + O = *monoxyanthaquinone*

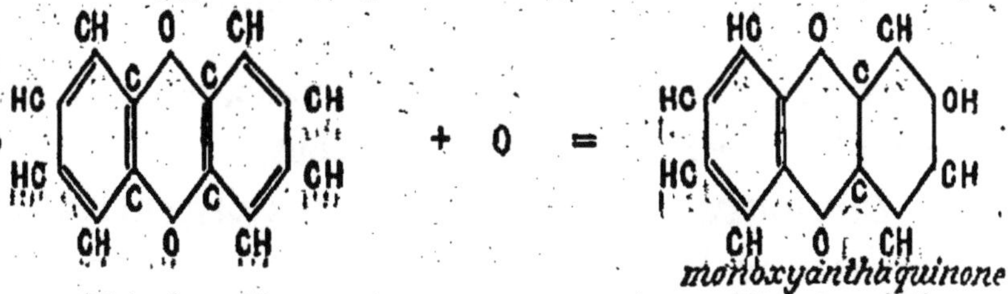

2° ... + 2O = *alizarine*

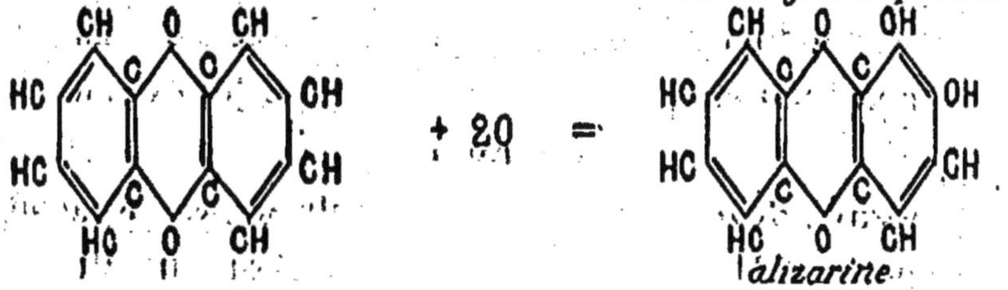

3° ... + 3O = *purpurine*

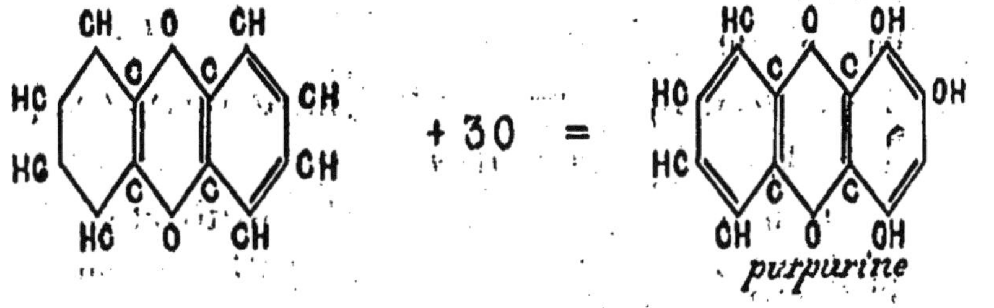

Si l'on continue le traitement électrolytique, la masse, de rouge, devient brune, puis blanche et l'on voit alors se former le phtalate de potassium :

$$C^6H^4 \begin{cases} COOK \\ COOK \end{cases}$$

Il y a destruction d'une partie de la molécule.

Si l'on pousse encore plus loin l'opération, le phtalate se décompose en carbonate.

Si, lorsqu'on est arrivé à la coloration rouge, donnée par le purpurate, on renverse le sens du courant, c'est-à-dire si la cathode devient l'anode et réciproquement, la matière repassera par toute la gamme des couleurs en sens inverse : c'est-à-dire du rouge au violet, puis au bleu, enfin au hlanc, et l'on retrouvera l'anthraquinone placé au début.

Couleurs d'aniline. — En électrolysant le chlorhydrate ou le sulfate d'aniline pure, en dissolution aqueuse, on obtient à l'anode une coloration verte, violette et bleu violet; en poursuivant l'opération, on arrive à un produit absolument noir, qui serait formé de chlorhydrate ou de sulfate de la base, connu sous le nom de noir d'aniline : $C^{24} H^{20} Az^4$.

D'après Goppelsrœder, le rendement serait presque théorique.

En opérant sur un mélange de chlorhydrate de rosaniline, d'acide sulfurique et d'alcool méthylique additionné d'un peu d'iodure de potassium, on obtient le violet d'Hofmann.

De nombreux essais ont été faits pour d'autres couleurs; nous citerons la production des divers bleus d'aniline par l'électrolyse des chlorhydrates de méthylaniline, de diphénylanine et de méthyldiphényline, des sels de toluidine, de xylidine, etc., etc.

Ces recherches ont donné naissance à des brevets qui sont exploités par d'importantes maisons, telles que la « Badische Anilin und Soda Fabrik », la Maison Bayer et Cie, la Gesellschaft für Chemische Industrie de Bâle, etc.

II. — INDUSTRIES
UTILISANT LE FOUR ÉLECTRIQUE

Le four électrique peut être utilisé :

1º En tant que source de chaleur.— On peut alors se proposer soit l'obtention de corps simples (métalloïdes ou métaux), soit la préparation de corps plus complexes (carbures, borures, siliciures, etc.) ;

2º En tant que source d'électrolyse et de chaleur.— Cette action est utilisée pour la préparation de l'aluminium et du magnésium.

Nous exposerons ces différentes utilisations de l'arc électrique dans les chapitres suivants : — I. — Préparation des métalloïdes et des métaux au four électrique. — II. — Fabrication du carbure de calcium, et des divers composés binaires, obtenus dans l'arc électrique. — III. — Fabrication des siliciures et des borures. — IV. — Fabrication de l'aluminium et du magnésium. — V. — Etat actuel de l'industrie de l'aluminium, ses débouchés. — Etant donnée l'importance prise par la métallurgie de ce métal, nous avons cru nécessaire d'insister sur ses propriétés et ses applications, dont l'une des plus importantes a été spécialement étudiée ; nous voulons parler de l'aluminothermie.

CHAPITRE PREMIER

PRÉPARATION DES MÉTALLOIDES ET DES MÉTAUX AU FOUR ELECTRIQUE

Fours électriques. — C'est à M. Despretz que l'on doit l'idée d'utiliser la température de l'arc élec-

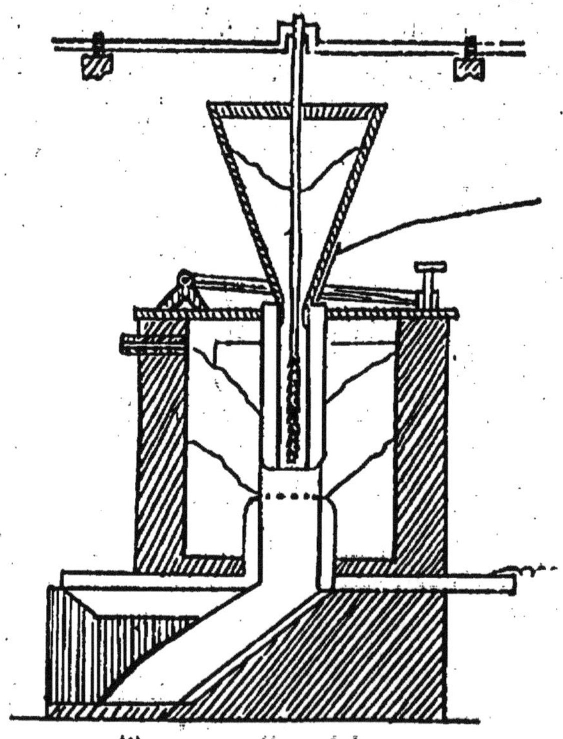

Fig. 27. — Four Johnson,

trique. En effet, le 17 décembre 1849, ce savant fit,

à l'Académie des sciences, une communication dans laquelle il décrivit la façon dont se comporte une cornue en charbon de sucre ayant un diamètre de 1,5 cm. dans l'intérieur de laquelle était produit un arc voltaïque, au moyen de la cornue elle-même, d'une part, et d'un charbon, d'autre part.

Four Johnson (1854) (fig. 27). — Ce four avait en vue la fusion des minerais. Il comprend des électrodes, entre lesquelles passe le minerai préalablement mélangé de charbon et déversé dans un entonnoir. Le mélange scorie et métal tombe ensuite dans un récipient convenablement chauffé où il se sépare.

Four Pichon (1853) (fig. 28). —Le four Pichon, destiné à la réduction des minerais, était formé de

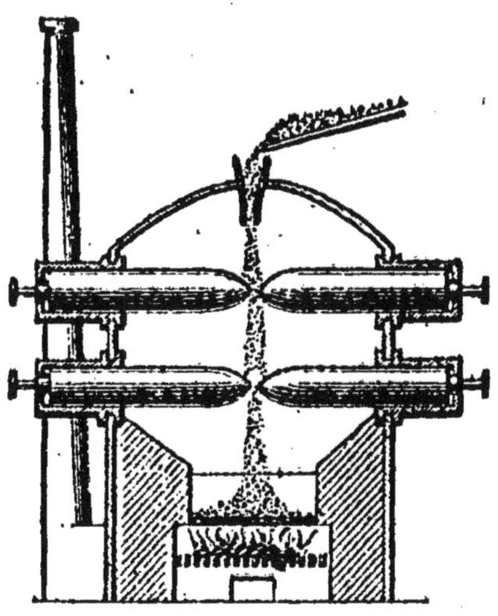

Fig. 28. — Four Pichon.

quatre électrodes O, entre lesquelles passait le mélange minerai et charbon. Une sole, disposée à la partie inférieure et chauffée par un foyer spécial, recevait le mélange fondu d'où l'on devait séparer le métal et la scorie.

Ces deux fours n'ont point reçu d'application.

FOURS SIEMENS (1879) (fig. 29 et 30). — Avec les fours Siemens, nous entrons, au contraire, dans le domaine de la pratique.

Le premier appareil (fig. 29) est composé d'un creu-

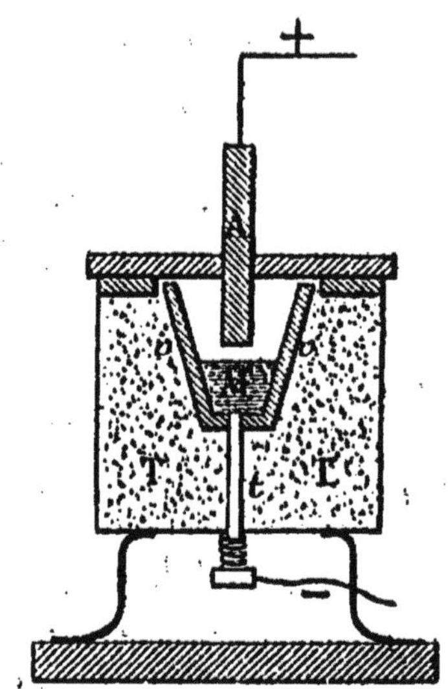

Fig. 29. — Four Siemens.

set englobé dans une matière isolante, de façon à éviter autant que possible toute perte de chaleur; le creuset v constitue l'électrode négative, tandis qu'un charbon A forme l'électrode positive. Une matière isolante T enveloppe le creuset auquel le courant est amené par une tige t. M est le bain traité.

Dans l'autre disposition (fig. 30), le creuset ne sert

plus que de récipient; deux électrodes amènent le courant, l'une est en charbon, l'autre est en métal;

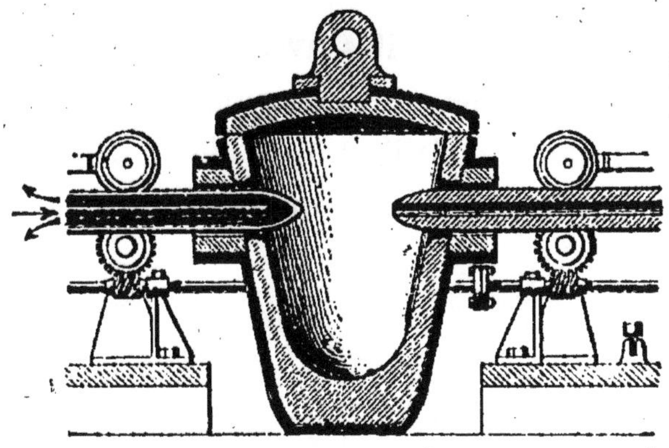

Fig. 30. —Four Siemens.

elle est creuse et peut être refroidie énergiquement par un courant d'eau.

Le premier de ces deux types de four fut présenté à l'Exposition internationale d'électricité de Paris, en 1881. On a pu, avec le dernier appareil, fondre 4 kilos de platine en un quart d'heure, 10 kilos d'acier en une heure; enfin, en prenant du cuivre, en l'enveloppant dans du charbon en poudre et en le soumettant à l'arc, on a pu en volatiliser 90 p. 100.

FOUR CLERC (1880). — Ce four a servi à volatiliser

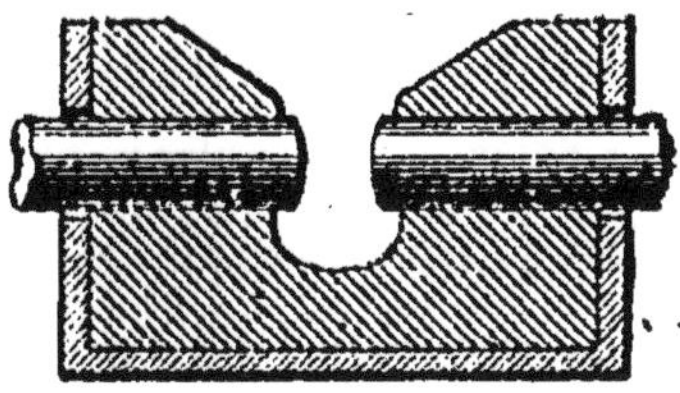

Fig. 31 — Four Clerc.

la chaux et la silice. — Deux baguettes en charbon

de 20 millimètres de diamètre pénètrent dans un bloc de carbonate de chaux ou de magnésie, qui est percé d'une cavité (fig. 31).

Des expériences faites avec cet appareil ont été effectuées également à l'exposition de 1880.

Four Borchers (1880). — Voici la description que M. Borchers donne de son appareil (1) (fig. 32).

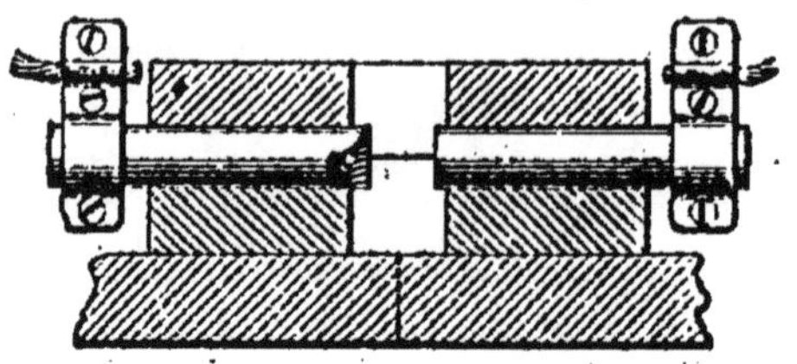

Fig. 32. — Four Borchers.

« Entre deux grosses baguettes de charbon, d'un diamètre de 40 mm., est placée une autre petite baguette de même matière et n'ayant que 4 mm. de diamètre et 40 mm. de longueur. On pose les grosses baguettes entre les briques dans chacune desquelles on a creusé une cavité demi-cyclindrique. — Des câbles et des pinces mettent les pôles de charbon en communication avec le circuit électrique. Après avoir établi ce dispositif de chauffage simple sur un support en briques réfractaires et l'avoir fermé de chaque côté au moyen de briques, on remplit la cavité produite autour de la baguette de charbon avec le mélange de l'oxyde à réduire et de charbon et l'on fait immédiatement passer le courant. Un dégagement d'oxyde de carbone se manifeste aussitôt. Au bout de quel-

(1) Borchers, *Traité d'électrométallurgie*, page 96.

ques minutes toute la masse qui se trouve entre les baguettes est transformée en métal.

Ce four peut être utilisé également pour l'obtention du carbure de calcium.

FOUR MINET (1887) (fig. 33 à 35). — Dans son

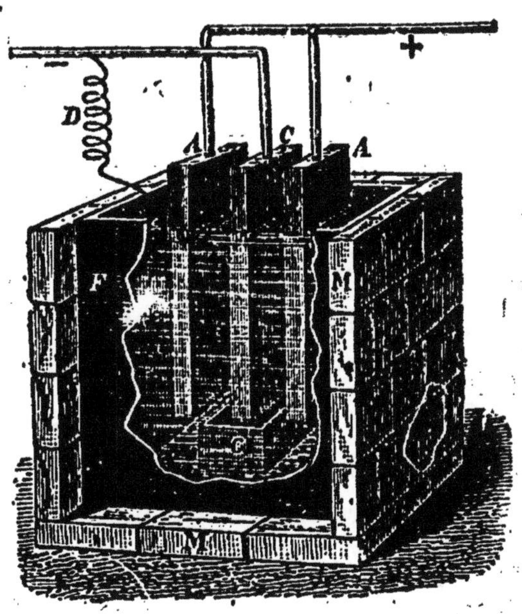

Fig. 33. — Four Minet.

premier four créé en vue d'opérations électrothermiques (fig. 33 et 34), la cuve, qui est garnie de maçonnerie M, est placée en dérivation sur l'électrode négative par l'intermédiaire d'une résistance ne laissant passer dans la cuve que 1 p. 100 du courant, les 99 p. 100 passant par la cathode. Ce dispositif permet à la cuve de ne pas être attaquée par le fluorure fondu que l'on emploie pour la préparation de l'aluminium. Les anodes sont en A ; il peut n'y en avoir qu'une (fig. 34); V constitue l'électrolyte. Dans un

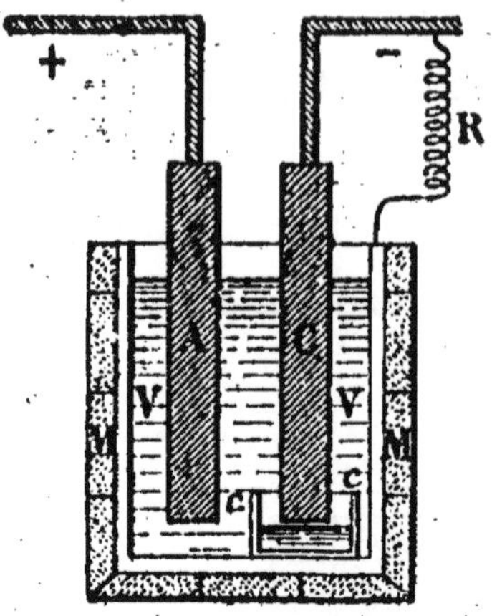

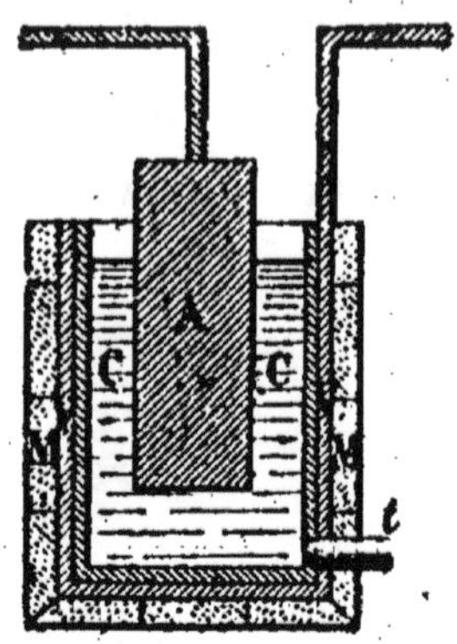

Fig. 34. — Four Minet.

Fig. 35. — Four Minet.

second modèle (fig. 35), le four n'est pas autre chose qu'une cuve cathode métallique, garnie intérieurement de charbon. Ce dernier modèle a été établi en 1890.

FOUR CHAPLET (fig. 36 et 37). — M. Chaplet a créé deux modèles de fours électriques dans lesquels plu-

Fig. 36. — Four Chaplet à un moufle.

sieurs arcs voltaïques entourent le tube qui contient la matière à chauffer. Les matières tombent dans une cavité pratiquée dans la sole. Dans le premier modèle, le four ne contient qu'un seul moufle, dans le second, il en contient deux. Ces moufles sont généralement

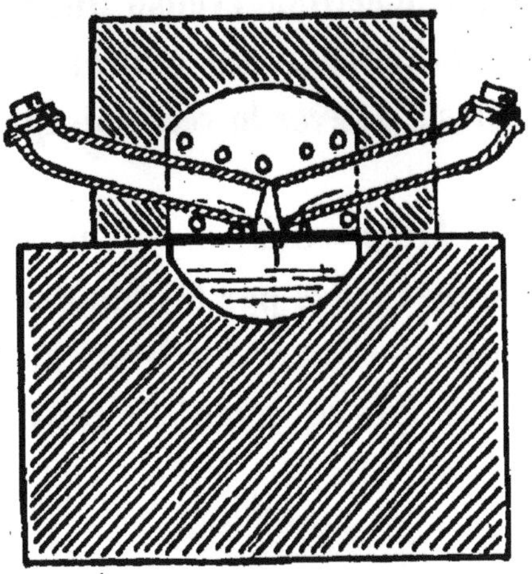

Fig. 37. — Four Chaplet à deux moufles.

faits d'un mélange d'argile et de graphite.

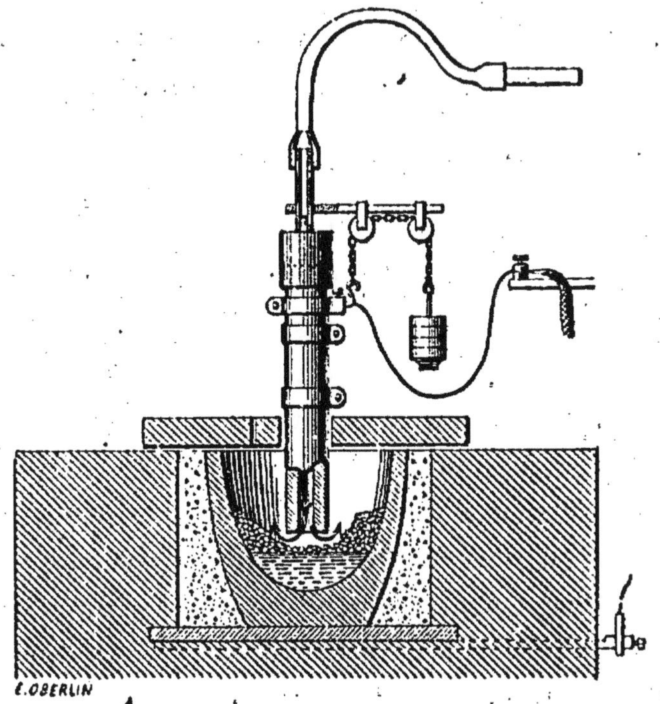

Fig. 38. — Four Willson.

FOUR WILLSON (1890). — Ce four est caractérisé

par l'emploi d'une électrode creuse qui permet d'envoyer, pendant le passage du courant, des gaz qui soient susceptibles d'activer la réaction que l'on cherche (fig. 38).

Four Moissan (1892-1893). — On sait l'importance des recherches faites par M. Moissan au moyen du four électrique. — Nous décrirons succinctement les quatre modèles que ce savant fit construire.

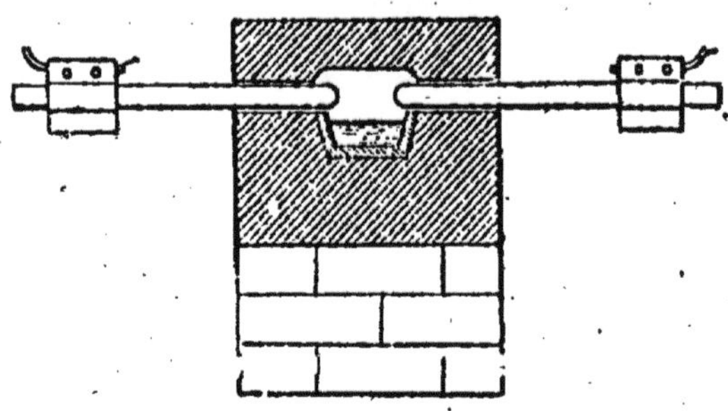

Fig. 39. — Four Moissan, 1er modèle.

Le *four électrique en chaux vive* (fig. 39), présenté à l'Académie des Sciences en décembre 1892, se compose de deux briques de chaux, la brique inférieure portant une rainure longitudinale qui reçoit les deux électrodes; au centre, se trouve la cavité qui sert de creuset; une brique supérieure forme un léger dôme au-dessus de ce creuset. Les électrodes sont mobiles; elles sont faites avec du charbon de cornue réduit en poudre et lavé aux acides pour enlever le fer; on calcine cette matière et on agglomère au moyen de goudron.

Le *four électrique en carbonate de chaux* est destiné à recevoir des creusets où se passera la réaction. Il est formé par un bloc de pierre de Courson, taillé en parallélipipède, que l'on entoure d'une bande métallique. Le bloc est percé d'une cavité cylindrique suffisante pour recevoir le creuset. Les électrodes glissent dans deux rainures latérales. — Le creuset, qui est un aggloméré fait au moule, est toujours placé sur un lit de magnésie pour empêcher la formation du carbure de calcium, qui aurait inévitablement lieu si le carbone était en contact avec le bloc calcaire.

Lorsque l'on veut utiliser de fortes tensions, on est obligé de prendre les précautions suivantes : la pierre calcaire est creusée au centre d'un assez grand parallélipipède. On y place quatre plaques alternées de magnésie et de charbon, la magnésie étant en contact direct avec le calcaire. On évite ainsi la fusion, la volatilisation de la chaux et la production de carbure de calcium.

Le *four électrique à tube* a été créé en vue d'éviter l'action des gaz qui remplissent l'intérieur de la cavité. L'acide carbonique provenant du carbonate de chaux et l'eau toujours contenue dans la pierre donnent un mélange d'oxyde de carbone et d'hydrogène.

Les parois de la cavité intérieure sont garnies de plaques alternées de magnésie et de charbon ; un tube de charbon traverse le four et est disposé de façon à ne pas toucher la chaux dans le voisinage de la cavité. Ces tubes de charbon sont fermés par des bouchons en magnésie, percés, suivant leur axe, d'une ouverture cylindrique donnant passage à des tubes de verre.

Le *four continu* est obtenu en inclinant, purement et simplement, le tube de charbon placé horizontalement dans le modèle que nous venons de décrire.

Le *four électrique à plusieurs arcs* a été créé pour obtenir des phénomènes très réguliers et pour utiliser la chaleur sur une surface plus grande.

FOUR DE LA « ELECTRIC CONSTRUCTION CORPORATION » (fig. 40). — Ce four, qui est utilisé pour chauffer un

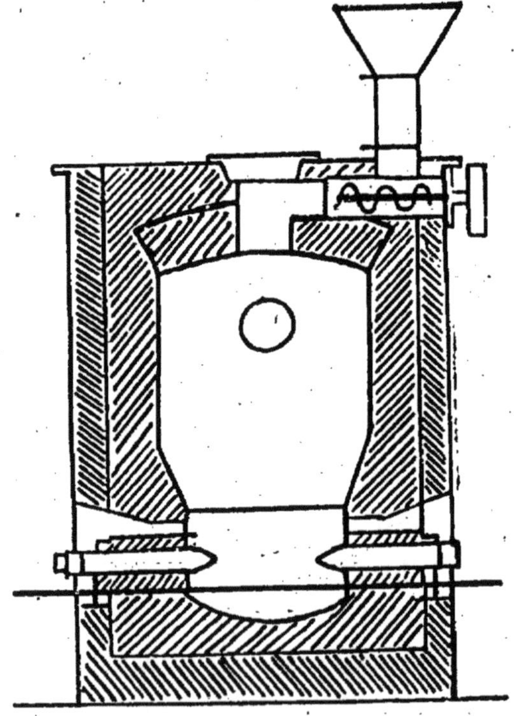

Fig. 40. — Four de la Electric Construction Corporation.

lit de fusion, se compose d'une cuve, qui est munie,

de chaque côté du foyer de fusion, d'électrodes réunies au courant. A la partie supérieure se trouve une trémie, qui contient deux registres ayant pour but d'éviter la rentrée de l'air dans l'appareil; la matière est entraînée au moyen d'une hélice, jusque dans la cuve du four.

Des baguettes minces de charbon disposées à la partie inférieure servent pour le commencement de l'opération. Un conduit qui prend naissance au haut de la cuve entraîne les gaz, tandis qu'une cavité forme à la partie inférieure le trou de coulée.

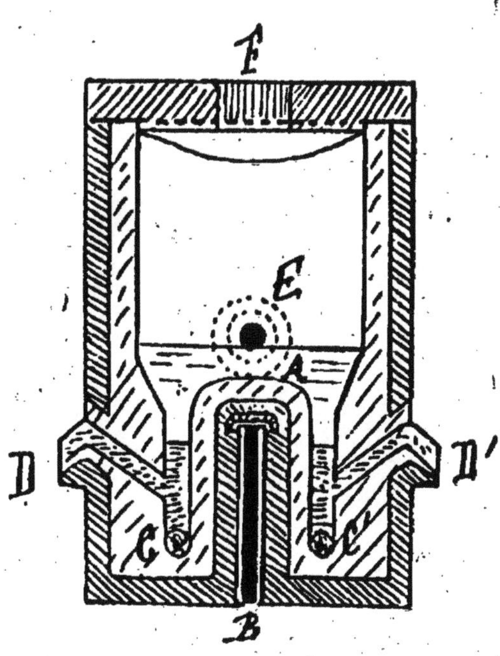

Fig. 41. — Four Laval.

FOUR LAVAL. — Cet appareil, destiné à la production du fer, est un four à cuve de forme basse (fig. 41).

Il comporte une partie surélevée A, qui peut être refroidie par une circulation d'eau en B.

Les électrodes sont placées en C et C'. Une ouverture F, pratiquée à la partie supérieure de la cuve, permet d'introduire la matière.

Le métal formé se rassemble dans les compartiments contenant les électrodes et s'échappe par les conduits D D. La scorie s'échappe en E.

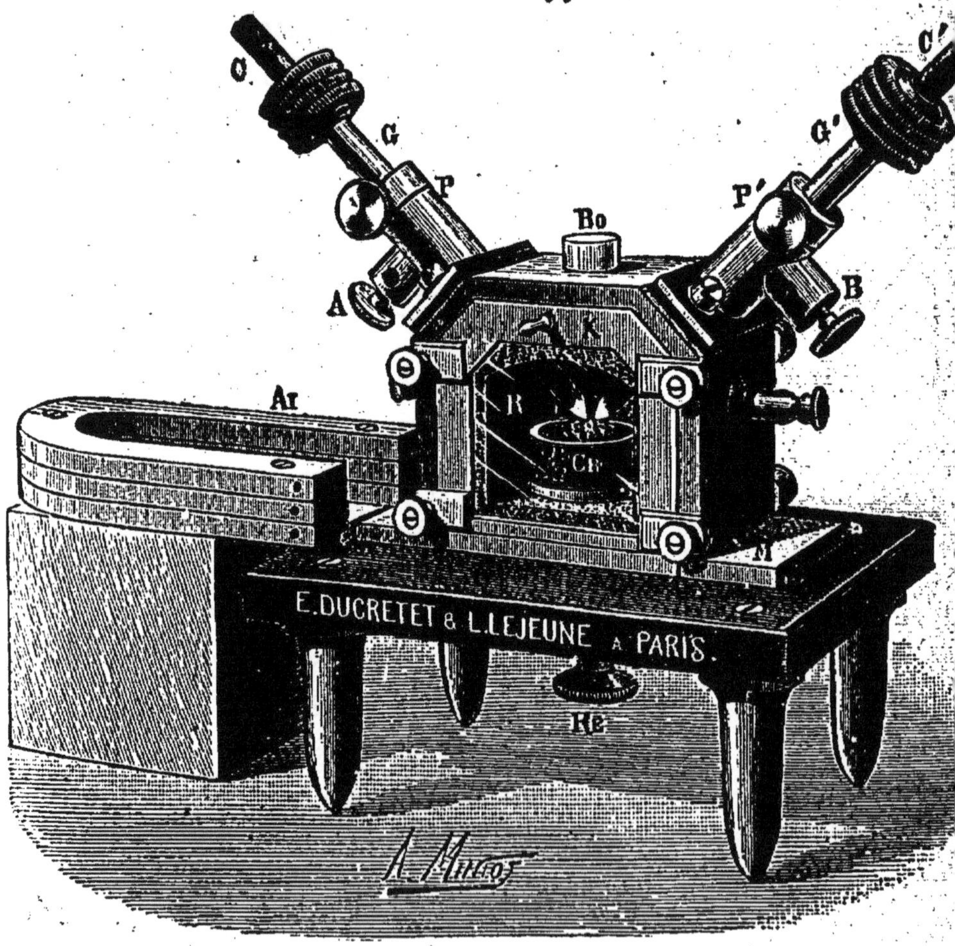

Fig. 42. — Four Ducretet.

FOUR DUCRETET (1893). — Dans ce four (fig. 42),

un creuset est placé dans une enceinte à parois réfractaires ; les deux électrodes en charbon CC' sont placées obliquement et sont mobiles dans des montures métalliques PP'. On peut les fixer au moyen de vis de serrage A, B. Deux parois sont en mica, de façon que l'on puisse suivre aisément la marche de l'opération. Une tige traversant la partie inférieure du four permet de déplacer la sole sur laquelle repose le creuset.

L'on peut transformer l'arc jaillissant entre les électrodes en une flamme formant chalumeau, par suite de l'action d'un aimant A¹. On peut ainsi être maître de la direction de la flamme.

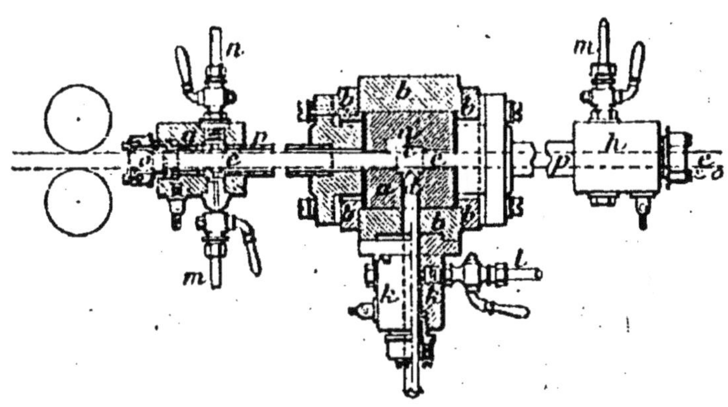

Fig. 43. — Four Street et Girard.

FOUR STREET ET GIRARD (1893-1894). — Ce four est destiné à transformer superficiellement en graphite les charbons utilisés pour l'électrolyse. Le four a une disposition telle que la matière est soumise à la température de l'arc par portions aussi petites que possible. A cet effet, elle se déplace très lentement à travers des guides, comme l'indique le croquis ci-joint (fig. 43).

Four Poulenc (1900). — La maison Poulenc a présenté à l'Exposition Universelle de 1900 un four électrique de laboratoire très bien compris. Ce four est divisé en deux parties, l'une d'elles pouvant tourner autour d'une charnière, l'autre étant fixe. Les électrodes sont placées verticalement et l'électrode supérieure, située dans la partie mobile, peut être déplacée très aisément.

PRÉPARATION DES MÉTALLOIDES ET DES MÉTAUX

Phosphore. — D'après le procédé Readmann et Parker, la matière première utilisée est constituée par les phosphates naturels broyés e. mélangés intimement à du sable et du charbon. Il y a, sous l'influence de l'arc électrique, formation de silicate, d'une part, et, d'autre part, réduction de l'acide phosphorique ainsi mis en liberté par le carbone du mélange et distillation du phosphore produit. Le phosphate employé doit être aussi exempt que possible de fer, sans quoi une partie du phosphore serait perdue à l'état de phosphure et de phosphosiliciure de fer.

L'appareil utilisé se compose d'une cuve en matériaux réfractaires, munie d'un trou de chargement et d'un trou de coulée pour le laitier. Dans cette cuve se trouvent les deux électrodes entre lesquelles jaillit l'arc électrique. Un large tuyau de dégagement entraîne les vapeurs de phosphore dans deux importants condenseurs en cuivre, l'un à eau chaude, l'autre à eau froide. L'opération peut être regardée comme continue.

La grande difficulté que l'on a rencontrée, au début, dans la pratique, a résidé pendant fort longtemps dans la condensation des vapeurs de phosphore; depuis, elle a été complètement levée et l'on peut dire qu'à l'heure actuelle la fabrication du phosphore au four électrique est une opération industrielle qui ne saurait être comparée à l'ancien procédé tant pour la rapidité et la simplicité des manipulations que pour le prix de revient et la qualité du produit obtenu.

Etude des diverses variétés du Carbone. — Bien que cette étude sorte du cadre industriel de cet ouvrage, nous ne saurions la passer sous silence, étant donnés son importance et le bruit qu'elle fit justement dans le monde scientifique.

L'on sait que, parmi les formes diverses que peut affecter le carbone, il en est une que l'on a nommée graphite et qui est caractérisée, au point de vue chimique, par ce fait qu'en présence de certains oxydants il donne naissance à un corps explosif : l'oxyde graphitique.

Lorsque l'on soumet le carbone, se présentant sous l'une quelconque de ses formes, à l'action de l'arc électrique et *sous la pression ordinaire*, on obtient toujours du graphite. — Nous avons déjà dit quel parti deux savants français, MM. Street, ingénieur des arts et manufactures, et M. Girard, le savant directeur du Laboratoire municipal, avaient su tirer de cette observation, en vue de la fabrication des électrodes.

Mais *si l'on fait intervenir la pression*, les résultats obtenus sont complètement différents et nous sommes ainsi conduits à dire quelques mots des expériences de M. le professeur Moissan, renvoyant, pour des détails plus complets, au livre qu'il publia sur ses recherches faites avec le four électrique (1).

Si l'on vient à saturer de carbone une fonte de fer, sous l'influence de la haute température .du four électrique et si l'on vient à refroidir subitement cette fonte en la plongeant dans l'eau, on obtient une croûte solide enveloppant de la fonte saturée de carbone et encore à l'état liquide.

Le refroidissement continuant, la fonte se solidifie lentement et, comme elle augmente de volume en se solidifiant (2), la partie centrale de la masse, encore liquide, subit une pression considérable. —On obtient alors une partie de carbone à l'état cristallisé, c'est-à-dire à l'état de diamant.

Les diamants obtenus par M. Moissan sont de très petites dimensions; on a pu s'en apercevoir, en regardant les échantillons exposés d'une part à l'annexe de la classe d'Electrochimie et d'autre part à l'Exposition centennale des produits chimiques.

(1) H. Moissan, *le Four électrique*.
(2) On sait en effet que les gueuses de fonte surnagent dans un bain de fonte en fusion.

Préparation du Chrome. — Lorsque l'on se propose d'obtenir un métal au four électrique, on soumet à l'action de l'arc un mélange de l'oxyde correspondant au métal que l'on veut obtenir et de charbon et l'on utilise des courants dont l'intensité varie suivant la fusibilité du métal. — Dans cette opération, on n'obtient qu'une fonte du métal, comme dans le haut-fourneau. Il faut que cette fonte soit affinée ; à cet effet, on la soumet de nouveau à l'action de l'arc, mais en ayant soin de la mettre en présence d'oxyde de métal ; le carbone de la fonte réduit cet oxyde et l'on obtient ainsi un métal ne contenant généralement que de petites quantités de carbone.

En agissant ainsi sur un mélange d'oxyde de chrome et de charbon, dans son four continu, M. Moissan a obtenu une fonte renfermant de 8 à 13 p. 100 de carbone. Pour l'affiner, on procède de la façon suivante : la fonte concassée est introduite dans un creuset en charbon brasqué à l'oxyde de chrome et est recouverte d'une couche de cet oxyde, mais on obtient alors un métal dit brûlé, qui est chargé d'oxygène.

Il est préférable d'affiner la fonte de chrome en la mettant en présence de chaux fondue ; la chaux s'empare du carbone pour donner du carbure ; on obtient ainsi un métal qui ne contient que 1,5 à 1,9 p. 100 de carbone.

Si l'on veut préparer un métal absolument pur, il faut soumettre la fonte à l'action de l'arc, en la plaçant dans un creuset en chaux vive brasqué avec de l'oxyde double de chaux et de chrome.

Préparation du manganèse. — En opérant sur un mélange de protoxyde de manganèse et de charbon, avec un courant de 3oo ampères et 6o volts, on obtient la réduction en cinq à six minutes. La fonte ainsi préparée contient 15 p. 100 de carbone; en opérant en présence d'un excès d'oxyde, on a un métal ne renfermant plus que 4 à 5 p. 100 de carbone.

Il y a dans la préparation industrielle du manganèse au four électrique un gros inconvénient; c'est la facile volatilisation de ce métal qui abaisse sensiblement les rendements.

Préparation du tungstène. — C'est le 29 mai 1893, que M. Moissan indiqua la préparation en grande quantité de la fonte de tungstène au four électrique. Ce savant ajoutait que l'on pouvait aisément affiner cette fonte en la refondant en présence d'un excès d'acide tungstique.

Des recherches avaient été déjà faites dans la même voie : M. Riche, en 1857, avait fondu le tungstène en le carburant dans un arc fourni par 200 éléments Bunsen; Siemens et Hutington, en 1883, avaient fondu une fonte de tungstène à 1, 8 p. 100 de carbone.

Pour préparer la fonte, M. Moissan soumet le mélange acide tungstique et charbon à un courant de 35o ampères et 7o volts, pendant dix minutes. Si l'on veut obtenir le métal pur, on peut chauffer au four électrique un mélange d'acide tungstique et de charbon de sucre, comprenant 800 gr. d'acide tungstique pur et 80 gr. de charbon de sucre pulvérisé ; ce mélange contient un excès d'acide tungstique. Ou bien, ce qui est plus industriel, on peut refondre la fonte obtenue dans une première opération, en présence d'un excès d'acide tungstique.

Préparation du molybdène. — Comme le tungstène, le molybdène peut s'obtenir pur, dès la première opération. Il suffit de soumettre à l'air, un mélange de bioxyde MoO^2 et de charbon de sucre, le bioxyde étant en excès.

On obtient la fonte de molybdène et on peut l'affiner dans les conditions que nous avons déjà indiquées pour le tungstène.

Préparation de quelques autres métaux. — L'*uranium* s'obtient en soumettant à l'action du four électrique un mélange de sesquioxyde d'uranium et d'oxyde vert obtenu par calcination de l'azotate et d'un léger excès de charbon; on obtient une fonte contenant 2 à 13 p. 100 de carbone. On l'affine facilement à la forge en présence d'un excès d'oxyde et en le mettant à l'abri de l'air, sans quoi il se formerait de l'azoture.

Le *vanadium* est obtenu en réduisant 182 gr. d'anhydride vanadique pour 60 gr. charbon de sucre pulvérisé ; la fonte contient de 10 à 16 p. 100 de carbone. M. Moissan n'a pas pu purifier la fonte de vanadium.

Lorsque l'on cherche à réduire la *zircone* pure par

le charbon dans l'arc électrique (1000 ampères, 50 volts), une partie de la zircone se volatilise et entre en fusion. On obtient un carbone de zirconium parfaitement défini de formule ZrC.

M. Moissan a fait également de longues recherches sur l'action de l'arc électrique sur un mélange d'*acide titanique* et de charbon. Ce savant donne les conclusions suivantes à ces recherches :

« Si l'on fait agir la chaleur produite par un arc électrique dont l'intensité est variable sur un mélange d'acide titanique et de charbon, on obtient :

1o Le protoxyde bleu de titane ;

2o L'azoture de titane fondu $Ti^2 Az^2$;

3o Le titane fondu ou un carbure cristallisé de titane TiC.

Enfin plus récemment M. Moissan a continué ces recherches par des métaux plus rares, notamment le *niobium*.

Préparation des alliages. — Certains alliages, très importants au point de vue industriel, peuvent être préparés au four électrique. Nous citerons particulièrement le *ferrochrome* et le ferrosilicium.

On fabrique du *ferrochrome* au four électrique dans diverses usines françaises et à la Compagnie Wilson en Amérique.

Le *ferrosilicium* est fabriqué notamment à Méran, dans le Tyrol autrichien ; il n'est, d'ailleurs, fait qu'une très faible consommation de cet alliage. On sait toutefois que le silicium améliore certaines propriétés de l'acier. Le ferrosilicium est obtenu en partant d'un mélange quartz, fer et coke, que l'on soumet à l'arc. La teneur est de 77, 5 p. 100 de fer et de 21, 5 p. 100 de silicium. Le prix de cet alliage serait, d'après M. Sewan, de 8 livres la tonne (à Méran) et le rendement atteindrait 1 tonne par 5.000 kilowats heure.

On fabrique également, dans le four électrique, un *ferrotitane*, obtenu en chauffant un mélange de fer, de minerai titanifère et d'aluminium.

Fabrication de l'Acier au four électrique. — Nous terminerons ce qui a trait à l'électrométallurgie par l'arc, en disant quelques mots de l'une des applications les plus intéressantes qui ait été faites par le four électrique. En réduisant les minerais de fer sous l'influence de la haute température de l'arc, on est arrivé à obtenir l'acier. L'un des procédés, celui de Stassano, a déjà été expérimenté à Rome, puis à Darfo (Italie); cette dernière usine a été calculée pour une production de 3.000 tonnes d'acier. De plus, en Suède, en Norwège et en Suisse, on s'occupe de cet important problème qui semble être appelé à un grand avenir dans les pays où les chutes d'eau sont d'un prix très bas.

Le four de M. Stassano est formé de deux troncs de cône réunis par la grande base et formant la chambre où le minerai est fondu et réduit.

Le minerai (grillé si l'on a affaire à un carbonate) mélangé au charbon, à la chaux et à la silice, est additionné de 5 p. 100 de goudron pour agglutiner la masse, et la pâte ainsi obtenue est moulée.

Pour produire une tonne, il faut 3.000 chevaux ; en Italie, ces 3.000 chevaux reviendraient à 18 fr. et, malgré les frais du traitement préliminaire malgré l'entretien du four, la tonne de métal reviendrait à 100 fr.

Ajoutons qu'une importante aciderie française s'occupe actuellement de ce problème.

Applications diverses du four électrique (fig. 44 et 45). — Etant donnée la haute température obtenue dans l'arc, on a cherché à appliquer le four électrique à la solution de nombreux problèmes exigeant des températures élevées.

Parmi ces diverses applications, nous n'en retiendrons qu'une, laquelle semble prendre une certaine importance industrielle, nous voulons parler de la fabrication du *verre*.

Le four électrique est utilisé dans un certain nombre de verreries d'Allemagne, et notamment à Cologne. Parmi les appareils les plus usités, l'on doit citer le four Becker.

Les matières premières, broyées et mélangées, arrivent par la trémie. Ces matières tombent par les deux conduits O dans la chambre b, où elles subissent un premier chauffage, en passant près des arcs électrique hh; puis la fusion s'achève au voisinage de l'arc i ; les bulles de gaz se séparent dans la cuvette m, et le verre prêt à être travaillé passe dans l'autre cuvette n. Dans ce four, on obtient des arcs de 0,03 de longueur avec un courant de 150 ampères

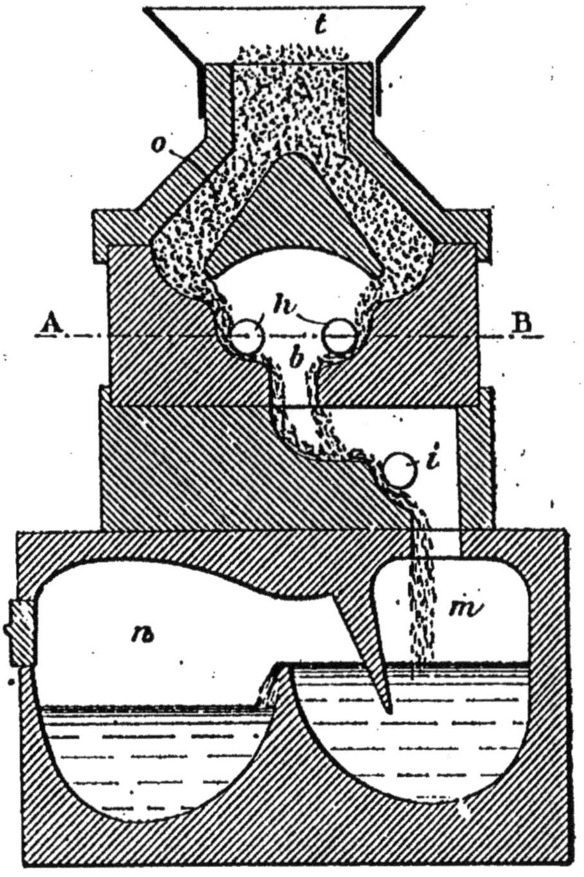

Fig. 44. — Coupe verticale du four électrique.

à 40 volts; l'emploi de courants alternatifs est nécessaire, sans quoi le verre fondu serait électrolysé.

Les expériences ont montré que, pour obtenir un verre exempt de toute bulle, il est nécessaire de prolonger le chauffage du verre fondu et que le moyen le plus économique d'obtenir ce résultat est de ménager dans le corps du four des conduits de gaz chaud et d'employer, dans ce but, des combustibles gazeux.

L'intérêt de ces expériences réside principalement dans le réel avantage que présenterait la réalisation pratique d'un four électrique de verrerie, non seulement au point de vue de la continuité du travail,

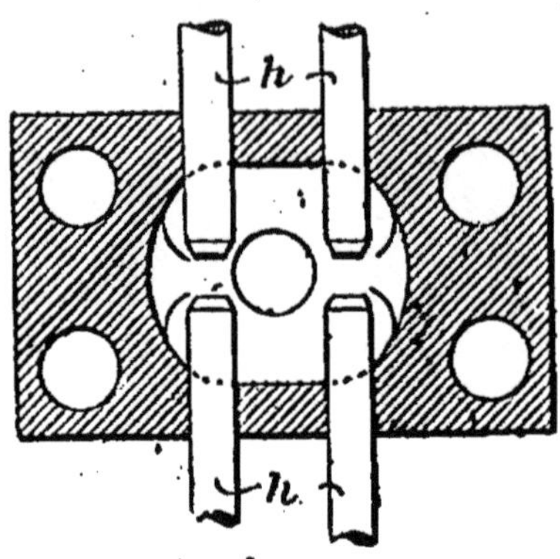

Fig. 45. — Coupe suivant AB au niveau des arcs *h*.

mais également au point de vue de l'économie, alors même que l'on ne disposerait pas d'une chute hydraulique pour actionner les dynamos (1).

La fusion des matières premières nécessite 746 calories et le départ des bulles d'acide carbonique du verre fondu 250 calories par kilogramme de verre. Le kilogramme de charbon de bonne qualité produirait 7.500 calories; il s'ensuit que, théoriquement, un septième de kilogramme de charbon suffit à la fabrication de 1 kilogramme de verre.

(1) Ces renseignements sont empruntés à l'Electrotechnische Zeitschrift, et au Génie civil (1902).

Or le système de fusion des matières dans des creusets chauffés à feu direct nécessite 3 à 4 kilogrammes de charbon par kilogramme de verre et lorsque ces creusets sont chauffés au gaz la consommation de charbon descend à 1 kil. 8,5.

Avec un four électrique il suffit de 1.320 watts-heure pour obtenir 1 kilogramme de verre, ce qui correspond à une dépense de moins de 1 kil.500 de charbon.

CHAPITRE II

INDUSTRIE DU CARBURE DE CALCIUM, DU CARBORUNDUM, ETC.

Généralités. — L'on sait que les métaux alcalino-terreux donnent avec le carbone des composés définis. Le carbure de calcium a été préparé pour la première fois par Wöhler en 1862, en chauffant un alliage de zinc et de calcium avec du charbon. — Puis M. Maquenne, trente ans après, prépara le carbure de baryum amorphe en traitant le carbonate de baryum par le magnésum.

Ne voulant point entrer dans les discussions qui surgirent au sujet des brevets sur la question du carbure de calcium, nous rappellerons seulement qu'en 1892 M. Moissan remarqua que dans le four électrique le charbon réduisait rapidement la chaux et que le calcium formé s'unissait facilement au carbone pour donner un carbure de calcium.

M. Wilson indiqua dans un brevet, déposé en 1892 et publié en 1893, qu'el'on obtenait au four électrique, sous forme d'une masse pulvérulente, un carbure de calcium. Il était fort difficile, dans les conditions où l'on opérait d'obtenir un composé défini; en effet, on opérait en présence d'un excès de charbon et l'on empêchait la masse de devenir liquide.

Le 5 mars 1894, M. Moissan annonçait à l'Académie des sciences qu'il avait préparé au four électrique un carbure de calcium pur et cristallisé et que ce corps mis au contact de l'eau donnait de l'acétylène pur; on a :

$$C^2 Ca + 2H^2O = C^2H^2 + Ca(OH)^2$$

Pour obtenir C^2Ca à l'état cristallin, il faut opérer à une haute température et amener à l'état liquide la masse qni se solidifie ensuite en cristallisant.

Principe de la fabrication du carbure de calcium. — Le principe est extrêmement simple : il suffit, en effet, de porter à la température de l'arc électrique un mélange de chaux et de charbon ; il se forme du carbure, d'après la formule :

$$3C + Ca\,O = C^2\,Ca + CO.$$

Fours pour la fabrication du carbure de calcium. — FOUR DE M. BULLIER. — Le four de M. Bullier (fig. 46 et 47) se compose d'un récipient dans l'intérieur duquel on place deux électrodes, l'une fixe, l'autre mobile. Le mélange, chaux et charbon, est placé dans l'intérieur de la cuve en quantité bien supérieure à celle qui doit entrer en réaction ; c'est là ce qui caractérise le four de M. Bullier ; on travaille

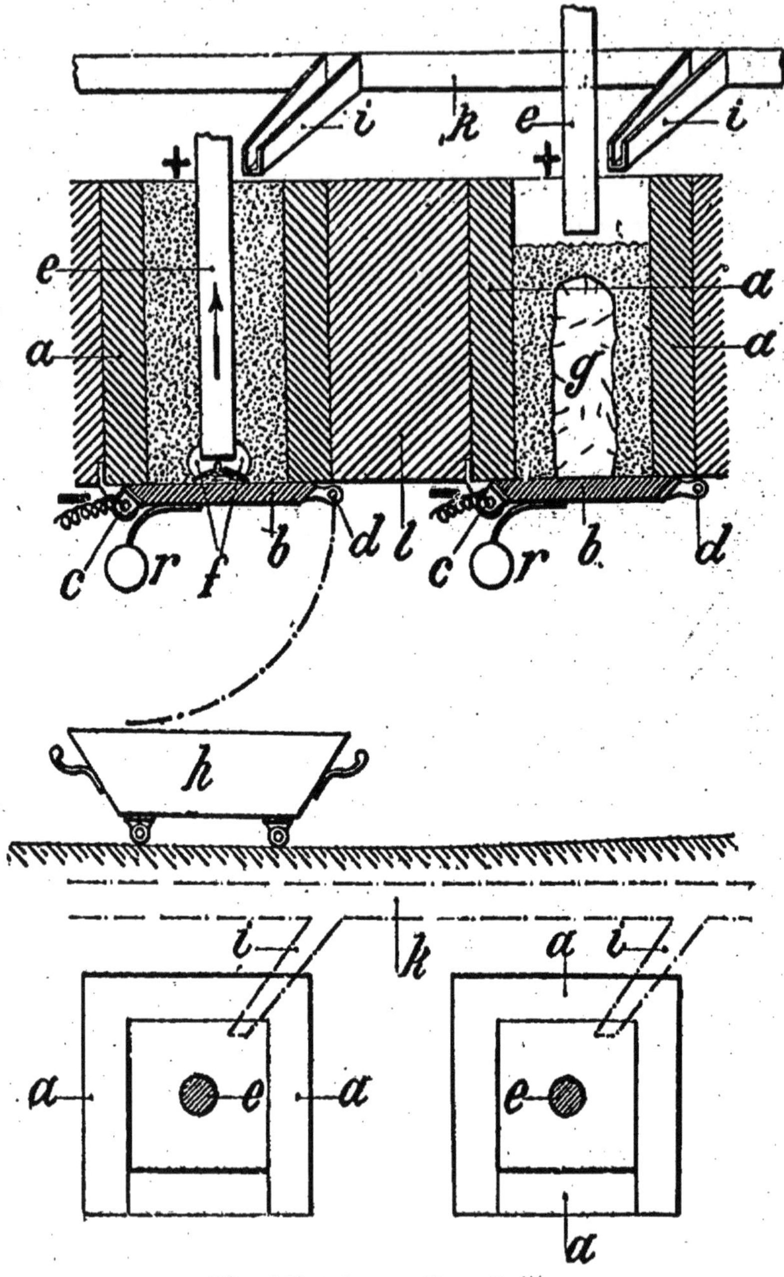

Fig. 46 et 47. — Four Bullier.

dans la masse même, et les parois réelles du four sont formées justement du mélange. On pourrait ainsi, comme on l'a fait observer depuis, supprimer complètement les parois et travailler en tas.

Le carbure est extrait par coulée. On remarquera qu'au moment du défournement l'ouvrier est obligé d'enlever une certaine quantité de chaux et de charbon qui se trouve devant le trou de coulée. Ceci provient du fait caractéristique que toute la masse n'entre pas en réaction et qu'une importante partie sert purement et simplement de paroi.

Les figures 46 et 47 représentent le four Bullier. *a* sont les parois des fours, *e* les électrodes mobiles, K le plancher et *i* les entonnoirs de chargement, *g* la masse de carbure fondue.

Les autres électrodes sont constituées par les fonds des cuves *b*, lesquels sont en communication avec le courant par *c*; des ressorts *r* les maintiennent en place.

Enfin *l* est le bloc de maçonnerie séparant les deux fours et *h* le wagonnet de coulée.

La Société des carbures métalliques avait exposé, à Paris 1900, un four de ce système de 500 chevaux.

FOUR DE M. BERTOLUS. — Le four de M. Charles Bertolus, qui a été breveté en 1895 et qui est utilisé dans l'usine de Bellegarde (Ain), emploie les courants triphasés.

Il consiste en une] masse réfractaire, au sein de laquelle se trouve la cavité qui reçoit les matières à traiter et où plongent trois électrodes, qui sont reliées, chacune, à une phase du système triphasé.

La supériorité de cet appareil résiderait surtout, d'après son auteur, dans ce que le fond du four n'a pas besoin d'être relié électriquement aux machines et que, par suite, le traitement des produits dans ce four ne se trouve ni gêné ni altéré par le passage du courant.

Four de MM. Gin et Leleux. — Le four de MM. Gin et Leleux fonctionne par incandescence, et l'on y évite la formation de l'arc électrique. Il comporte, d'une part, une électrode verticale susceptible d'un mouvement de montée et de descente, que l'on peut régler aisément, et, d'autre part, une sole de forme spéciale qui est portée sur un chariot et munie de connexions qui permettent une mise rapide en circuit.

Le mélange des matières descend entre l'électrode et la sole et forme un conducteur intermédiaire résistant; le passage du courant échauffe les matières et l'on obtient la température nécessaire à la réaction.

Quant à l'électrode supérieure, elle est formée par quatre âmes en charbon de haute conductibilité électrique, qui sont noyées dans un garnissage de charbon; celui-ci est cuit dans un four spécial. Le courant est transmis aux âmes en charbon par huit conducteurs en forme de lames. Cette disposition de l'électrode a pour but d'en diminuer l'usure; elle protége, en effet, la surface extérieure d'un accroissement excessif de température, qui pourrait en provoquer la combustion au contact de l'oxygène de l'air ambiant.

L'électrode plonge au centre du mélange qui est contenu dans une enveloppe métallique perforée. Cette enveloppe repose sur un chariot qui, pour l'opération, est introduit à l'intérieur du four.

Ce four est construit en maçonnerie réfractaire. Des carneaux sont pratiqués dans ses parois ; ils recueillent les gaz provenant de la réaction et se réunissent pour déboucher dans un collecteur d'aspiration communiquant avec un ventilateur. Celui-ci envoie les gaz dans une chambre où se fait la décantation et la récupération des poussières entraînées. De plus, cette disposition soustrait les ouvriers à l'action délétère de l'oxyde de carbone.

La coulée se fait par un orifice pratiqué à la partie inférieure de l'enveloppe métallique placée directement au-dessous de la sole. Cette sole est constituée par deux couches : l'une, qui est très conductrice, et sert d'intermédiaire entre le four et le circuit extérieur ; l'autre, au contraire, résistante. Cette dernière est disposée et calculée de façon que le passage du courant électrique y détermine un échauffement égal sous toute la surface de l'électrode et tel que le corps traité soit maintenu à l'état liquide.

Enfin, une disposition spéciale permet d'avoir, en face de l'orifice de coulée, un foyer de concentration calorifique qui favorise la coulée.

Le rendement de ce four, qui n'était que de 3 k.200 en 1896, a atteint 6 k. 191 en 1900.

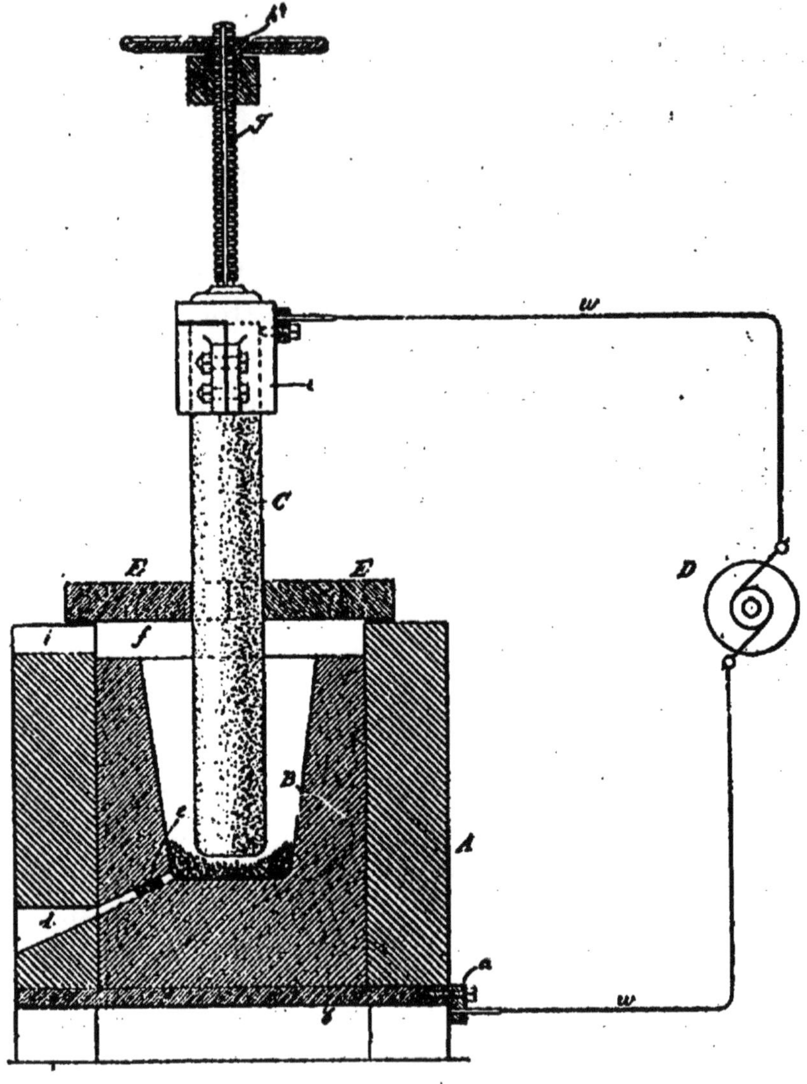

Fig. 48. — Four Wilson.

FOUR WILSON (fig. 48). — Ce four, représenté par la fig. 48, comprend une cuve, qui est rejointe à l'un des pôles de la dynamo et est munie d'un trou de coulée.

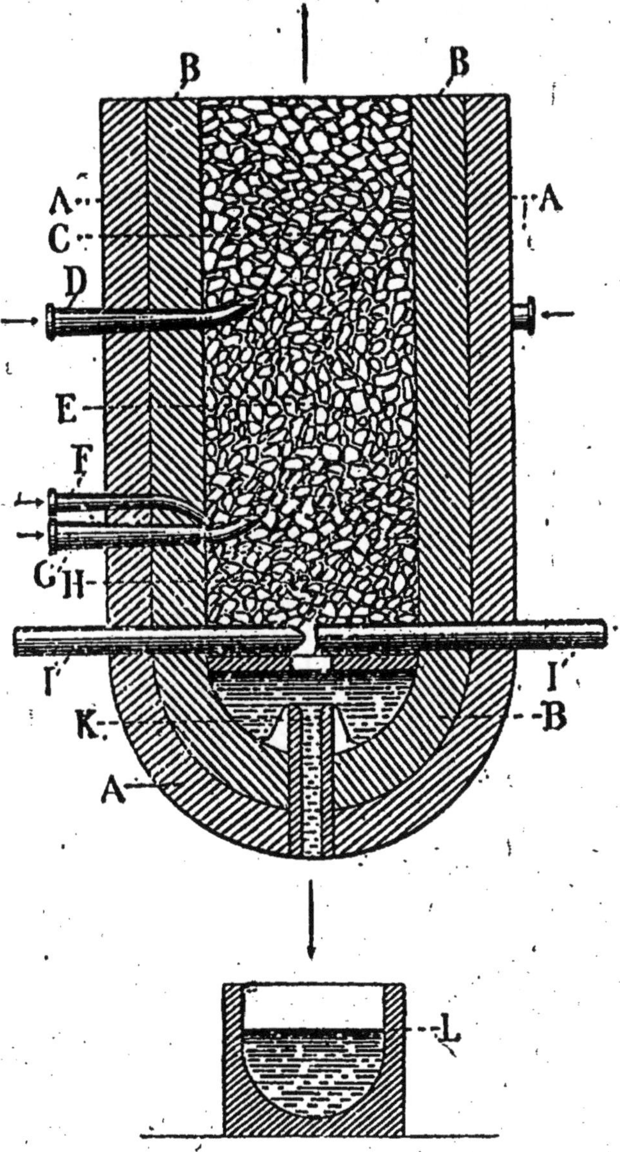

Fig. 49. — Four Raoul Pictet.

D'autre part, une électrode en charbon plonge dans ce mélange et un mécanisme situé à la partie supérieure permet de descendre plus ou moins cette électrode.

Four Raoul Pictet (fig. 49). — Ce four, représenté par la figure 49, utilise en même temps la chaleur de chalumeaux oxyhydriques et de l'air.

Dans la partie supérieure se trouvent les chalumeaux qui commencent à élever la température du four et l'air se trouve à la partie inférieure.

Voici, d'après M. Frölich (1), la description de quelques autres fours à carbure.

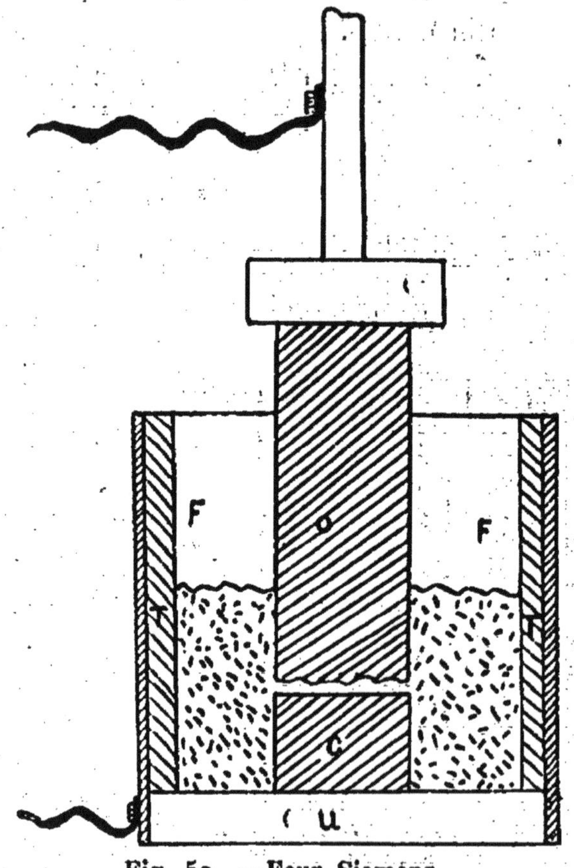

Fig. 50. — Four Siemens.

Four discontinu de W. Siemens (fig. 50). — Les fours

(1) *Zeitschrift fur Elektrochemie*, 5 juillet 1900.

discontinus sont, pour la plupart, des modifications du four électrique de W. Siemens (fig. 50). Celui-ci consiste essentiellement en une électrode verticale mobile O; un creuset de graphite, U, sert d'électrode inférieure. Dès le début de l'industrie du carbure, on a employé des courants très intenses et l'on a dû choisir des électrodes et des creusets beaucoup plus grands et plus soigneusement construits ; néanmoins le schéma est resté le même.

FOUR DE LA « GOLD-UND SILBERSCHEIDE ANSTALT ». —

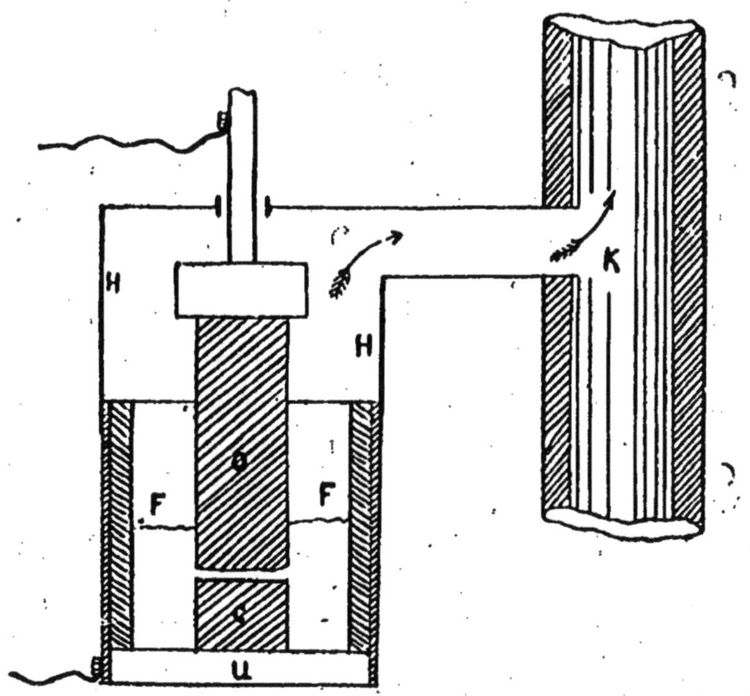

Fig. 51. — Four de la Gold-und Silberscheide Anstalt.

Dans le four de la « Gold-und Silberscheide Anstalt » (fig. 51), le creuset est recouvert d'une enveloppé en fer, H, réunie par un conduit à une cheminée, K, de sorte que les flammes s'y dirigent et ne se produisent pas à l'air libre, comme dans le système précédent.

Avec ces fours on laisse le carbure qui se forme dans le creuset et, au bout de quelques heures, il s'est formé sur le fond de celui-ci un bloc C de carbure, tandis que l'oxyde de carbone, qui se produit, brûle à la surface. Une fois le courant interrompu, on laisse tout le four, électrode et creuset ou seulement le creuset, après avoir retiré l'électrode supérieure, se refroidir avec les matériaux qu'il contient et on en sort ensuite le bloc de carbure.

Parmi les fours continus, nous signalerons d'abord ceux qui sont employés dans plusieurs installations suisses, les fours continus à trou de coulée latéral. C'est, en somme, un four Siemens de très grandes dimensions (5oo hectolitres), dans la paroi duquel est pratiquée une ouverture. Pendant la marche, il se forme, derrière cette ouverture, une croûte épaisse de carbure solide, tandis que le carbure liquide se rassemble au centre. A intervalles de temps plus ou moins éloignés, on perfore la croûte de carbure et la plus grande partie du noyau liquide s'écoule par le trou. L'orifice de coulée se rebouche ensuite et l'opération recommence.

FOUR DE HORRY. — Un autre four continu, employé en Amérique, est celui de Horry (fig. 52). Dans ce système, un cylindre B, garni de terre réfractaire, tourne lentement autour d'un axe horizontal. La partie inférieure contient le carbure solide, le carbure fondu arrive du côté A et sort par le côté B convenablement refroidi. Les deux électrodes EE sont inclinées et placées dans un entonnoir le long des parois duquel elles glissent au moyen d'un système régulateur; l'arc électrique se forme en L. Durant la lente rotation du cylindre de A en B, le carbure se refroidit suf-

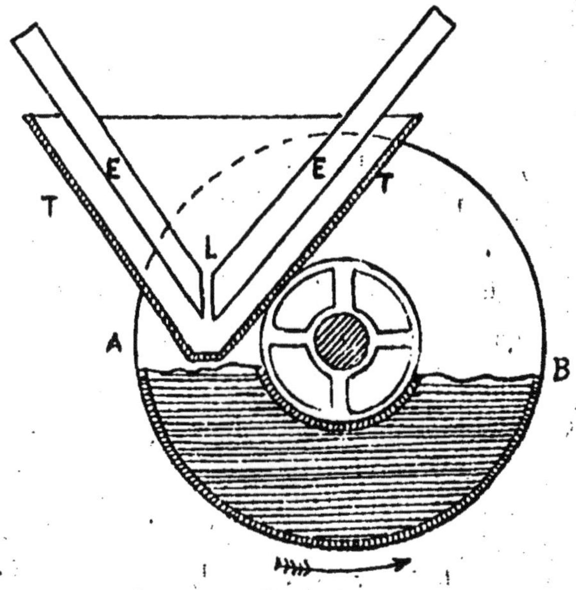

Fig. 52. — Four de Horry.

fisamment pour qu'on puisse l'enlever en le brisant à coups de masses.

La vitesse de rotation du cylindre est égale à la vitesse de formation de la couche de carbure; le refroidissement du carbure est d'autant plus complet que le diamètre du cylindre est plus grand; on peut donc pousser le refroidissement tant que l'on veut.

L'oxyde de carbone formé dans l'arc brûle en donnant de l'anhydride carbonique et les flammes s'élèvent à côté des électrodes.

Four continu de Siemens et Halske. — Un troisième four continu, employé en Allemagne, est celui

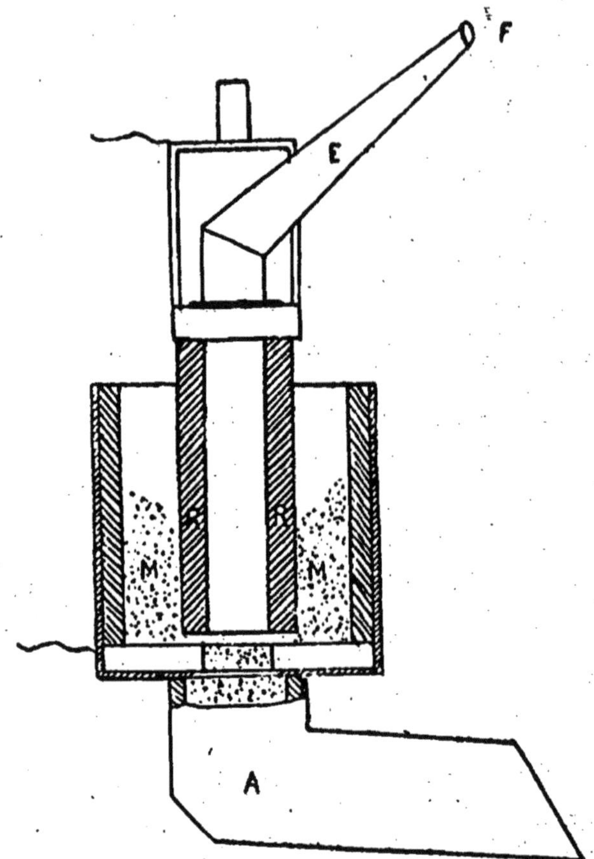

Fig. 53. — Four continu de Siemens et Halske.

de Siemens et Halske (fig. 53). Ses dispositions principales sont les suivantes : l'électrode supérieure RR est tubulaire et un canal coudé existe à la partie inférieure pour le départ du carbure. L'arc électrique se forme entre la partie inférieure de l'électrode tubulaire et le fond en charbon V du creuset. Les matières M forment une couche qui protège la zone de l'arc, de l'air extérieur et force l'oxyde de carbone à s'échapper, avant de brûler, par l'électrode tubulaire R, et le conduit de tôle E qui lui est adjoint, pour ne s'enflammer qu'à l'orifice F de ce conduit. Le carbure formé s'écoule dans le coude du canal de départ et y forme de grosses loupes qu'on retire à travers la partie horizontale une fois qu'elles sont refroidies.

Là aussi, le carbure est produit d'une façon continue ; lorsqu'on le sort, il est tout à fait solide, en général rouge sombre ; en augmentant la longueur du canal on peut pousser le refroidissement aussi loin que l'on veut.

Si, dans ce four, on supprime le canal de départ et ferme l'ouverture du creuset, on peut fabriquer du carbure en pains ; on a l'avantage d'avoir des pains plus gros et le temps qu'ils mettent à se former est plus considérable qu'avec les autres fours discontinus ; en outre il ne se produit pas de flammes dans le creuset.

Four de la « Wilson Aluminium Company » (fig. 54). — Cette Société a créé récemment un nouveau type de four électrique pour la fabrication du carbure de calcium.

Il comprend une cuve en maçonnerie munie des

trous de déchargement et de la cheminée pour l'éva-
cuation des gaz.

Un creuset en fer, porté sur chariot, constitue le

Fig. 54. — Four de la « Wilson Aluminium Company ».

fond de la cuve; ce creuset comporte des plaques de
charbon très épaisses qui sont reliées à l'un des pôles
du courant.

***Comparaison des différents systèmes de
fours et des divers modes de fabrication.*** —
Cette comparaison a été établie dans deux importants
articles parus dans la « Zeitschrift für Elektrochemie »
le premier sous la signature de M. Carlson, dans le
numéro du 8 février 1900; le second, signé de

M. Frölich, dans le numéro du 5 juillet de la même année.

Voici le résumé de l'étude de M. Carlson.

On peut diviser les nombreux types de four électrique qui existent actuellement en deux groupes : l'un où la chaleur est produite directement par l'arc électrique, l'autre où ceci a lieu par l'intermédiaire d'une résistance intercalée dans le courant ; cette résistance peut être soit une substance en fusion, soit toute autre matière. Avec ces deux systèmes de fours, on peut réaliser une fabrication continue, — dans laquelle la matière, une fois traitée, est enlevée à intervalles réguliers, sans qu'on interrompe l'opération, — ou discontinue ; dans ce cas, une fois qu'une certaine quantité de substance a été transformée, on arrête le courant et on laisse refroidir la masse. Le grand avantage des fours à résistance sur les fours à arc, c'est que, dans les premiers, les électrodes ne s'usent pas, alors qu'il faut les remplacer, au bout d'un certain temps, dans les seconds. Les fours à résistance permettent donc des opérations continues de beaucoup plus longue durée que les fours à arc.

Les fours à résistance ne nécessitent pas d'électrode libre. Une fois le four en pleine marche, la chaleur est produite par la résistance de la masse en fusion. Le courant est amené par des plaques de charbon placées dans le fond ou dans les parois du four et toujours recouvertes par la substance fondue ; elles sont ainsi très peu attaquées et la dépense en électrodes est très faible. Un four ainsi construit peut travailler très longtemps sans arrêt, tandis que, comme nous l'avons dit, ce n'est pas le cas pour les fours à arc; on doit arrêter ces derniers au bout de fusions ordinaires, mais il y a certaines fabrications pour lesquelles elle est à rejeter. Le premier cas se produit pour la fonte, par exemple, tandis que le second s'applique à la production du fer forgé et de l'acier qui a lieu à une température notablement plus élevée. Ce fait est assez général. Or, dans la fabrication du carbure, la température des fours est considérablement plus élevée que pour les opérations métallurgiques ordinaires; on pouvait donc prédire que la fabrication du carbure en pains devait être plus avantageuse que celle du carbure coulé, et nous verrons que c'est bien le cas; quant à la cause de ce fait, il faut la rechercher dans les propriétés du carbure et de l'arc électrique.

Avec la marche continue, le carbure sort liquide du four; cela nécessite un travail très pénible : dans une des fabriques suisses qui ont le mieux réalisé la marche continue, on se sert, pour ouvrir le trou de coulée, d'un levier hydraulique qui ne pèse pas moins de 20 tonnes. Le carbure fondu entre en contact avec la garniture du four, qui doit être faite d'un matériel excessivement réfractaire.

Quand on fabrique du carbure en pains, on le laisse se solidifier dans le creuset lui-même, on ouvre ensuite le four et l'on en sort le bloc formé. Les parois du four sont protégées du contact du carbure par une paroi infusible, et le garnissage peut être fait en bonnes briques réfractaires ordinaires.

M. Carlson compare maintenant les deux systèmes de fabrication, et cherche à voir jusqu'à quel point le rendement en carbure par kilowatt-jour dépend du type de four employé.

Le carbure de calcium ne présente pas un point de fusion bien déterminé; il se comporte plutôt comme le verre, qui est d'abord mou, puis visqueux, et enfin bien liquide. Il y a donc une grande différence, entre deux à six jours, suivant les fabriques, pour remplacer une des électrodes.

Les fours à résistance présentent cependant des inconvénients. On ne peut pas régler l'intensité du courant électrique qui ne dépend que de la résistance du circuit; celle-ci subit de fortes variations, sa section varie à chaque coulée. La température du four varie dans les mêmes limites que la résistance. La conductibilité du carbure est, en outre, fonction de la température. Il est donc très difficile de maintenir constante l'énergie développée dans le four et, par conséquent, d'utiliser toute la force dont on dispose.

Le mélange de chaux et de charbon est plus léger que le carbure fondu et flotte à sa surface. Il est donc avantageux que le dégagement de chaleur le plus considérable se produise aussi à la surface du carbure. Ce n'est pas le cas des fours à résistance; la chaleur se produit également dans toute la masse en fusion. Avec les fours à arc, au contraire, la température atteint son maximum à l'endroit où se trouvent les matières à fondre.

On devrait renoncer à employer le courant continu avec les fours à résistance; il se produit, en effet, selon toute vraisemblance, des actions électrolytiques secondaires, comme la production de calcium métallique à la cathode; l'électrode est attaquée, en même temps qu'il se fait du carbure et qu'une partie du métal distille.

On voit aussi qu'il est difficile, avec les fours à résistance, de fabriquer le carbure en pains; c'est, comme nous le verrons, un nouveau désavantage de ce système. On comprend donc, en présence de ces faits, que les fours à résistance soient actuellement si peu employés.

La marche continue de la fabrication doit être recherchée dans les opérations métallurgiques, et la température, suffisamment élevée dans la fabrication en pains, où le carbure est visqueux, et celle nécessaire pour couler, où le carbure est fluide. En outre, il faut, dans la marche continue, dépasser largement cette température pour que, vu sa faible chaleur spécifique et sa chaleur de fusion, le carbure ne se solidifie pas immédiatement au contact d'un corps relativement froid; c'est ce qui provoque, notamment, l'obstruction des trous de coulée. On peut admettre que si, pour le carbure en pains, il faut atteindre 2800-3000°, il faut aller, pour le coulé, jusqu'à 3500-4000°. Il faut, dès lors, faire entrer en ligne de compte que le carbure, par une forte surchauffe, peut se dissocier en charbon et en calcium qui distille, fait qu'un essai direct montre très nettement. Cette dissociation a déjà lieu, bien qu'en faible proportion, à la température où le carbure est encore visqueux; elle croît en même temps que la température s'élève, et est déjà notable lorsque le carbure est fluide. Le rendement doit donc être plus faible lorsqu'on fabrique du carbure coulé; dans ce cas, le calcium qui distille s'échappe avec les autres gaz du four et augmente, en s'oxydant, la quantité de poussières produites. On remarquera, en outre, d'après ce qui précède, que, pour une même production de carbure, on dépense plus de chaleur en faisant du carbure coulé; cet excès est employé :

1° A maintenir le carbure fondu à une température supérieure à celle qui règne dans les fours à carbure en pains;

2° A produire une certaine quantité de carbure qui est ensuite détruit par dissociation;

3° Enfin à la distillation d'une certaine quantité de calcium métallique.

En pratique, on a remarqué que le carbure, même porté à la haute température que nous avons mentionnée, coule difficilement; il faut donc abaisser son point de fusion en l'additionnant d'une autre substance. Dans ce but, on emploie un excès de chaux.

On arrive à réduire ainsi la température du four (jusqu'à 3,500° environ), mais c'est aux dépens de la teneur en carbure du produit. Il est donc plus difficile et plus coûteux d'obtenir un carbure riche quand on fabrique du carbure coulé que lorqu'on fait du carbure eu pains.

Dans la fabrication en pains, on obtient sans difficulté du carbure à 85-90 p. 100 CaC^2 (donnant, au kilogramme, 296-314 litres d'acétylène, mesurés à 0° et sous 760 millimètres), tout en obtenant un rendement supérieur à celui des fours continus produisant du carbure à 76-81 p. 100 de CaC^2 (donnant, au kilogramme, 280-300 litres d'acétylène, mesurés à 15° et sous 760 millimètres). Si l'on veut, avec les fours à marche discontinue, n'obtenir que du carbure de ce dernier titre, on peut abaisser la température du four suffisamment pour qu'il ne se produise plus du tout de dissociation. Ce fait explique pourquoi, quand on fabrique du carbure de titre peu élevé, le rendement croît relativement plus vite que la teneur en carbure pur ne décroît. Ainsi, par exemple, le rendement en carbure par kilowatt-jour est de 15-20 p. 100 plus élevé lorsqu'on veut fabriquer un produit à 75-81 p. 100 de carbure pur que lorsqu'on le prépare à 85-90 p. 100; ainsi, quand la teneur en CaC^2 décroît de 10 p. 100, le rendement augmente de 15-20 p. 100. La situation actuelle du marché force les fabriques de carbure en pains à produire du carbure à bas titre, bien qu'on ne puisse dire, au moins pour les fabriques éloignées, si elles y trouvent leur avantage; on obtient plus de carbure pur par kilowatt-jour; mais le prix de vente diminue un peu, tandis que les frais d'emballage et d'expédition deviennent plus élevés.

Quand on le coule, le carbure liquide sort du four à environ 3.000° et lui enlève une quantité de chaleur correspondant à cette température, chaleur perdue pour la fabrication.

Les conditions sont beaucoup plus avantageuses dans la fabrication en pains. Dès qu'on a produit une quantité suffisante de carbure, on interrompt le courant et on laisse le liquide se solidifier; le refroidissement se produit, très lentement, et la formation de carbure se poursuit un certain temps encore sans qu'on fournisse au four d'énergie électrique. Autant qu'on le sait, la réaction se continue bien au-dessous du point fusion et, de certaines expériences, on peut conclure qu'elle a encore lieu à 800 ou 1000°.

En outre, le carbure de calcium présente, à un certain degré, le phénomène de la surfusion. Cela ne se produit pas quand on le coule; il s'ensuit que le carbure reste beaucoup plus longtemps liquide dans l'autre méthode de fabrication.

On peut admettre comme prouvé que le carbure peut se former à une température notablement inférieure à celle du four électrique. Sans croire, avec Heisewetter, qu'on puisse fabriquer un carbure marchand dans des fours dont la température ne dépasse pas 1500°, on ne peut mettre en doute que, dans un dissolvant approprié, le carbone et la chaux puissent se combiner lentement à cette température. Borchers a proposé de fabriquer le carbure dans un four chauffé en brûlant le charbon au moyen de l'air liquide ; ce procédé, très intéressant au point de vue théorique, rencontre, pratiquement, de telles difficultés qu'il n'a pu être introduit dans l'industrie. En tout cas, la réaction a parfaitement lieu dans un milieu dont la température dépasse à peine 2000° ; elle se produit encore, dans de bonnes conditions, à une température plus basse, ainsi que l'a montré Heisewetter. Si cela est vrai lorsque la chaux et le charbon sont simplement mélangés mécaniquement, comme dans le procédé Borchers, à plus forte raison cela doit-il avoir lieu lorsque le charbon, dissous dans le mélange de chaux et de carbure, entre en contact plus intime avec la chaux. C'est dans ces conditions que l'on se trouve lorsqu'on fabrique le carbure en pains, une fois que le courant a été interrompu.

La réduction de la chaux par le charbon, avec production de carbure (éventuellement aussi de calcium métallique), se continue donc longtemps encore après que le courant est interrompu et ne doit cesser qu'à une température de 1200° à 1500°. On peut, du reste, le prouver facilement ; la chaux est réduite avec dégagement d'oxyde de carbone ; or, ce dégagement se continue une heure ou une heure et demie après l'interruption du courant, même si l'on protège de l'accès de l'air le charbon restant. Si l'on sort trop vite du four le bloc de carbure, l'oxyde de carbone en sort par les crevasses et brûle à la surface. En brisant le bloc on retrouve les traces de la continuation de la réaction; la partie supérieure est parsemée de canaux et de poches, preuve que la formation d'oxyde de carbone et, par conséquent, la production, de carbure étaient en pleine activité lorsque la masse se solidifiait déjà.

Durant la fusion, il se forme toujours, comme produit intermédiaire, du calcium métallique en quantité notable. En faisant refroidir brusquement le carbure, le calcium subsiste en cet état; avec l'eau, il formera de l'hydrogène qui diminuera le pouvoir éclairant de l'acétylène. Au contraire, si le refroidissement est lent, le calcium se combinera au charbon en excès; cette réaction, autant qu'on peut le savoir, ne cesse qu'à 800°. Dans la fabrication en pains, on transforme donc le calcium en carbure, obtenant à la fois un carbure plus riche et un acétylène doué d'un pouvoir éclairant plus considérable. Il faut, naturellement, pour que la réaction ait lieu, qu'il y ait un excès de carbone.

M. Wolff, qui trouva le premier du calcium dans le carbure, fut amené à cette découverte par la présence d'hydrogène dans l'acétylène. Il en donna immédiatement l'explication vraie en disant qu'on employait trop peu de charbon dans la fabrication, que la réaction s'arrêtait à mi-chemin ou que le carbure formé réagissait sur la chaux en produisant du calcium métallique.

On pourrait admettre qu'il existe un carbure contenant plus de Ca et moins de C, que le carbure ordinaire et qui, par décomposition avec l'eau, donnerait un mélange d'hydrogène et d'acétylène; cette hypothèse est très peu vraisemblable. Une série d'analyses de carbures, faites par l'auteur, montrèrent que tous les échantillons des fabriques de carbure coulé contenaient plus de calcium que ne le comportait leur teneur en carbure, c'est-à-dire que la somme : Carbure $+$ chaux $+$ impuretés était supérieure à 100 p. 100. Il faut en conclure que le calcium, non à l'état de carbure, n'existe pas seulement à l'état d'oxyde, mais encore à l'état de métal, et la teneur en métal varie entre 5 et 10 p. 100. On n'a pas observé cet excès en calcium dans des carbures fabriqués aux fours à marche discontinue de la *Deutsche Gold-und Siber-Scheide Anstalt*, bien que 10 échantillons aient donné 309-324, 5 lit. d'acétylène et quelques-uns 260 300 litres (mesurés à 0° et sous 760 millimètres).

Le fait est encore plus frappant avec le carbure de baryum ; ce carbure, lorsqu'il provient de fours à marche continue, donne un acétylène contenant jusqu'à 30 p. 100 d'hydrogène.

L'hydrogène n'est pas directement nuisible, il donne un certain gain en bougies-heure; d'autre part, il est évident qu'il est plus avantageux d'avoir, au lieu d'hydrogène, la quantité équivalente d'acétylène. C'est ce que l'on obtient avec les fours à marche discontinue.

Dans la fabrication en pains, la quantité de chaleur subsistant dans le carbure liquide est donc employée à continuer la réaction.

Le rendement par kilowatt-jour augmente, par conséquent, de même que la qualité du produit obtenu.

Même si, durant le passage du courant, le carbure obtenu n'était pas plus pur, on obtient, cependant, un produit final supérieur.

A l'étude de M. Carlson, M. Frölich, directeur de la section électrométallurgique de l'importante maison Siemens et Halske, a répondu par un long article, dans lequel il critique les arguments donnés par le premier auteur ; nous ne pouvons que reproduire ses principales conclusions.

Les fours intermittents se sont rapidement acclimatés parce que leur construction est relativement facile et que l'on évite la grosse difficulté de la fabrication du carbure : le départ continu du carbure formé.

Les fours continus ont été plus lents à s'introduire car il a fallu des travaux longs et laborieux pour vaincre les difficultés inhérentes.

Les fours intermittents rendent de grands services dans la fabrication du carbure malgré l'intervalle considérable de température dans lequel il travaille, car il semble que cette réaction se fasse dans d'assez grandes limites de température. Mais quand on emploiera les fours électriques à d'autres buts — ce qui est déjà le cas — les avantages des fours continus deviendront plus évidents, notamment pour les réactions qui se font entre des températures relativement voisines.

Il en est de même de l'avantage pratique qu'on trouve à travailler plusieurs jours de suite sans changer constamment les creusets.

« En résumé, dit M. Frölich, ma conviction est que les fours continus tendront de plus en plus à se répandre. »

Impuretés du carbure de calcium. — Les impuretés du carbure de calcium ont une importance considérable; aussi de nombreuses expériences et des études considérables ont-elles été faites sur ce sujet.

M. Caro, M. Bullier et M. de Perrodil ont indiqué les trois principales impuretés: qui sont, les sulfures, les phosphures et les azotures. — On trouve d'abord du sulfure de calcium, lequel provient du sulfate de chaux contenu dans la chaux et du soufre contenu dans le charbon; le sulfure d'aluminium (pentasulfure, $Al^2 S^5$) est plus rare; il se produit lorsque les matières premières contiennent de l'alumine. Comme phosphures, on note le phosphure de calcium, lequel prend naissance par réduction incomplète du phosphate de chaux. Enfin le carbure de calcium contient souvent des azotures, notamment de l'azoture de calcium, lequel provient des composés azotés contenus dans le carbone.

Un carbure de calcium industriel, contenant ces impuretés, donne, lorsqu'on veut l'utiliser en vue de la production de l'acétylène, des quantités d'hydrogène sulfuré, d'hydrogène phosphoré, etc., proportionnelles aux sulfures, phosphures, etc., contenus dans la matière première. De plus, on a souvent remarqué la présence dans l'acétylène du gaz ammoniac. Se basant sur la découverte de MM. Franck et Caro, qui ont montré que l'azote se combine aux carbures pour donner des cyanures et qui ont même basé sur cette propriété une méthode industrielle de préparation des cyanures, M. Bamberger admet que cet ammoniac provient de cyanure de calcium, contenu dans le carbure.

Dans des échantillons analysés par M. Moissan, ce savant a trouvé des siliciures de carbone, de calcium et de fer, de la chaux, du sulfure de calcium, du graphite, etc.

Quoi qu'il en soit, l'on peut dire que l'acétylène demande une purification très soignée, notamment en ce qui concerne l'élimination de l'ammoniaque, qui aurait une action très corrosive sur toutes les parties en cuivre des conduites.

En dehors de ces impuretés, qui sont celles que l'on rencontre constamment dans le carbure commercial, il est nécessaire de dire quelques mots des impuretés accidentelles.

M. Ahrens a publié sur ce sujet (1) une étude fort

(1) *Zeitschrift für angewandte Chemie*, 1er mai 1900.

intéressante, dont nous extrayons les passages suivants :

On trouve dans des carbures de diverses provenances de gros morceaux métalliques qu'on a reconnu être du ferro-silicium ou du silico-carbure de fer. La forte teneur en fer de cette substance ne permet pas de penser qu'elle provienne d'impuretés du coke ou de la chaux; elle doit plutôt provenir de la fusion des pinces métalliques servant au serrage des électrodes. C'est, en général, à une mauvaise construction du four qu'est dû cet inconvénient, soit qu'elle favorise la combustion des électrodes, soit qu'elle ne permette pas un bon réglage; il est excessivement peu probable que ce ferro-silicium provienne d'un accident de fabrication, puisqu'on en trouve très fréquemment dans le carbure de calcium industriel.

Il y a quelque temps, M. Ahrens trouva, dans du carbure, des morceaux métalliques dont plusieurs avaient quelques centimètres de diamètre, et il put en rassembler une certaine quantité; ils contenaient non seulement du fer et du silicium, mais aussi du cuivre en forte proportion. On peut admettre que ce dernier métal provient des fils conducteurs et est tombé dans le four à la suite d'un court-circuit. Ce résidu présentait une cassure cristalline, était assez cassant et très résistant aux agents chimiques. L'acide chlorhydrique ne l'attaquait absolument pas; et l'eau régale bouillante très peu; sur 0,5 gr., 1382 gr. avaient été dissous au bout de trois jours d'ébullition avec ce réactif. Les alcalis et les carbonates alcalins en fusion attaquent facilement la matière.

Pour effectuer l'analyse, on commença par broyer au mortier d'acier quelques morceaux pris au hasard, puis on les porphyrisa au mortier d'agate ; on fondit ensuite la poudre avec du carbonate double de potasse et de soude ; durant cette opération il se dégageait de la masse des flammes vertes. On n'arrivait jamais d'un seul coup, même après une opération de plusieurs heures, à désagréger complètement le siliciure, il fallait faire subir le même traitement, une ou deux fois, à la silice séparée au moyen de l'acide chlorhydrique. Après avoir terminé l'opération suivant la méthode, en insolubilisant la silice au moyen de l'acide chlorhydrique — en présence d'un peu de chlorate de potasse — on précipitait le fer par un grand excès d'ammoniaque afin que le cuivre restât en solution. L'oxyde de fer était redissous et précipité trois fois dans les mêmes conditions pour l'obtenir absolument exempt de cuivre. Enfin le cuivre lui-même était précipité par l'hydrogène sulfuré en solution chlorhydrique.

Le siliciure contenant du carbone, on déterminait celui-ci par combustion dans un courant d'oxygène :

o,1595 gramme siliciure
  ont donné................   o,oo6 gr. CO_2 $=$ 1,03 o/o C

o,4o16 gramme siliciure
  ont donné................
  $\left\{\begin{array}{l} o,2362 \text{ » } SiO_2 = 27,61 \text{ » } Si \\ o,3384 \text{ » } Fe_2O_3 = 58,o6 \text{ » } Fe \\ o,oo54 \text{ » } Cu_2S = 12,70 \text{ » } Cu \end{array}\right.$

$$\overline{}$$
$$100,20 \text{ o/o}$$

On trouva des différences en examinant les propriétés physiques des divers morceaux de siliciure; on trouvait des morceaux gris à côté d'autres, plus nombreux, faiblement rougeâtres; les premiers avaient une dureté comprise entre 7 et 8, étaient plus cohérents. Enfin on rencontrait, en faible quantité, des croûtes aplaties, grises à l'intérieur et jaune clair à la surface.

On analysa les trois sortes de substance, qui présentaient une composition différente en employant la méthode d'analyse ci-dessus décrite.

Les morceaux gris, de dureté comprise entre 8 et 9, contenaient :

$$0,2642 \text{ gramme de substance ont donné} \begin{cases} 0,1884 \ Si \ O^2 & = 27,00 \ \% \ Si \\ 0,2288 \ Fe^2 \ O^3 & = 60.62 \ - \ Fe \\ 0,0154 \ Cu^2 \ S & = 4,66 \ - \ Cu \\ 0,0186 \ P^2 \ Mg^2 \ O^7 & = 1,97 \ - \ P \end{cases}$$

Le reste devait consister surtout en carbone.

L'analyse faite sur les morceaux rougeâtres fournit le résultat suivant :

$$0,6682 \text{ gr. de substance ont donné} \begin{cases} 0,3436 \ Si \ O^2 & = 24,00 \ \% \ Si \\ 0,4924 \ Fe^2 \ O^3 & = 51,58 \ - \ Fe \\ 0,1988 \ Cu^2 S & = 23,76 \ - \ Cu \\ \text{Reste à } 100 & = 0,66 \ - \ C \end{cases}$$

Quant aux croûtes aplaties, on en fit l'analyse, après les avoir pulvérisées et bien mélangées, avec le résultat ci-dessous.

$$\text{0,3475 gr. de substance ont donné} \begin{cases} \text{0,1453 Si O}^2 & = 19,6\ \%\ \text{Si} \\ \text{0,2904 Fe}^2\text{O}^3 & = 58,5\ -\ \text{Fe} \\ \text{0,0956 Cu}^2\text{S} & = 21,9\ -\ \text{Cu} \\ \hline & 100\ \% \end{cases}$$

Propriétés et utilisations du carbure de calcium. — Le carbure de calcium pur est absolument transparent. Les colorations du produit commercial sont dues à des impuretés, notamment au fer (Moissan). Il est insoluble dans tous les réactifs; le chlore l'attaque à 245°. Sa propriété intéressante est, comme nous l'avons déjà indiqué, sa décomposition par l'eau.

En effet, le principal débouché du carbure se trouve dans la préparation du gaz acétylène.

Mais, comme l'a fort bien fait remarquer M. Brochet, docteur ès-sciences, dans la conférence qu'il a faite à l'Association pour l'avancement des sciences, il y a eu de ce côté un engouement extraordinaire.

« Au moment où M. Moissan publiait ses travaux sur le carbure de calcium, disait M. Brochet, MM. Bullier et Héroult en France, Wilson en Amérique en étudiaient la fabrication industrielle.

« La facilité de la fabrication du carbure de calcium et de sa transformation en acétylène, le grand pouvoir éclairant de celui-ci, qui devait, du jour au lendemain, révolutionner l'éclairage, donnèrent à ces produits une popularité considérable qui se traduisit par un engouement excessif dont bénéficia toute l'industrie électro-chimique.

« Il se passa alors un fait inouï, inconnu dans les annales industrielles, et, comme autrefois l'on eut la fièvre de l'or, nous vîmes la folie du carbure ; les capitaux affluèrent par millions. En trois ou quatre ans, plus de cinquante usines furent montées, dont près de la moitié en France ; personne n'osait prévoir la sur production finale. Elle arriva d'autant plus vite que l'acétylène ne tint pas immédiatement toutes ses promesses et, comme les choses trop vantées, perdit un peu à être connu. »

Mais il est un autre débouché qui semble devenir très important : nous voulons parler du pouvoir réducteur du carbure de calcium.

Ce pourvoir réducteur a été particulièrement étudié par MM. Warren, Fröhlich et Neuman. — Il est mis en évidence par les formules suivantes dans lesquelles M désigne un métal monovalent :

1º Réduction d'un oxyde : $3 M^2 O + Ca C^2 = Ca O + 3 M^2 + 2 CO$;

2º Réduction d'un oxyde et d'un chlorure : $2 M^2 O + 2 MCl + Ca C^2 = 3 M^2 + Ca Cl^2 + 2 CO$;

3º Réduction d'un carbonate et d'un oxyde : $CO^3 M^2 + 2 M^2 O + C^2 Ca = 3 M^2 CO^3 Ca + 2 CO$.

Comme application, nous citerons la réduction de la malachite, d'un mélange de sulfate et d'oxyde de cuivre, etc.

La seule application industrielle du carbure de calcium découlant de ses propriétés réductrices réside encore dans son utilisation comme agent de désulfuration et de déphosphoration en métallurgie.

Autres Carbures. — Les autres carbures, ayant un prix de revient beaucoup plus élevé, ont une importance industrielle moindre.

Nous citerons toutefois le *carbure d'aluminium*, que l'on a pu voir fabriquer à l'annexe de la classe 24 (Electro-chimie) à l'Exposition de 1900.

Entre un four système Bullier et un four Gin et Leleux fabriquant le carbure de calcium, se trouvait un four Moissan où l'on fabriquait ce carbure d'aluminium.

Ce composé, ainsi que le carbure de glucinium, donne par action sur l'eau du méthane :

$$Al^4 C^3 + 12 H^2 O = 3 CH^4 + 2 Al^2 (OH)^6$$

Les *carbures de baryum* et *de strontium*, de formules analogues à celle du carbure de calcium, donnent par action sur l'eau de l'acétylène.

M. Moissan a encore étudié les *carbure de cérium* C^2 Ce, qui, par action sur l'eau, donnent de l'acétylène, de l'éthylène et du méthane ; le carbure de lanthane, C^2 La, qui donne avec l'eau de l'acétylène et du méthane ; le carbure d'yttrium C^4 Y (étudié avec M. Etard) qui donne avec l'eau de l'acétylène et de l'hydrogène ; le carbure de thorium C^2 Th, qui a les mêmes propriétés.

D'autre part, M. Moissan a préparé, au four électrique, le *carbure de manganèse* C^3 Mn qui avait été déjà isolé par MM. Troost et Hautefeuille et donne avec l'eau du méthane et de l'hydrogène.

Nous signalerons encore le *carbure d'uranium*,

$C^3 U^2$, qui, au contact de l'eau froide, se décompose
et donne environ le tiers de son carbone sous forme
d'un mélange de carbures gazeux riches en méthane.
L'autre partie du carbone donne un mélange de carbures liquides et solides et des matières bitumineuses.

Nous avons insisté sur l'action de l'eau sur ces divers carbures ; cette action a conduit, en effet, M. Moissan à une théorie nouvelle de la formation des *pétroles* qui est extrêmement séduisante.

Nous la résumerons, d'après la conférence que
ce savant fit à la *Société des amis de l'Université*
en 1900.

Dans les premières périodes géologiques tout le
carbone était vraisemblablement à l'état de carbures
métalliques. Par suite de mouvements du sol, l'eau arrivant au contact de ces carbures, il se forme des carbures d'hydrogène divers et, la température s'élevant,
les phénomènes de polymérisation interviennent et
peuvent donner naissance à des mélanges tels que
les pétroles. D'autre part les phénomènes volcaniques
peuvent s'expliquer par le dégagement violent de gaz
lorsque l'eau arrive sur certains carbures métalliques.
Un grand nombre d'observations s'accordent bien
avec cette manière de voir. Ainsi, aux environs de
Saint-Nectaire, les granits qui forment à cet endroit
la bordure du bassin tertiaire laissent échapper de
grandes quantités d'acide carbonique provenant de la
combustion de carbures. Tous les géologues savent
que la dernière manifestation d'un centre volcanique

consiste en des émanations carburées très variées allant de l'asphalte et du pétrole au terme ultime de l'oxydation des carbures, l'acide carbonique. A Santorin, M. Fouqué a recueilli de l'hydrogène libre dans les bouches volcaniques immergées et de la vapeur d'eau dans les fissures aériennes ; en Pennsylvanie, on a observé des dégagements de gaz méthane.

Enfin si l'on remarque que la dureté moyenne de la terre étant 5, 5, celle des roches de la surface n'est que 2, 5 à 3, il paraîtrait probable que les couches profondes du globe renferment une grande quantité de métaux et de carbures métalliques formées dans les premières périodes de refroidissement de la terre.

Le four électrique semble bien réaliser les conditions de cette époque géologique reculée.

Etat actuel de l'industrie du carbure de calcium. — Bien que nous donnions à la fin de ce livre les tableaux représentant l'état actuel des industries électrochimiques et électrométallurgiques, nous relaterons ici quelques détails sur la situation économique de la fabrication du carbure de calcium.

On trouvera sur la carte placée à la fin de ce livre la situation des diverses mines s'occupant de la fabrication du carbure.

En Amérique, la production atteignait en 1897 1.925 tomes ; depuis, aucun chiffre n'a pu être établi officiellement. En 1900, la production à Niagara est de 1.000 tonnes par mois ; l'usine comprend 120 fours Horry.

Il y a au Canada, à Sainte-Catherine, une usine produisant 1200 tonnes par an.

En Autriche-Hongrie, les chutes d'eau captées dans ces dernières années et utilisées pour les industries électrochimiques sont celles de Méran, Leud Gastein, Paternion, Jaïce, Mattrei, Kovich et Kerka.

L'une des installations les plus importantes est celle de Méran; toutes les autres chutes sont également utilisées par la fabrication du carbure de calcium.

La Norvège possède de nombreuses et importantes chutes d'eau; il faut citer tout d'abord la chute de Glommen.

En 1900, il n'y existait que trois usines fabriquant le carbone :

1º La fabrique Hasslum, qui est installée pour produire environ 6.000 tonnes par an. Elle emprunte sa force à la chute du Glommen;

2º La fabrique de Boiregaards, située sur l'autre rive du Glommen, qui peut produire annuellement 3.000 tonnes;

3º La fabrique de Merake, qui était à peine construite en 1900.

De plus, à la même époque, une autre usine était en construction à Kinserwick, et une autre fabrique était projetée à Arendald.

Enfin, en Russie, il y avait en 1900 quatre usines en construction, deux dans l'ouest de la Russie, une en Finlande, et une dans le district de Coney.

CHAPITRE III

FABRICATION DES SILICIURES ET BORURES

La formation de ces composés dans le four électrique a été étudiée par M. Moissan et quelques savants, notamment par M. Vigouroux et M. Lebeau. Nous rappellerons seulement que l'on a pu isoler ainsi les siliciures de fer, les borures de fer, de nickel et de cobalt, etc., mais l'un de ces produits a une importance telle au point de vue industriel qu'il nous est nécessaire d'en examiner en détails la fabrication.

Nous voulons parler du carborundum ou siliciure de carbone. Ce produit a pour formule Si C et son nom provient de l'assemblage des deux mots carbone et corundum (nom anglais du corindon). Nous décrirons d'abord sa préparation et le four industriel qui est utilisé dans cette fabrication, puis nous examinerons ses applications.

C'est Schützenberger qui, le premier, prépara un corps correspondant à la formule Si C, en portant au rouge vif un mélange de silicium, de charbon de cornue et de sable, ce dernier corps n'étant là que pour diviser la masse.

M. Moissan a préparé ce siliciure de carbone au four électrique, en utilisant soit un mélange de silice et de charbon, soit du charbon et du silicium, ou encore en faisant réagir la vapeur de carbone sur la vapeur de silicium.

La préparation industrielle est due à M. Acheson et se pratique sur une grande échelle eu Amérique. — On soumet à l'arc électrique un mélange formé de 45, 50 p. 100 de charbon; 36, 50 p. 100 de sable et 18 p. 100 de chlorure de sodium. Le four, que l'on utilise, ne sert que pour une opération; il est construit en briques réfractaires et forme un vaste récipient parallélipipédique, dans lequel sont placées les deux électrodes qui sont réunies par un noyau de graphite. Ce graphite est entouré par le mélange à traiter, qui forme lui-même la voûte supérieure du four.

La réaction, qui a lieu, peut être représentée, comme suit :

$$Si\,O^3 + 3\,C = Si\,C + 2\,CO.$$

Le chlorure de sodium n'a dans la réaction qu'un rôle mécanique. Après l'opération, l'intérieur du four est divisé en plusieurs couches concentriques. Celle qui se trouve suivant l'axe du four est constituée par le noyau en graphite, qui est lui-même entouré de cristaux de graphite. En s'écartant du centre, on trouve successivement une couche formée par des

14.

mélanges de carborundum et de graphite cristallisés (on peut enlever le graphite en soumettant ce mélange à l'action d'un courant d'air chaud), puis une couche généralement épaisse de carbure de silicium pur et ensuite une matière verdâtre qui n'a aucune valeur commerciale. Enfin, dans les régions les plus éloignées, on ne rencontre que le mélange primitif.

L'utilisation industrielle du carborundum provient de la dureté extraordinaire que possède ce produit; il raye, en effet, le rubis et l'acier chromé.

On le vend donc sous forme de poudres, obtenues en broyant les cristaux de carborundum, en lavant ensuite par l'acide sulfurique pour enlever le fer et en les classant par lévigation.

Très fréquemment, on incorpore ces poudres dans de l'argile de façon à en faire des meules, par moulage, séchage et cuisson à une température convenable.

Enfin, on fabrique également des toiles dans lesquelles le carborundum remplace la toile d'émeri.

Pour montrer l'importance commerciale prise par le carborundum, nous dirons que, au début de la fabrication, en 1893, le prix était de 18 fr. 75 le kilo; à l'heure actuelle, la tonne vaut 250 francs. En 1894, on a produit 37 tonnes; en 1899, 650 tonnes; en 1900, 900 tonnes.

CHAPITRE IV

FABRICATION DE L'ALUMINIUM
ET DU MAGNÉSIUM

ALUMINIUM

Historique de la fabrication de l'Aluminium. — Nous rappellerons seulement les découvertes de Wöhler, datant de 1827, et consistant dans la décomposition du chlorure anhydre d'aluminium par le potassium et de Henri Sainte-Claire Deville, qui, en 1854, remplaça le chlorure d'aluminium par le chlorure double d'aluminium et de sodium, plus facile à préparer, et le potassium par le sodium.

On sait que ce procédé fut exploité pendant plus de trente ans, à Nanterre d'abord, à Salindres ensuite et dans une usine anglaise.

Ce fut Bunsen qui, le premier, en 1854, parvint à séparer l'aluminium par électrolyse des combinaisons fondues; pour cela il décomposa le chlorure d'aluminium et de sodium, en lui ajoutant du chlorure de sodium. — Puis Lontni fit des essais de laboratoire très approfondis sur cette électrolyse des sels d'aluminium fondus en employant des électrodes en charbon. — Grœtzel, de Brême, proposa un appareil pour préparer l'aluminium ; mais les résultats obtenus ne furent pas industriels.

En 1884, les frères Cowles publièrent le procédé par lequel ils fabriquaient des alliages d'aluminium au four électrique.

En 1886, Kleiner soumettait à l'électrolyse de la cryolithe fondue en utilisant un creuset de graphite ordinaire, dont les parois étaient protégées par de la cryolithe en poudre. — La cathode était en cuivre, l'anode en charbon.

En 1888, Kiliani reprit ce procédé, et le monta même à Neuhausen, en se servant d'une anode tournante.

Nous résumons rapidement les procédés qui ont joué un rôle dans l'électrométallurgie de l'aluminium et nous insisterons sur les procédés actuellement employés.

Procédé Cowles. — Ce procédé avait pour but de réduire l'alumine par le charbon en soumettant le mélange à la chaleur de l'arc. On sait maintenant, après les recherches de M. Moissan, que l'on obtient ainsi un carbure d'aluminium et non de l'aluminium métallique.

Mais le procédé pour la fabrication des alliages eut un véritable succès. Il utilisait d'abord un four à incandescence représenté dans les fig. 55 à 60, puis

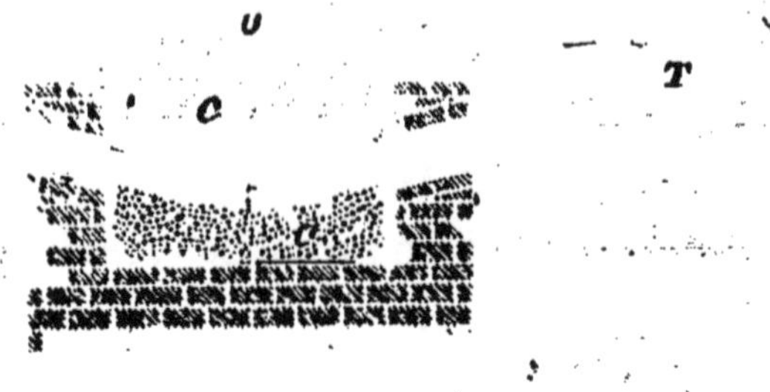

Fig. 55. — Four Cowles (Coupe).

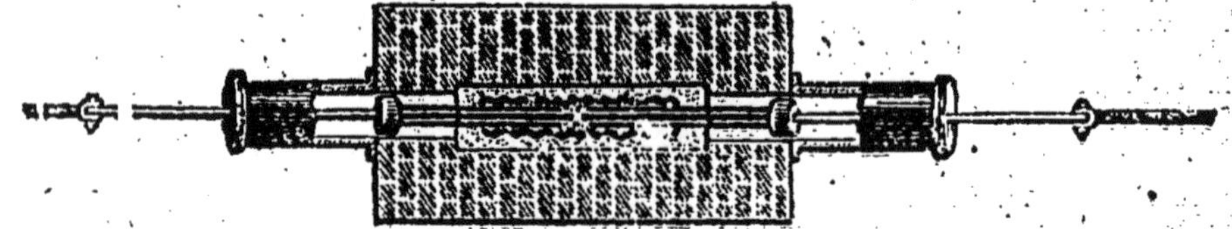

Fig. 56. — Four Cowles (Plan).

Fig. 57. — Four Cowles (Coupe perpendiculaire à la première).

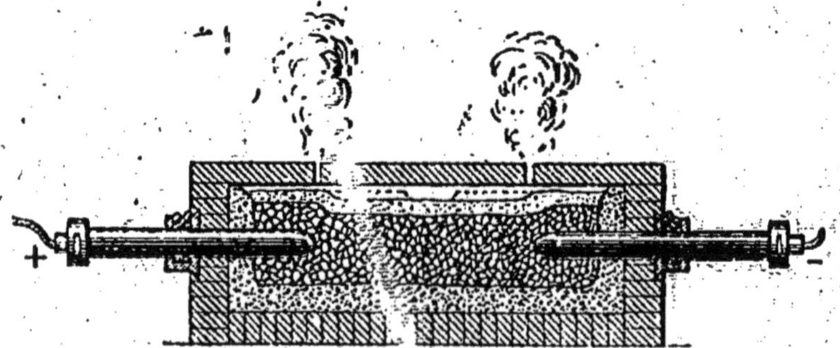

Fig. 58. — Four Cowles (2ᵉ modèle).

un four où l'on pourrait utiliser l'incandescence, soit l'arc. — Les baguettes de charbon sont montées dans

Fig. 59. — Four Cowles (⁰ modèle).

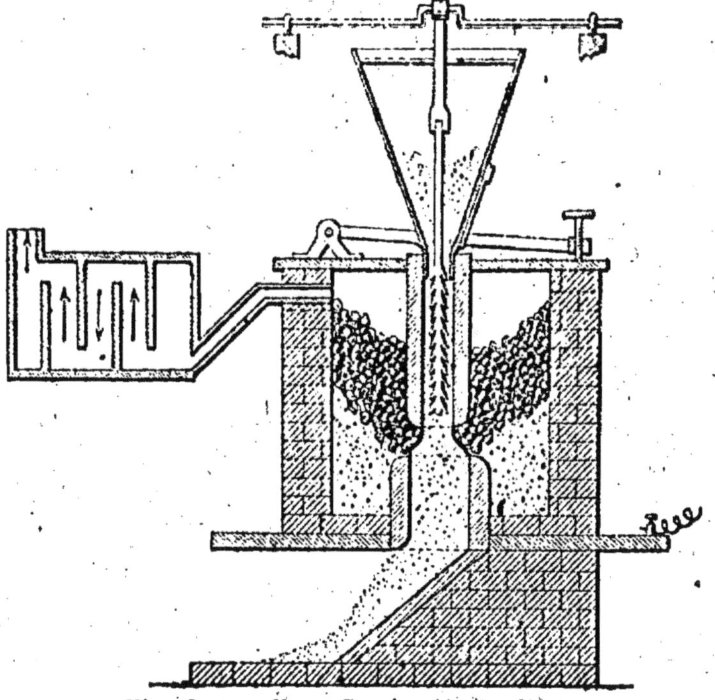

Fig. 60. — Four Cowles (4ᵉ modèle).

un guide et peuvent être rapprochées de celles de l'autre conducteur.

Procédé Minet. — Le procédé dû à M. Minet, dont le nom restera attaché aux débuts de l'électro-métallurgie de l'aluminium, a été exploité aux usines de MM. Bernard, à Saint-Michel de Maurienne.

Il consistait dans l'électrolyse du fluorure d'aluminium fondu dans les fours que nous avons déjà étudiés.

Procédés actuels dus à Héroult et Hall (fig. 61 à 63). — Ces deux procédés, qui sont les seuls

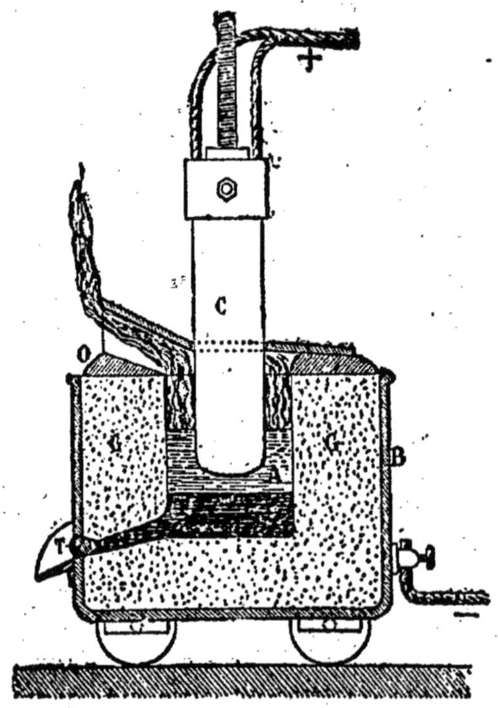

Fig. 61. — Four Héroult.

employés à l'heure actuelle, sont identiques. — La méthode est appliquée dans quelques usines sous le nom de Hall grâce à une disposition particulière de la loi

américaine sur les brevets. M. Héroult a d'ailleurs donné quelques détails très intéressants sur ce sujet (1).

Ce procédé, breveté par Héroult en 1886, consiste
essentiellement en la décomposition électrolytique,
dans un vase en charbon, de l'alumine en solution

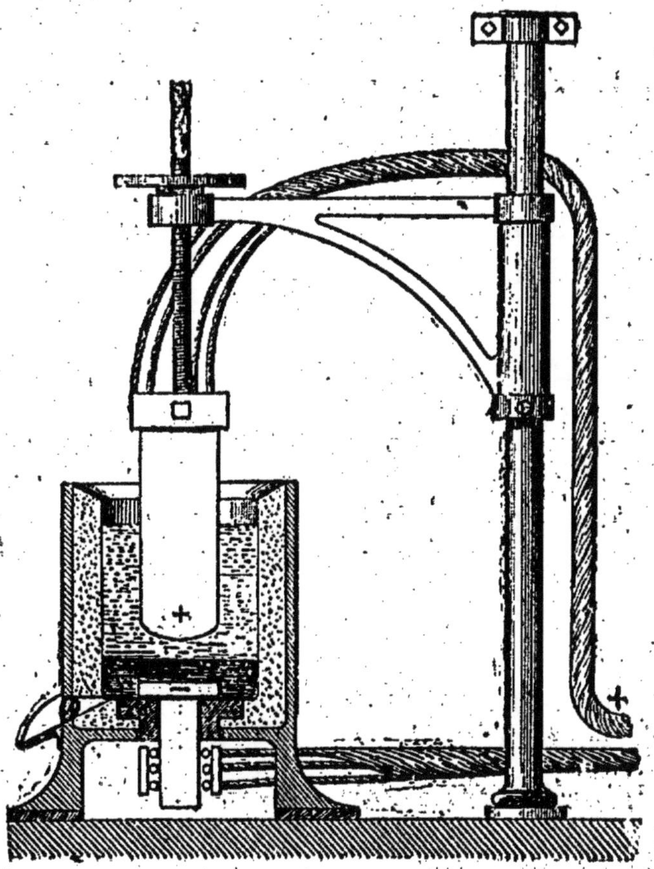

Fig. 62. — Four Héroult.

dans la cryolite fondue au moyen d'une anode en
charbon.

(1) *Bulletin de la Société de l'industrie minérale*, t. XIV,
1900.

Nous donnons (fig. 61 à 63) les schémas de deux fours utilisés par M. Héroult.

Le premier de ces appareils est très robuste et résiste à une forte température. Le second constitue un appareil plus industriel. On y remarquera le mécanisme permettant de régler avec précision le mouvement que l'on donne à l'anode.

Les visiteurs du pavillon de l'Electrochimie à l'Exposition de 1900 se souviennent du modèle de cuve exposé par la Compagnie d'Alais et de la Camargue. On distinguait, contre la paroi du vase, le pisé de charbon qui forme la cathode et une anode cylindrique en charbon plongeant dans le bain. — On prétend que de telles cuves peuvent être utilisées d'une façon continue pendant trois mois. Elles fonctionnent sous 20 volts au maxi-

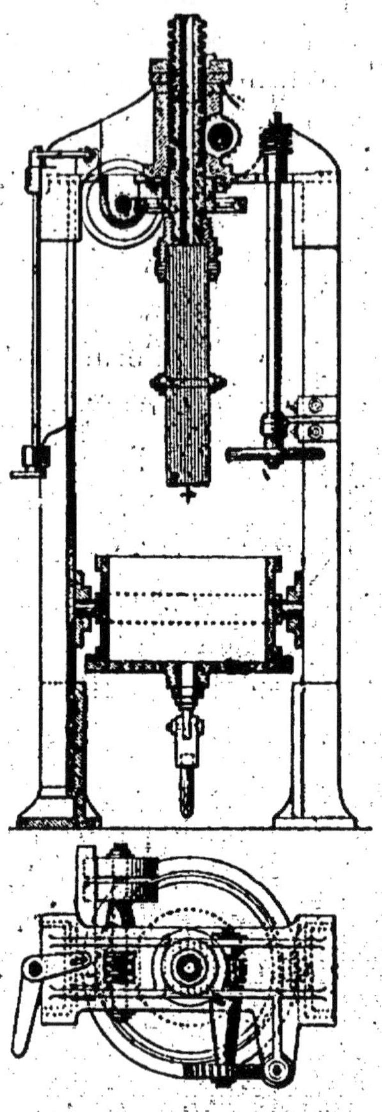

Fig. 63. — Four Héroult.

mum et un ampérage de 6.000 ampères environ.

MAGNÉSIUM

Le magnésium se prépare en soumettant à l'électrolyse des sels de magnésium fondus.

Appareil Grœtzel. — La caractéristique du procédé Grœtzel se trouve dans l'électrolyse du chlorure, avec le concours d'un courant de gaz réducteur ; le vase où est fondu le chlorure sert lui-même d'électrode négative ; la cellule comporte un diaphragme, dont la présence s'impose pour effectuer la séparation du chlore.

Voici quelques détails sur la construction de l'appareil : un bloc en briques réfractaires, comportant un foyer, reçoit un ou plusieurs vases, ayant la forme d'un creuset et construits en acier malléable ; les creusets sont reliés au pôle négatif de la machine. Une conduite générale amène le gaz réducteur dans chaque creuset.

L'électrode positive, en charbon, est placée dans un récipient, lequel est suspendu au couvercle du vase de fusion. Il est en terre réfractaire ou en porcelaine et sert de diaphragme, le chlore s'échappe par un conduit spécial.

Les applications du magnésium ne sont pas importantes.

On en utilise de certaines quantités en pyrotechnie et en photographie.

On l'emploie pour purifier le nickel métallique et

enlever les dernières traces de protoxyde que ce métal peut contenir.

On peut, à cause de sa chaleur d'oxydation, l'utiliser pour le raffinage d'un grand nombre de métaux.

L'usine d'Hemelingen, près de Brême, est la seule usine fabriquant ce métal.

LITHIUM

Avant d'abandonner ce qui a trait à l'électro-métallurgie, nous devons dire quelques mots d'un métal, qui n'appartient pas encore à l'industrie, mais dont la fabrication électrolytique a quelque importance.

Le lithium a pour poids atomique 7 ; il appartient à la famille des métaux alcalins et, par conséquent, décompose l'eau à froid.

On a donc pensé à l'utiliser pour produire l'hydrogène. 1 kilo de métal donne 1,6 mètre cube d'hydrogène à 0° et à la pression atmosphérique. Mais le lithium est encore un métal très cher.

Bunsen et Mathisen montrèrent, en 1854, qu'en électrolysant le chlorure de lithium fondu (ainsi que les autres chlorures alcalins), on obtenait du lithium métallique (ou l'autre métal).

En 1856, M. le professeur Troost créa un appareil pratique pour faire cette électrolyse : un creuset en fonte forme le vase de fusion ; dans le couvercle de ce creuset, passent une lame métallique formant le pôle négatif et un tube en tôle renfermant une lame de charbon qui constitue le pôle positif; le chlore s'é-chappe par ce tube.

Des travaux plus récents, dans le détail desquels nous ne pouvons entrer ici, ont été faits sur ce sujet par M. Grabeau et par M. Guntz, dont on a pu voir l'appareil à la dernière Exposition universelle de Paris (exposition de l'Université de Nancy).

CHAPITRE V

ÉTAT ACTUEL DE L'INDUSTRIE DE L'ALUMINIUM. — SES DÉBOUCHÉS

L'aluminium qui, au moment de l'Exposition de 1900, était encore un métal peu employé, utilisé seulement en bijouterie, est tombé dans la classe des métaux communs. Étant données les nombreuses discussions qu'il a amenées, il nous semble nécessaire de résumer ici l'état actuel de cette industrie et de ses applications.

Examinons d'abord les progrès effectués.

Les méthodes employées, nous l'avons dit, sont celles de Hall et de Héroult. — Mais on a cherché à améliorer de plus en plus la composition du bain, de façon à obtenir un métal aussi pur que possible. Les analyses suivantes, qui ont été présentées à l'Académie des sciences en 1899 par M. Moissan, montrent, par comparaison, les résultats que l'on a pu obtenir :

ANALYSES D'ALUMINIUM FAITES EN 1893

	I	II	III	IV	V
Aluminium...	92,78	92,85	94,52	94,77	96,33
Cuivre.......	5,85	5,60	2,62	2,27	1,20
Silicium.....	1,27	1,44	1,56	1,50	1,58
Fer..........	0,41	0,32	1,53	1,59	1.15
	100,31	100,20	100,23	100,13	100,26

ANALYSES D'ALUMINIUM FAITES EN 1897.

	I	II	III	IV	V
Aluminium...	97,01	99,80	99,18	97,02	96,74
Cuivre.......	3,02	traces	traces	3,01	3,02
Silicium.....	0,04	0,05	0,08	0,09	0,02
Fer..........	0,20	0,19	0,32	0,12	0,20

L'importance de la pureté du métal est de tout premier ordre, au point de vue industriel; tout le monde sait que les métaux étrangers forment avec l'aluminium de véritables couples électriques entraînant une détérioration du métal d'autant plus rapide que la différence de chaleur d'oxydation de l'aluminium et de l'autre corps formant l'impureté est plus grande.

Personnellement, nous avons eu à nous occuper de cette question pendant une année; il s'agissait de savoir la résistance de vases faits en aluminium du commerce et devant recevoir des aliments, bouillon, vins, etc...

Nous avons remarqué le fait suivant, pour des gamelles notamment: l'attaque se portait de suite sur la zone où avait eu lieu l'emboutissage et alors que, dans les autres parties du métal, nous ne remarquions que les taches bien connues de ceux qui ont étudié l'aluminium, nous notions, à la surface de séparation de la partie cylindrique et du fond, une véritable détérioration du métal. C'est ainsi qu'une gamelle, ayant contenu du bouillon, salé d'une façon extrême, ment modérée, laissa échapper du liquide au bout de quatre mois et, au moment où nous voulûmes la soulever, le fond resta sur la table.

Dans les bidons, nous avons remarqué des faits analogues; tout alcool étendu d'eau, le vin, etc…, les attaquait très rapidement. L'acide acétique détermine un effet désastreux.

Les impuretés ordinaires de l'aluminium sont principalement le fer, qui provient des creusets, des électrodes et du minerai, le silicium, qui est amené par la silice du minerai et aussi par le charbon des électrodes et des creusets et du carbone.

M. Moissan a, de plus, mis en évidence l'existence de l'azote et du sodium dans un certain nombre d'échantillons. Enfin ce même savant a rencontré dans l'aluminium industriel de l'alumine en petites quantités et ne présentant aucune forme cristalline et des petits cristaux d'azoture de bore. Le bore de ce composé proviendrait de l'acide borique ayant servi à agglomérer le charbon des électrodes.

M. Moissan a montré également l'influence que pourraient avoir ces impuretés sur l'aluminium. Ces résultats sont résumés dans le tableau suivant:

	Limite d'élasticité.	Charge de rupture.	Allongement.
Aluminium fondu.........	7^k 500	11^k 102	9^{mm}
Aluminium saturé d'azote..	6^k 500	9^k 600	6^m
Aluminium carboné.......	20^k	20^k 793	$2^{mm},5$
Le même laminé et recuit..	7^k 700	13^k 800	$26^{mm},5$

Quant au silicium il ne présente pas généralement d'action nuisible.

Matières premières. — Il est nécessaire d'obtenir l'aluminium aussi pur que possible ; pour ce faire, il faut utiliser des matières premières aussi pures que possible. Ces matières premières sont l'alumine et la cryolithe.

La première de ces matières est obtenue en partant de la bauxite. Ce minerai est traité de la façon suivante : on le calcine légèrement, on le broie, et on le traite sous pression par une solution de soude caustique, ayant une densité de 1,45. On filtre et l'on a ainsi une solution d'aluminate de soude. On décompose cet aluminate par un courant d'acide carbonique, qui donne de l'alumine et de la soude.

Pour cette dernière partie du traitement de la bauxite, on utilise généralement la méthode indiquée par Bayer : lorsque l'on agite une solution d'aluminate de soude contenant un peu d'hydrate d'alumine cristallisé, la solution se décompose en abandonnant de l'alumine cristallisé.

Tel est le fait découvert par Bayer et dont l'explication scientifique a été donnée par M. le professeur

Ditte. Nous renverrons au mémoire de ce savant, qui a paru dans les *Comptes-rendus de l'Académie des Sciences*, 1893, t. CXVI, p. 183.

Industriellement parlant, il suffit de faire passer dans la solution d'aluminate de soude, pendant quelques instants, un courant d'acide carbonique, lequel produit une certaine quantité d'alumine cristallisée, puis on agite la masse et l'alumine se précipite à l'état cristallin.

Cette méthode a une très grande importance au point de vue industriel; en effet, dans le traitement de la bauxite par la soude, il se dissout de la silice et de l'acide phosphorique; ces matières restent évidemment dans les eaux-mères, après la précipitation de l'alumine, tandis que, par le traitement total de l'aluminate de soude par l'acide carbonique, on décompose les silicates et quelques phosphates et l'on obtient une alumine impure. De plus, le prix de revient est sensiblement diminué; non seulement on utilise une quantité très minime d'acide carbonique; mais on opère à froid et le seul appareil nécessaire est un agitateur. Enfin les eaux-mères sont utilisées à nouveau pour attaquer la bauxite et donnent d'excellents résultats.

Dans les nombreux stands de notre dernière exposition ayant trait à l'aluminium, on notait de nombreux échantillons d'alumine. — C'est ainsi que la British Aluminium C⁰ avait envoyé de la bauxite d'Antrim (Irlande) qu'elle utilise, après traitement.

15.

Ces échantillons renferment 63, 54, 5o et 45 p. 100 d'alumine Al^2O^3.

La composition moyenne est la suivante :

$Al^2 O^3$	56 p. 100	
$Fl^2 O^3$	3	—
$Si O^2$	12	—
$Ti O^2$	3	—
$H^2 O$	26	—

La Société métallurgique de l'aluminium (Belgique) exposait également de très nombreux échantillons et avait réuni les différents produits traités, depuis la bauxite brute jusqu'au métal en proportions correspondant à la production d'une certaine quantité d'aluminium.

Les principaux gisements de bauxite qui sont utilisés à l'heure actuelle sont celui de Glenravel (comté d'Antrim, Irlande) ; celui du district de Barnsley, comté de Barton (Géorgie), lequel est envoyé à l'usine de la Pennsylvania Salt Company à Matrona, puis aux usines de la Pittsburg Reduction Company (Niagara) ; les gisements de Villeveyrac dans l'Hérault, dont le minerai est traité à Salindres (Gard) par la Compagnie des produits chimiques d'Alais et de la Camargue et à Gardanne (Bouches-du-Rhône) par la Société électrométallurgique française.

Le tableau suivant résume d'ailleurs la variation de production de l'aluminium :

Année	Allemagne	Suisse	Angleterre	France	États-Unis	Production totale
1885	10	—	1	2	0,5	13,3
1886	10	—	1	2,4	3	15,4
1887	15	—	1	2	8	16
1888	15	—	11,5	4,2	8,6	39,3
1889	—	—	34,5	14,8	21,6	70 9
1890	—	40,5	70,5	37	27,9	175,
1891	—	108,7	52,5	36	76,1	333,8
1892	—	237,4	41	75	133,6	487,0
1893	—	437,5	—	137	141,3	717,8
1894	—	600,0	—	270	370,4	1240,4
1895	—	650,0	—	360	416,8	1426,8
1896	—	700,0	—	500	589,7	1789,7
1897	—	800,0	300	500	1184,4	2784,4
1898	—	800,0	315	565	2350,0	4030,0

Dans le tableau suivant, on trouvera les importations et les exportations françaises d'aluminium :

	IMPORTATIONS	EXPORTATIONS
	(en kilos)	
1893	1.524	33.367
1894	0	30.777
1895	3.806	121.500
1896	7.200	792.600
1897	6.300	224.000
1898	5.900	191.000
1899	8.400	256.200

Voici maintenant les quantités d'alumine importées et exportées en France dans ces dernières années :

	IMPORTATIONS	EXPORTATIONS
	en tonnes	
1893	10.4	0.065
1894	434.3	2.081
1895	204	0.1

	IMPORTATIONS	EXPORTATIONS
	en tonnes	
1896	256.9	0.2
1897	424.3	1.
1898	201.0	0.4
1899	0.2	0.2.

Etat actuel de la production et variations du prix. — Voici, d'après l'intéressante communication faite par M. Héroult au dernier Congrès de métallurgie, la production actuelle de l'aluminium :

En France, deux sociétés fabriquent ce métal : la Société d'Alais et de la Camargue, à Saint-Michel de Maurienne, et la Société électrométallurgique française dont les usines hydrauliques sont à Froges (Isère) et à la Praz (Savoie).

En Suisse, en Allemagne et en Autriche, la Société pour l'industrie de l'aluminium de Neuhausen a ses usines hydrauliques à Neuhausen (Suisse), à Rheinfelden (duché de Bade) et à Gastein (Autriche); elle reçoit son alumine de l'usine Bergius, en Silésie.

En Angleterre, la « British Aluminium Company » a son usine hydraulique à Foyers (Écosse) et fabrique son alumine à Larne-Harbour (Irlande). Elle a, de plus, les usines de Greenock et de Milton-on-Trent ou se font les charbons et le laminage du métal.

En Amérique, la « Pittsburg Reduction Company » a son usine hydraulique à Niagara Falls.

Ces différentes usines ont produit en 1899 environ 5 millions de kilos d'aluminium.

Enfin le tableau suivant donne la variation du prix de l'aluminium :

1889	56 francs le kilo.	1895	5 francs le kilo.
1890	41 —	1896	4,50 —
1891	11 —	1897	4 —
1892	8 à 10 —	1898	3,60 —
1893	7 —	1899	3 —
1894	6 à 6,60 —	1900	3,50 —

Utilisation de l'aluminium. — Alliages. — L'aluminium n'est guère utilisé pur que par l'orfèvrerie et quelquefois en carrosserie (pour faire des caisses légères, on emploie des tôles d'aluminium).

L'aluminium est rarement consommé à l'état pur ; il l'est généralement à l'état d'alliages.

Ne pouvant entrer dans les détails de tous les travaux qui ont été faits à ce sujet, nous citerons les principaux brevets pris dans ces derniers temps.

1o ALLIAGES PARTIN (brevet no 236799, du 6 mars 1894).

On commence par préparer un premier élément composé de :

Cu, 78 parties ; Sn, 20 ; arséniate de potassium, 2. On fond ensemble ces trois produits et on mélange le résultat pulvérisé avec une partie de tungstène et trois d'antimoine. On place le mélange dans une toile enduite d'une couche de terre à four délayée dans l'eau et le tout est mis dans un creuset et chauffé au rouge vif pendant douze heures. L'alliage résultant est de nouveau pulvérisé et ajouté à l'aluminium en fusion dans la proportion de 4 à 10 p. 100.

Pour augmenter la ténacité du métal sans modifier son poids spécifique, on remplace le tungstène et l'antimoine par le magnésium en poudre. On facilite la combinaison en ajoutant la même quantité en poids de tartrate de potassium et de chlorure de sodium.

2° ALLIAGES DE « THE ALBRADIUM SYNDICATE LIMITED » (brevet n° 290052 du 9 juin 1899). — L'aluminium pur est allié avec un alliage préalablement préparé, qui peut être formé de cuivre, nickel, zinc, cobalt, manganèse et de phosphore: par exemple : Cu, 50 à 90 parties; Ni, 20 à 20 ; Zn, 5 à 25 ; P, 2 à 10.

On prend 100 parties d'aluminium et on y ajoute 5 à 25 parties de l'alliage ci-dessus.

3° ALLIAGES DE MACH (brevet n° 288334 du 29 avril 1899). — C'est un alliage aluminium et 2 à 30 parties de magnésium. On peut ajouter du cuivre, du nickel, du chrome, etc., — dans des proportions telles que l'on ne dépasse pas le poids spécifique de l'aluminium pur.

Ces alliages ont été étudiés, au point de vue théorique, par M. Boudouard ; nous renvoyons les lecteurs au mémoire publié à ce sujet dans le Bulletin de la Société d'encouragement pour l'industrie nationale.

4° ALLIAGES SECRETAN (brevet n° 261277 du 1er décembre 1896). — Ce sont des alliages d'aluminium, cuivre, phosphore ou nickel.

Leur composition est la suivante : Cu, 95 à 97 ; Al, 3 à 5 ; P, o, ooo5 au maximum et Ni °, oi au maximum.

5° ALLIAGES CORBIN. — Les alliages d'aluminium préparés par la maison Corbin sont destinés soit à l'orfèvrerie, soit aux pièces de mécanique. Le tableau suivant donne les principales caractéristiques de ces alliages obtenus sur les éprouvettes fondues sans passe de laminage.

DÉSIGNATION et forme des éprouvettes	DIMENSIONS	SECTIONS	LIMITE DES DENSITÉS		CHARGE DE RUPTURE		Allongement %
			Minima	Minima	Totale	par mm²	
					kil.	kil.	
A plate	415 mm. × 10,5	435 mm²	2,69	2,74	7.450	17.100	6
A ronde	D 14,1	153	»	»	2.740	17.770	9
B plate	41 × 11	451	2,80	2,85	6.340	14.060	2
B ronde	D 13,8	149	»	»	2 380	15.500	3
C plate	41,5 × 10,4	432	2,90	2,95	7.200	16.660	1,5
C ronde	D 37,7	145	»	»	2.600	17.500	2
C ronde	D 14	153	»	»	3.060	20.000	2
D plate	41,5 × 11	456	2.92	2,97	7.940	17.410	3
D plate	41,3 × 10,5	433	2,92	—2,97	7.850	18.200	3
D ronde	D 14	153	»	»	2.900	18.900	5
D ronde	D 14	153	»	»	2.940	19 200	5
Dⁱ plate	41 × 11	451	2,95	2,99	7 200	16.660	1/4
Dⁱ ronde	D 13	153	»	»	»	17.000	1/3

6° ALLIAGES COTHIAS. — Une autre importante maison de la place de Paris, la maison Cothias, s'occupe de la fabrication des alliages d'aluminium.

Le tableau suivant donne la composition de ces alliages :

	I	II	III	IV
Cuivre....................	180	80	40	40
Etain....................	150	190	200	80
Zinc	660	500	360	»
Plomb....................	»	»	»	»
Aluminium....................	10	230	400	880

Leurs caractéristiques mécaniques sont données par le tableau suivant :

DIFFÉRENTES MARQUES	RÉSISTANCE à la Traction P/mm²	Densité	RÉSISTIVITÉ
B.C.D et R	12 à 18 kilog.	7 à 7,1	74 microhms cent.
L	18 à 22 —	5 à 4	—
LL	20 —	3 à 5	—
AD. AE. AZ	16 à 20 —	2,8 à 3	2,8 —

7° ALLIAGES DE LA BRITISH Co. ALUMINIUM. — Cette Société s'est occupée tout particulièrement du bronze d'aluminium. Un essai intéressant a été fait sur cet alliage : une barrette carrée, présentant une section de 25 ^{mm} de côté, a été posée sur deux supports à 30 centimètres de distance et soumise en son centre à des charges croissantes. On a obtenu les résultats donnés dans le tableau suivant :

CHARGE	DÉFORMATION sous le poids	DÉFORMATION totale permanente
kilogrammes	millimètres	millimètres
1524	»	»
1778	0,25	0,75
1930	3,75	1,25
2743	20,00	15,00

Etude théorique des alliages d'aluminium.
— Les alliages cuivre-aluminium, connus sous le nom de bronze d'aluminium, ont été étudiés par M. Le Chatelier qui a démontré l'existence des combinaisons Cu^3Al, $CuAl$ et $CuAl^2$.

MM. Gauthier et Rolland-Gosselin ont déterminé les courbes de fusibilité d'un certain nombre d'alliages d'aluminium. M. Boudouard a étudié, comme nous l'avons déjà dit, les alliages aluminium-magnésium.

Nous venons de terminer de longues recherches à ce sujet, comprenant les alliages aluminium-tungstène, aluminium-molybdène, aluminium-étain, aluminium-cuivre; aluminium-titane; aluminium-fer; aluminium-manganèse; aluminium-chrome; aluminium-uranium; aluminium-antimoine; aluminium-zinc; aluminium-nickel; aluminium-cobalt et aluminium-argent.

Nous avons pu isoler ainsi un très grand nombre de composés définis et nous avons démontré les rela-

tions qui existent entre l'existence de ces composés e
les propriétés mécaniques de ces alliages. Il nous est
impossible d'entrer dans tous les détails de ces travaux ; nous renvoyons aux thèses que nous venons
de présenter à la Faculté des sciences de l'Université
de Paris, et qui ont pour titre : « Contribution à
l'étude des alliages d'aluminium », ainsi qu'aux notes
que nous avons présentées en 1901 et 1902 à l'Académie des sciences sur ce sujet.

Débouchés de ces alliages et du métal. —
Les alliages d'aluminium sont utilisés dans l'industrie
de l'automobilisme en très grandes quantités, pour
toutes les pièces n'exigeant pas de grande résistance :
carters, bâtis de moteurs, etc. L'industrie de la mécanique les emploie pour faire des poulies ; les bronzes
d'aluminium sont utilisés pour les paliers.

Il y a un débouché tout nouveau pour l'aluminium,
lequel semble devoir prendre une grande extension :
nous voulons parler de l'emploi de l'aluminium pour
la confection des câbles et des conducteurs électriques.

On a pu voir, à l'annexe de la classe d'Électro-
Chimie, à l'Exposition de 1900, de nombreux exemples de ces applications.

En comparant les densités, conductibilités et résistances à la traction de l'aluminium et du cuivre, on
arrive à conclure que, pour avoir la même conductibilité, il faut employer un fil de cuivre de section 1
et un fil d'aluminium de section 1,59 ; et que le poids
du fil d'aluminium susceptible de remplacer un fil de

cuivre de même conductibilité est les 47,77 p. 100 du poids de ce fil.

On a cherché à utiliser l'aluminium pour la construction des appareils à distiller et des pasteurisateurs. Ces applications pouvaient être vues à notre dernière Exposition dans les stands de la Bristish-Aluminium C⁰ et dans celui de M. Malvezin (Palais de l'Alimentation).

De plus, la commission de l'Aluminium (Ministère de la Guerre) avait exposé au Pavillon des armées de terre et de mer un pont d'avant-garde.

L'aluminium est également employé pour l'équipement militaire et pour la confection de nombreux petits objets.

L'un de ses débouchés les plus importants est l'affinage des matières au moment de leur coulée.

Il nous reste à parler d'une application toute récente qui semble très grosse d'importance et sur laquelle nous tenons à insister tout particulièrement.

ALUMINOTHERMIE. — SON PRINCIPE. — SES APPLICATIONS : PRÉPARATION DES MÉTAUX DITS RÉFRACTAIRES ET OBTENTION DE TEMPÉRATURES ÉLEVÉES.

Le principe sur lequel est basée l'aluminothermie, méthode créée récemment par M. le D⁰ Goldschmidt, réside essentiellement dans la réduction des oxydes métalliques par l'aluminium, réduction qui a lieu dans des conditions particulières.

Si l'on examine les chaleurs de combustion des

divers corps simples, en rapportant cette quantité de chaleur au poids de l'oxyde contenant 1 atome = 16 gr. d'oxygène, on a le tableau suivant (1) :

Magnésium	(Mg O)	145,5 calories.
Lithium	(Li O²)	145,0 —
Calcium	(Ca O)	145,0 —
Strontium	(Sr O)	131,2 ? —
Aluminium	(1/3 Al² O³)	131,2 —
Sodium	(Na² O)	100,0 —
Potassium	(K² O)	98,2 —
Rubidium	(Rb² O)	95,5 —
Silicium	(1/2 Si O²)	90,9 —
Bore	(1/3 Bo² O³)	90,9 —
Manganèse	(Mn O)	90,0 —
Zinc	(Zn O)	84,8 —
Phosphore	(1/5 P² O⁵)	73,1 —
	(Sn O)	70,7 —
Etain	(1/2 Sn O²)	70,6 —
Oxyde de carbone	(Co + O)	68,2 —
Cadmium	(Cd O)	66,3 —
Fer	(1/2 Fe² O³)	65,9 —
Tungstène	(1/2 Tu O²)	65,7 —
Cobalt	(Co O)	64,5 —
Nickel	(Ni O)	61,5 —
Hydrogène	(H² O gaz)	58,1 —
Antimoine	(1/3 Sb² O³)	55,6 —
Arsenic	(1/3 As² O³)	52,1 —
Plomb	(Pb O)	50,8 —
Bismuth	(1/3 Bi² O³)	46,4 —
Thallium	(Tl² O)	42,8 —

(1) Ce tableau a été dressé par M. Matignon, maître de conférences en Sorbonne et publié par lui dans le *Moniteur scientifique* de juin 1900.

Cuivre..................	(Cu² O)	43,8 calories.
Soufre...............	(1/2 SO² gaz)	34,6 —
Mercure.............	(Hg O)	21,5 —
Argent..............	(Ag² O)	7,0 —

D'après ce tableau et le principe du travail maximum, l'aluminium devra réduire les oxydes des métaux qui le suivent dans l'énumération précédente. Cette réduction aura lieu avec une facilité d'autant plus grande que la différence des chaleurs de combinaison de l'aluminium et de l'autre métal en jeu, avec l'oxygène, sera plus grande.

En un mot, la thermochimie nous fait prévoir des réactions telles que :

$$2Al + Fe^2O^3 = Al^2O^3 + 2Fe + (131,2 - 65,9) = 65,3 \text{ calories.}$$
$$2Al + 3NiO = Al^2O^3 + 3Ni + (131,2 - 61,5) = 69,7 \text{ calories}$$

Historique. — Le rôle réducteur de l'aluminium est connu depuis fort longtemps ; Henri Sainte-Claire-Deville et Wöhler l'établirent parfaitement. MM. Tessier, élèves de Deville, montrèrent la réduction des oxydes de cuivre et de plomb par l'aluminium. Enfin les recherches de Deville et Wöhler sur l'action de l'aluminium sur les acides borique et silicique, qui aboutirent à la préparation du silicium et de borures et de borocarbures d'aluminium, étaient également basées sur ce pouvoir réducteur.

Plus récemment, il faut citer les expériences de MM. Green et Wahl, de Philadelphie, qui parvinrent à préparer le manganèse pur, par réduction du protoxyde de maganèse $2Al + 3MnO = Al^2O^3 + Mn$.

M. Moissan montra également, en 1896, qu'un mélange de poudre d'aluminium et d'acide vanadique, projeté sur de l'aluminium en fusion, prend feu en donnant du vanadium qui s'allie à l'aluminium :

$$3V^2O^5 + 10Al = 5Al^2O^3 + 6V.$$

Il arriva aussi à produire la même réaction avec les oxydes de nickel, chrome, titane, tungstène et uranium.

En 1896, également, M. Hélouis prépara des alliages aluminium-vanadium, en mettant de l'acide vanadique en présence d'aluminium fondu.

M. Franck a appliqué également la réduction par l'aluminium à un grand nombre d'oxydes. Enfin, ce rôle réducteur de l'aluminium est utilisé pour la coulée de divers alliages, afin d'éviter les phénomènes d'oxydation.

Découverte du docteur Goldschmidt. — La découverte du docteur Goldschmidt porte sur la manière dont on produit la réaction, manière extrêmement simple et fort avantageuse, puisqu'elle permet de rendre l'opération en quelque sorte continue, et d'utiliser la chaleur dégagée au commencement de la réaction pour produire la réaction elle-même.

M. Goldschmidt établit que, lorsque l'on mélange de l'aluminium en grains ou en poudre avec un oxyde métallique, tel que Fl^2O^3, en proportions convenables, et que l'on arrive à amorcer la réaction en un point de la masse, elle se propage rapidement. Le point délicat était d'arriver à un amorçage facile de la réaction.

On opéra d'abord sur un mélange d'oxyde de chrome et d'aluminium et on essaya de produire, en un point donné, une température élevée par un jet de flamme. Après plusieurs tâtonnements, l'expérience réussit; la réaction se propagea très facilement à partir du point d'inflammation.

L'auteur chercha alors un moyen plus simple pour mettre la réaction en train. Pour cela, il utilisa la réaction donnée par un mélange de poudre d'aluminium et d'un oxyde susceptible de dégager son oxygène beaucoup plus facilement que les oxydes métalliques ordinaires. Les peroxydes étaient tout indiqués; M. Goldschmidt créa alors la cartouche d'allumage, petite boule composée de poudre d'aluminium et de poudre de bioxyde de baryum, auxquelles on ajoutait un agglutinant. On plaçait cette amorce à la surface du mélange, on y enfonçait un fil de magnésium; le feu, mis à ce fil, se communiquait à la masse et la réaction se propageait. On avait entre l'aluminium et le bioxyde de baryum la réaction:

$$4Al + 3BaO^2 = 2Al^2O^3 + 3Ba.$$

Tel est le principe même de la découverte du docteur Goldschmidt.

Production de métaux à l'état de pureté. — Description d'une expérience. — Pour bien faire comprendre le mode d'application de la méthode, nous allons décrire une expérience dans ses moindres détails.

Proposons-nous l'obtention du chrome, en partant du sesquioxyde de chrome. Quatre opérations sont nécessaires :

1º La préparation du mélange;

2º La préparation de la poudre d'allumage;

3º La préparation du creuset;

4º L'opération elle-même.

Préparation du mélange. — Nous devons opérer le mélange de sesquioxyde de chrome et d'aluminium.

La première précaution à prendre sera d'éviter, autant que possible, la présence de corps volatils ou décomposables à la température énorme de la réaction. Il faudra donc dessécher le sesquioxyde de chrome et s'assurer (dans un tube à essais, par exemple) qu'il ne contient plus trace d'eau.

Il faut également déterminer l'espèce d'aluminium que l'on veut adopter. En laissant de côté sa pureté, qui doit être aussi grande que possible, on peut utiliser : 1º la poudre d'aluminium impalpable; 2º l'aluminium en grains; 3º l'aluminium en sciure.

La première sorte d'aluminium présente un grave inconvénient: ce sont les impuretés. En effet, d'après les échantillons que nous avons pu nous procurer pour des recherches personnelles, nous avons constaté que ces poudres impalpables entraînent, d'après leur préparation même, des matières grasses, en dehors de toutes impuretés inhérentes à l'aluminium initial.

Si l'on emploie un tel aluminium, on peut être certain que l'on aura des explosions nuisibles à la propagation de la réaction et surtout à l'homogénéité de la masse. De plus, on pourrait aller au-devant de l'obtention d'une fonte du métal, et non du métal pur par suite du carbone des matières organiques. Si l'on désire se servir de cette poudre, que l'on trouve aisément dans le commerce, il faut donc, avant tout, la débarrasser des matières grasses, par des lavages soignés à l'essence de pétrole.

Il est, en général, d'usage d'employer les grains ou la sciure d'aluminium, le choix n'est pas indifférent, seule, l'expérience peut donner quelque certitude à ce sujet. Toutefois, nous ferons remarquer que fort souvent le grain et la sciure ne donnent pas le même résultat. Il est donc de toute nécessité, lorsqu'on veut se rendre compte d'une réaction, d'employer toujours l'aluminium sous la même forme. Avec l'oxyde de chrome, le grain de dimension moyenne réussit parfaitement.

Déterminons maintenant les quantités de corps en présence. En général, les quantités théoriques donnent de très bons résultats; mais, suivant la qualité et l'espèce d'aluminium employé, il faut parfois une quantité un peu inférieure ou supérieure à celle donnée par l'équation. La réaction étant $Cr^2O^3 + Al^2 = Al^2O^3 + 2\ Cr$, et les poids atomiques $Cr = 524$;

$Al = 275$; $O = 16$, nous en déduisons que nous devons mettre en présence 152,8 parties de sesquioxyde de chrome et 55 parties d'aluminium.

Nous prenons, par exemple, 15 kg. 528 de Cr^2O^3 et 5 kg. 500 d'aluminium, et nous en ferons le mélange aussi intime que possible. Nous aurons ainsi préparé la matière première principale de l'expérience.

Préparation de la poudre d'allumage.— Cette poudre, comme nous l'avons dit, est composé de bioxyde de baryum en poudre et d'aluminium en poudre. Il vaut mieux se servir de poudre d'aluminium impalpable, malgré ses impuretés ; car il faut que l'intimité entre le peroxyde de baryum et d'aluminium soit aussi grande que possible.

Pesons 2 gr. 5 de bioxyde pulvérisé et o gr. 5 d'aluminium en poudre, plaçons les produits sur une feuille de papier et mélangeons-les avec une baguette de bois, Ces préparations sont absolument nécessaires, car nous avons un mélange très explosif et le moindre choc (que l'on ne saurait éviter dans un mortier ordinaire) est à redouter.

On a ainsi préparé la poudre d'allumage.

Préparation du creuset.—Pour faire l'opération, on se sert d'un creuset soit en terre, soit en plombagine. A notre avis, il est préférable de se servir de creusets de plombagine, qui résistent mieux que ceux en terre.

Il faut garnir ce creuset de magnésie, sans quoi l'on aurait des matières étrangères provenant du creuset.

On aurait du silicium dans le cas de creusets en terre, lesquels contiennent des silicates d'alumine qui sont réduits par l'aluminium. On aurait du carbone dans le cas de creusets en plombagine.

Le garnissage en magnésie est une opération délicate. On fait, avec de la magnésie et de l'eau, une pâte que l'on applique sur les parois du creuset avec la main, ou mieux, avec une matrice, et on laisse sécher.

Mais si l'on se sert de magnésie calcinée à basse température, on a un retrait considérable et le revête-ment se fendille au séchage. Si l'on emploie de la magnésie calcinée à haute température, la prise est fort longue et le séchage se fait difficilement. En ajoutant à la magnésie fortement calcinée un peu de magnésie calcinée à base température, on obtient un bon résultat. Nous nous sommes servi, à plusieurs reprises, d'un mélange contenant 1/6 de magnésie calcinée à basse température que l'on humectait de 10 p. 100 de son poids d'eau ; nous avons eu ainsi d'as-sez bons garnissages ; mais, parfois, ils se détachent pendant la réaction.

La méthode indiquée par M. Schlœsing, qui consiste purement et simplement à comprimer à la presse hydraulique de la magnésie non humectée contre les parois du creuset, devrait donner de meilleurs résultats.

Production du métal. — Le creuset étant bien séché, on place du mélange préparé préalablement jusqu'au quart environ du creuset. On verse ensuite, au centre de la surface, quelques grammes de poudre d'allumage, et l'on jette sur cette poudre une allumette enflammée. Il se produit immédiatement une très légère explosion; le mélange $BaO_2 + Al$ entre en réaction et communique le feu à toute la masse qui entre en fusion.

Dès que le bain apparaît liquide, on ajoute, à la pelle à main, du mélange $Cr_2O_3 + Al$ par petites portions, jusqu'à ce que l'on ait épuisé la matière préparée.

On laisse ensuite refroidir et, au bout de quelques heures, on brise le creuset. Si l'opération a été bien conduite, on trouve une matière qui se sépare aisément en deux parties : le culot et une partie tronconique occupant la partie supérieure du creuset. Le culot est constitué par le métal, le chrome dans l'exemple actuel; et l'autre partie est formée d'alumine, de corindon ayant entraîné un peu de chrome.

En général, cette séparation entre l'alumine et le métal est extrêmement nette.

On conçoit, d'ailleurs, comment on peut rendre l'opération continue avec deux trous de coulée, l'un à la partie inférieure, l'autre à une hauteur convenable dans la paroi du creuset : le premier servant à entraîner le métal, le second à enlever la scorie.

Dans la préparation du chrome, le corindon entraîne un peu de ce métal et est, de ce fait, coloré en rouge. Le docteur Goldschmidt a donné à cette alumine spéciale le nom de corubis.

16.

Remarques générales. — On peut se demander si la généralité de la réaction existe bien comme le fait prévoir la théorie.

D'après les nombreuses expériences qui ont été faites à ce sujet, on peut dire que la réaction a lieu dans toute la généralité qu'indique la thermochimie, c'est-à-dire que la réduction par l'aluminium des oxydes, dont la chaleur de formation est inférieure à l'alumine, se fait parfaitement. Mais l'opération n'est pas toujours facile à réaliser et la séparation des deux parties, métal et corindon, est loin d'être nette dans tous les cas. Pour que l'opération se fasse régulièrement, il est nécessaire, avant tout, que les corps mis en présence ou se formant dans la réaction ne soient pas volatils, ou du moins le soient fort peu, à la température de la réaction.

Deux cas peuvent se produire : ou l'oxyde que l'on veut produire est volatil, tel est, par exemple, le cas de l'acide tungstique, de l'acide molybdique ; ou bien c'est le métal que l'on cherche à obtenir qui est volatil, tel est le cas du plomb, du zinc, etc. De toutes façons, le rendement ne sera pas bon. Il est juste, toutefois, d'ajouter, qu'avec des corps dont la volatilité n'est pas trop grande, l'opération marche assez régulièrement : la réduction de l'acide tungstique bien desséché est assez facile, quoique présentant quelque danger.

Quant à la séparation du métal de la scorie, elle n'a pas toujours lieu. Elle dépend beaucoup de l'espèce d'aluminium avec laquelle on a préparé le mélange, elle dépend également des quantités employées, et enfin, surtout, du point de fusion du métal que l'on cherche à obtenir.

Nous avons déjà indiqué comment les résultats variaient avec l'aluminium employé. Les quantités mises en jeu ont également une très grande influence; c'est ainsi que, lorsque l'on cherche à préparer le chrome, on n'obtient aucun culot métallique en agissant sur des quantités faibles, même de 1, 2 ou 3 kilogr. ; il se forme seulement des grains répandus dans toute la masse. Ce fait s'explique aisément : la chaleur produite par la réaction échauffe le récipient dans lequel on opère, et la chaleur, en quelque sorte canalisée, n'est pas utilisée à la fusion de la masse métallique.

Enfin le point de fusion du métal que l'on veut préparer a une importance considérable. Plus le métal fond facilement, mieux il se rassemble au fond du creuset. C'est ainsi que les expériences faites sur le tungstène, ou du moins celles connues, n'ont donné aucun résultat, lorsque l'on n'ajoute aucun artifice au procédé Goldschmidt. Il faut, avant tout, que la température de l'expérience soit suffisante pour amener le métal à l'état de fusion.

M. Stavenhagen a pu arriver à préparer des culots de tungstène et de molybdène, en projetant, dès que la réaction est terminée, sur l'alumine encore fondue, des feuilles d'aluminium et de l'oxygène liquide provenant de la distillation fractionnée de l'air liquide. Il se produit un phénomène de combustion extraordinairement vive, qui élève considérablement la température et permet d'atteindre les points de fusion du tungstène et du molybdène.

Évaluation de la température produite. — Le docteur Goldschmidt a évalué à environ 3000° la température obtenue dans la préparation du chrome. Cette détermination a été faite au moyen du thermophone de Wiborgh.

M. Matignon a fait plusieurs essais avec la lunette pyrométrique de M. Le Chatelier; mais il se forme, à la surface des corps, une couche d'alumine, qui empêche d'appliquer la formule établie par l'auteur de cette élégante méthode.

Qualités des métaux obtenus par le procédé Goldschmidt. — A l'heure actuelle, M. Goldschmidt, à Essen-sur-Ruhr, et la Société d'électro-chimie, à Saint-Michel-de-Maurienne (Haute-Savoie), préparent industriellement le chrome et le manganèse, dont le prix de revient élevé supporte parfaitement l'emploi de l'aluminium. Le manganèse étant légèrement volatil à la température de la réaction, il s'ensuit quelques pertes dans sa préparation.

Il est un point extrêmement important à noter, c'est la pureté absolue des métaux préparés par le procédé que nous avons décrit, lorsque l'on part de matières premières pures. On trouve quelquefois des traces d'aluminium, mais il est facile de les éviter, avec quelque habitude.

En employant le chrome pur ainsi préparé, on peut avoir des aciers au chrome beaucoup plus riches en ce métal que précédemment. En effet, on utilisait jusqu'ici du ferro-chrome qui contenait au maximum 60 p. 100 de chrome et 8 à 12 p. 100 de carbone, et on ne pouvait ajouter à l'acier une trop forte quantité de ferro-chrome, qui aurait apporté une proportion relativement énorme de carbone.

Le manganèse pur pourra servir très avantageusement dans la préparation des aciers, et comme agent de désoxydation, dans la coulée des alliages, à la place du phosphore, du magnésium, etc.

Préparation des alliages. — La méthode Goldschmidt est également appliquée à la préparation des alliages.

On peut, en effet, obtenir par cette méthode la réduction simultanée de plusieurs oxydes. Si l'on veut obtenir un ferro-titane, on mélangera, d'une part, l'oxyde de fer et l'aluminium et, d'autre part, l'acide titanique et l'aluminium. Puis on fera un mélange en proportions convenables, suivant l'alliage que l'on se propose d'obtenir, des deux poudres ainsi préparées et l'on opérera comme il a été indiqué pour un seul oxyde. Si les proportions ont été bien choisies, on obtiendra un culot de ferro-titane exempt d'aluminium.

M. Goldschmidt a préparé ainsi du ferro-titane à 40 p. 100 et à 25 p. 100.

Le premier ne peut être utilisé pour faire de nouveaux alliages à cause de son point de fusion élevé, tandis que le second est avantageusement employé.

Quant aux alliages d'aluminium, ils peuvent être très aisément préparés par cette voie. En effet, si l'on veut préparer un alliage aluminium-chrome, on préparera un mélange acide chromique-aluminium, contenant de l'aluminium en excès. Celui-ci s'alliera au chrome et on aura un culot d'alliage.

Il faut bien noter cependant que l'on ne peut préparer de cette façon que des alliages relativement peu riches en aluminium. On ne peut, en effet, ajouter au mélange un trop grand excès d'aluminium, sans risquer d'empêcher la propagation, voire même le début de la réaction. Cet excès d'aluminium est très variable avec l'oxyde employé.

Nous ferons remarquer, enfin, que le résidu de l'opération est du corindon. D'après des expériences faites à Essen-sur-Ruhr, ce produit serait beaucoup plus dur que le corindon naturel; il raie l'émeri naturel et n'est pas entamé visiblement par les diamants employés pour la perforation. Cette augmentation de dureté pourrait provenir, comme l'a fait remarquer M. Goldschmidt, d'un peu d'oxyde de chrome ou de manganèse entraîné. Cette scorie est avantageusement utilisée pour la taille, l'aiguisage, etc.

Le corubis, provenant de la préparation du chrome, se présente en cristaux trop faibles, pour pouvoir être utilisés en joaillerie.

Applications du procédé Goldschmidt, ba-

sées sur l'utilisation de la température élevée obtenue. — Nous avons vu que, lorsque l'on fait réagir l'aluminium sur un oxyde, tel que Fe^2O^3, il y a production d'une température élevée.

M. Goldschmidt a donné un moyen ingénieux d'utiliser la chaleur produite, en vue du brasage ou de la soudure. A cet effet, il prépare un mélange d'oxyde de fer (minerai très bien pulvérisé) et de grains d'aluminium de petites dimensions et de forme régulière qu'il prépare par un procédé spécial. Ce mélange constitue ce que l'auteur à nommé la *thermite*.

Soudure des tuyaux. — Supposons que l'on veuille faire une soudure de deux tuyaux ; voici comment on procède :

Fig. 64. — Les tuyaux à souder sont réunis par des tirants à·vis.

On commence par bien nettoyer les deux surfaces à souder ; on réunit les tuyaux (1) par des tirants à vis (fig. 64), puis on place un moule en simple tôle entourant l'espace avoisinant la séparation des deux tuyaux (fig. 65) et l'on brasque ce moule avec du sable à mouler (fig. 66). Ceci étant fait, on place, dans un creuset, un peu de thermite devant servir à l'opération, on l'enflamme par la poudre d'allumage et lorsque, par des additions successives, on a placé dans le creuset tout le mélange nécessaire à la réaction, on verse le liquide dans le moule.

Fig. 65. — Le moule en tôle est adapté sur les tuyaux.

On voit d'abord couler le corindon liquide qui, au contact du métal froid, forme rapidement une mince couche solide. Cette couche de corindon va protéger le métal, de telle sorte que, lorsque l'on continue à verser le liquide et que le fer formé vient au contact des tuyaux, il ne peut pas le déformer.

D'ailleurs, le métal déplace le corindon non solidifié, plus léger que lui, et lorsqu'après refroidissement on enlève la couche solide formée dans le moule, on trouve d'abord du corindon, puis le fer, et enfin une coucho très mince de corindon formée contre les tuyaux.

En général, on détache très facilement la partie adhérente au métal.

Fig. 66. — Le moule en tôle est brasqué avec du sable à mouler.

Faisons remarquer, avec le docteur Goldschmidt, que l'on pourrait, à la rigueur, combiner la soudure d'un tube avec la production d'un métal, qui se retrouverait dans le moule même.

Il est nécessaire d'insister sur ce que le fer produit dans la réaction n'agit nullement pour former un joint quelconque ; il n'y a absolument que la température produite qui intervienne.

Dans le cas de tuyaux verticaux, M. Goldschmidt emploie un moule formé de deux parties demi-circulaires se recouvrant d'environ 1 centimètre.

Dans une intéressante étude, publiée par le *Journal für Gasbeleuchtung und Wasserversorgung*, M. Goldschmidt a indiqué les dimensions à donner aux moules suivant le diamètre et l'épaisseur des tubes et le poids de thermite à employer. Nous en extrayons les chiffres du tableau suivant, qui indi-

Fig. 67. — Tuyau à souder.

quent les variations du poids de thermite suivant le diamètre et l'épaisseur des tubes à souder.

Les avantages que présente ce nouveau mode de soudure sont les suivants :

DIAMÈTRE intérieur du tube en pouces	Épaisseur en millim.	Poids de thermite en kilog.	DIAMÈTRE intérieur du tube en pouces	Épaisseur en millim.	Poids de thermite en kilog.
½	2,5 à 3	0,38	3	3 à 4,5	3,20
	3,5 à 4,5	0,45		5 à 6	3,80
	5 à 6	0,60	4	3 à 4,5	4,20
1	2,5 à 3	0,70		5 à 6	4,80
	3,5 à 4,5	0,85	5	3 à 4,5	5,00
	5 à 6	1,00		5 à 6	6,00
2	2,5 à 3	1,30			
	3,5 à 4,5	1,60			
	5 à 6	1,90			

1.º Il peut être appliqué quelles que soient la position et la longueur des tuyaux; 2º il n'exige ni machine, ni appareils lourds; 3º il peut être employé par n'importe quel ouvrier; il n'en découle aucun entretien, même pour les fortes conduites, puisqu'il n'y a eu ni enveloppe, ni calfatage; 4º le prix de revient serait, d'après l'auteur, sensiblement inférieur à ceux de tous les autres systèmes.

Dans son mémoire, M. Goldschmidt dit que la soudure aluminothermique d'un tube de fer de 50 millimètres coûte 2 fr. 50 à 3 fr. 75, tandis qu'il est difficile d'avoir un bon joint à moins de 6 fr. 20 à 8 fr. 75.

Soudure des rails. — L'un des points les plus intéressants de cette nouvelle méthode réside dans la soudure des rails.

Le principe est toujours le même. On maintient les rails serrés au moyen de mâchoires et de tirants à vis; on enveloppe le profil d'un moule en tôle mince s'adaptant bien (fig. 68) et soutenu extérieurement par du sable. On procède comme il a été indiqué pour les tuyaux; mais, quelques instants après la fin de l'opération, on produit un serrage au moyen de grandes clefs prenant les écrous qui terminent les tirants. Ce serrage a pour but de produire un contact parfait entre les extrémités des deux rails à souder, au moment où elles ont été amenées à l'état pâteux.

Lors des expériences qui ont été faites, au laboratoire de l'usine de MM. de Dion et Bouton, par les représentants de M. Goldschmidt, nous avons pu nous rendre compte combien l'opération était prompte et facile. Une soudure, obtenue très rapidement, a été ensuite portée sous un marteau pilon; on avait soin de produire le choc sur la soudure; ce n'est qu'après

Fig. 68. — Vue montrant les rails à souder réunis par des tirants à vis et la ligne de soudure entourée d'un moule en tôle.

un grand nombre de coups de marteau que le rail se brisa et encore la section se fit-elle en dehors de la soudure, excepté sur une très faible longueur de l'âme. En faisant scier un rail suivant la ligne de la soudure, on obtint une section absolument nette et homogène.

Chauffage local. — Une autre application très importante de la méthode Goldschmidt est le chauffage possible de pièces de métal en certains endroits, sans chauffer les parties environnantes. On peut ainsi effectuer un travail nécessitant un chauffage en un point déterminé.

La trempe et la détrempe peuvent également être produites par cette même méthode.

Enfin, il faut envisager le cas du corroyage qui se fait aisément, mais il est nécessaire de chauffer au préalable la surface sur laquelle on doit verser le fer liquide. À cet effet, on commence par préparer par la méthode Goldschmidt un fer contenant un peu de manganèse; on coule ce fer qui ne se soude pas et qui ne sert qu'à échauffer le rail. Au moment où la masse se prend, on la retire avec un crochet et l'on coule du fer pur préparé par la thermite.

L'aluminothermie était très bien mise en vue à l'Exposition de 1900.

Dans la section allemande du Palais des mines et de la métallurgie, M. Goldschmidt montrait tout le parti que l'on peut tirer de cette nouvelle méthode. Il présentait des culots de métaux purs tels que nickel, cobalt, manganèse, chrome; quelques échantillons rares, tels que le niobium et l'oxydule de vanadium (V^2O), obtenu en réduisant l'acide vanadique par l'aluminium, et des échantillons de corubis, de ferro-titane, etc.

Une autre vitrine était consacrée au matériel employé dans la soudure et aux différentes phases de la soudure des tuyaux. Enfin, la troisième partie de cette curieuse exposition était consacrée aux rails et tuyaux soudés, aux rails remis en état, etc. On y voyait également des échantillons de thermite.

Dans la section allemande du Palais des industries chimiques, on avait placé dans une vitrine entièrement consacrée à l'aluminium quelques produits préparés par l'aluminothermie.

Enfin la Société d'électrochimie exposait divers métaux et alliages obtenus par cette méthode, dans ses deux expositions de la classe 24 et de son annexe. Nous ajouterons que, dans cette annexe, des expériences fort remarquables étaient faites, chaque semaine, par les soins de cette Société.

En résumé, l'aluminothermie constitue une méthode nouvelle extrêmement élégante, tant au point de vue métallurgie qu'au point de vue construction.

Elle offre des garanties que nulle méthode n'offrait jusqu'ici et présente une facilité de mise en jeu remarquable.

Sous son influence, la métallurgie s'enrichira certainement de produits nouveaux et offrira les composés déjà connus à un état de pureté bien supérieur.

Si l'on ne peut juger d'ores et déjà du rôle que jouera la découverte du docteur Goldschmidt dans l'industrie de la construction, on doit cependant reconnaître qu'elle se présente avec des qualités de simplicité toutes spéciales, qui permettront de généraliser les essais et d'être bientôt fixé sur sa valeur.

III. — APPLICATION

DE L'EFFLUVE ÉLECTRIQUE

CHAPITRE PREMIER

INDUSTRIE DE L'OZONE ET SES APPLICATIONS

Généralités. — L'effluve électrique n'a qu'une seule application industrielle : c'est l'ozone.

On sait que la molécule de l'ozone a pour formule O^3. Si l'on soumet de l'oxygène à l'effluve électrique, il se forme de l'ozone et cette réaction a lieu avec une absorption de chaleur, qui est de 29 cal.6 pour 48 gr. d'ozone.

Nous laisserons de côté les études théoriques qui ont été faites sur l'ozone par MM. Hautefeuille et Chapuis et MM. Bichat et Guntz.

L'appareil, dû à M. Berthelot, est l'un de ceux qui, à basse température, donnent le meilleur rendement. Ce n'est qu'un appareil de laboratoire et, de plus, il est bien connu de tous les chimistes.

L'effluve n'est pas, d'ailleurs, le seul mode de préparation de l'ozone.

On sait, depuis les expériences de MM. Troost et Hautefeuille, que si l'on fait passer de l'oxygène dans un tube chauffé à environ 1400°; on obtient de l'ozone.

De même, lorsque l'on décompose de l'eau par la pile, l'oxygène obtenu est légèrement ozonisé;

Enfin une série d'étincelles passant dans de l'oxygène donne les mêmes résultats.

Quelques réactions chimiques produisent également de l'ozone; nous citerons l'action de l'acide sulfurique sur le bioxyde de baryum, l'oxydation lente du phosphore dans l'air.

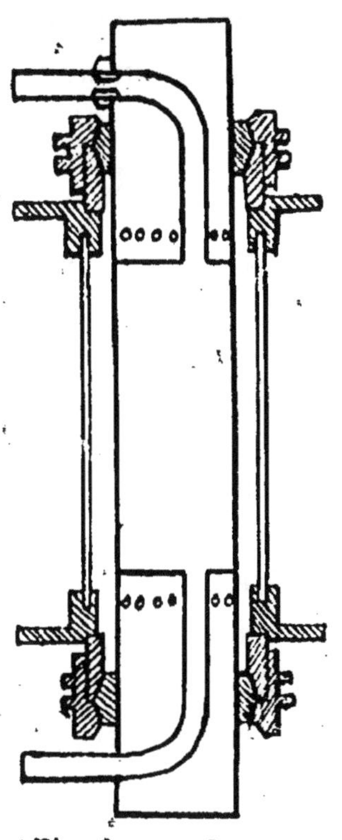

Fig. 69. — Ozoneur Siemens.

Ozoneur Siemens. — Nous reproduisons (fig. 69) l'ozoneur Siemens.

Ozoneur Du Moncel. — Le phénomène de la production de l'effluve a été découvert par M. du Moncel, en 1853.

Ce savant fixait, l'une en face de l'autre, à la distance de 2 à 3 millimètres, 2 feuilles de verre à vitre, recouvertes extérieurement chacune d'une feuille d'étain. De cette manière, il formait un condensateur, dont les armatures sont séparées par une double feuille de verre et par la couche d'air interposée (fig. 70).

Mettant les deux feuilles d'étain en communication avec les pôles d'une bobine de Rhumkorff, un flux

Fig. 70. — Ozoneur Du Moncel à tube.

lumineux remplit l'espace compris entre les plaques de verre. Le tube métallique b, situé à l'intérieur, sert de support et d'armature intérieure ; il est convenablement verni, de manière à résister à l'action destructive de l'ozone, et recouvert par le diélectrique c ; ces cylindres sont munis de garnitures en celluloïd ou en ébonite qui se vissent sur le tube intérieur b ; ce dernier est muni de deux fonds sur lesquels se fixent les deux tubes u et o qui servent à amener de l'eau et à refroidir l'appareil ; le passage de l'effluve est en effet accompagné d'un dégagement de chaleur, qu'il faut réduire au minimum pour avoir un rendement aussi élevé que possible. Il va sans dire que l'eau peut être remplacée par un liquide refroidi artificiellement à une température quelconque ; le tube b est percé de

17.

trous au-dessus du fond supérieur et au-dessous du fond inférieur, le gaz G pénètre par ces trous dans l'espace *m*, où il subit l'action de l'effluve.

Tubes producteurs d'ozone de M. E. U. Chatelain. — Les applications de l'ozone ont rencontré au début un véritable obstacle dans le peu de rendement des appareils producteurs. Les expériences de laboratoire n'ont pu être concluantes, en raison de la faible production des ozoneurs connus et bien des recherches n'ont pas été poursuivies qui théoriquement présentaient un intérêt certain.

Les essais de M. Chatelain ont porté sur la possibilité d'obtenir, au moyen d'appareils d'un volume à peu près semblable à celui des ozoneurs de MM. Berthelot et Houzeau, un rendement plus considérable d'ozone en augmentant la surface productrice des effluves.

Sans émettre ici la prétention d'avoir résolu le problème pour lequel de longs essais seront encore vraisemblablement nécessaires, nous pouvons constater qu'un principe utile est indiqué par l'appareil que nous décrivons.

Il existe actuellement deux ozoneurs de M. Chatelain.

1ᵉʳ **Modèle.** — Dans cet appareil, les fils ou lames métalliques sont remplacés en tout ou partie par une ou plusieurs couches de limaille appliquées contre une enveloppe intérieure. Chaque pointe de limaille affleurant la surface de cette enveloppe est productrice d'effluves; il s'ensuit que cette surface de dégagement est considérablement augmentée par rapport à celle des ozoneurs à fils.

D'après l'auteur, on aurait établi la comparaison de son appareil avec celui de M. Berthelot par les expériences suivantes :

Le rendement de ces appareils étant fonction de la vitesse du courant gazeux et de la température du gaz soumis à l'effluve, les essais comparatifs ont été effectués dans des conditions identiques.

Une tension trop élevée pouvant occasionner la rupture des tubes, nous avons opéré avec deux accumulateurs et une bobine d'induction de petit modèle.

Le dosage d'ozone a été exécuté en absorbant ce gaz par l'acide arsénieux.

L'oxygène effluvé après dessiccation traverse l'appareil à une faible vitesse d'environ une bulle par seconde.

Conditions des expériences.

Température moyenne	16.
Voltage aux bornes du circuit primaire.	4 volts.
Quantité d'oxygène ozonisé.........	250 c.

ABSORPTION DE L'OZONE PAR L'ACIDE ARSÉNIEUX
(Quantité d'ozone en grammes pour 100 grammes d'oxygène.)

Appareil de M. Berthelot...............	1,8
Appareil de M. [Chatelain...............	1,5

Indépendamment de ce résultat, nous pouvons ajouter que cet appareil produit l'ozone dans des qualités exceptionnelles de pureté dues à l'isolement de la surface métallique qui ne s'oxyde pas.

MM. Fabre-Domergue et Biétrix, du Laboratoire de zoologie maritime de Concarneau, ont employé ce tube et reconnu qu'il donnait des résultats supérieurs à ceux des ozoneurs employés jusqu'ici.

2e Modèle. — Dans ce modèle, l'auteur supprime toutes les parties métalliques autres que les électrodes, et il applique à la disposition de l'ozoneur précédent la théorie du tube à influence de Geissler :

« On sait que l'aspect de la lumière du tube de Geissler est modifié lorsqu'on y introduit une vapeur d'alcool, d'esprit de bois, etc. Il se produit alors une série de zones alternativement brillantes ou obscures, formant une pile de lumière entre les deux pôles. Ce phénomène de stratification est dû à une suite de décharges très rapprochées, mais distinctes. »

L'appareil se compose de trois tubes en verre, enfermés l'un dans l'autre, mais n'ayant aucune communication entre eux. Le vide est fait dans le premier et dans le troisième tube, l'air circule librement dans le deuxième.

Lorsqu'on établit le courant, les effluves se dégagent dans le deuxième tube où elles viennent saturer l'air ou l'oxygène qu'on y a introduit.

Ozoneurs industriels. — On a construit et breveté sur le principe de l'appareil de M. du Moncel une foule d'appareils à ozone. La bobine de Rhumkorff a été remplacée par des transformateurs à haut potentiel actionnés par des courants alternatifs, mais on s'est toujours heurté jusqu'ici à des difficultés essentielles lorsqu'il s'est agi d'appliquer ce principe sur une échelle industrielle.

1° Il est impossible d'obtenir des appareils de grande dimension, car, pour que l'effluve jaillisse d'une manière régulière entre les deux plaques de verre, il faut que ces dernières soient rigoureusement parallèles. Or, il est impossible d'obtenir ce dispositif en mettant en présence deux feuilles de verre de grande dimension et suffisamment minces pour que l'effluve jaillisse au potentiel maxima dont l'industrie peut disposer.

2° Les appareils construits pour produire l'effluve s'échauffent au bout de peu de temps, et s'ils sont employés à produire l'ozone, par exemple, comme ils donnent des rendements d'autant plus faibles qu'ils sont moins froids, il faut y ajouter un dispositif très délicat et très coûteux pour les refroidir.

3° Les rendements sont toujours très faibles en partant de l'énergie électrique, de sorte que, pour une production de quelques centaines de kilos d'ozone par jour, par exemple, il faudrait une telle installation de force motrice et un si grand nombre d'appareils que le problème serait irréalisable pratiquement.

Ozoneurs Verley. — M. Verley est arrivé à

éviter ces trois inconvénients, et à construire des appareils qui permettent d'obtenir à volonté des quantités d'ozone quelconques.

Je décrirai :

1° Un appareil destiné à produire l'ozone avec l'air atmosphérique ;

2° Un appareil permettant de faire agir l'effluve sur l'oxygène pur et sec, ou sur des vapeurs, ou sur un mélange de gaz et de vapeurs.

L'appareil destiné à la production de l'air ozoné se compose essentiellement d'une table en métal et d'une glace de verre maintenue également en tous ses points à une égale distance de la table en métal. La glace est argentée ou étamée sur la face opposée à celle qui regarde la table en métal, et cette dernière percée au centre d'un orifice par lequel on détermine une aspiration.

Si l'on porte, d'une part, la table en métal, d'autre part la face argentée de la glace à des potentiels alternatifs suffisants (500 à 10.000 volts), il se produit une effluve puissante et très régulière dans l'espace compris entre la glace et la table de métal et l'air aspiré allant de la périphérie au centre traverse toute l'effluve et se charge fortement d'ozone.

Voici le dispositif principal auquel je me suis arrêté, et figuré par le croquis.

Sur ce croquis, la figure représente une table en ardoise montée sur des pieds en porcelaine. A la partie supérieure est fixée une plaque de métal, parfaitement polie, de préférence d'aluminium, qui s'oxyde peu

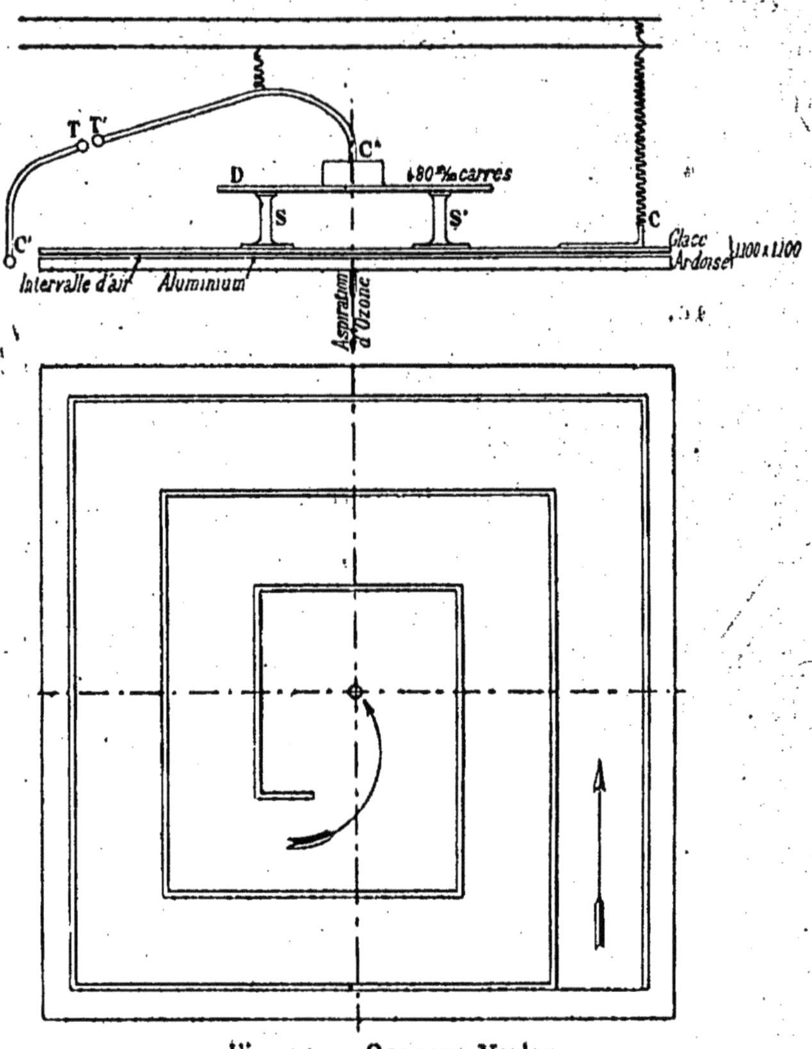

Fig. 71.— Ozoneur Verley.

par l'ozone. Au centre est percé un trou auquel est adapté un tube de verre, de grès ou de plomb, servant à l'aspiration de l'ozone.

Sur la plaque de métal sont collées de petites barrettes en verre, disposées comme sur la figure 71, puis on pose une glace de verre. Les barrettes maintiennent cette glace à quelques millimètres de distance de la plaque de métal.

La glace de verre est argentée sur la face opposée à celle qui regarde la plaque d'aluminium. On peut, si l'on veut, coller sur l'argenture une feuille d'étain qui distribue l'électricité sur toute la surface de l'argenture.

Le courant d'air ozoné, aspiré par l'orifice central, entre dans le sens de la flèche et va de la périphérie au centre en décrivant un mouvement en spirale. On peut, si l'on veut, disposer simplement les baguettes en verre suivant des rayons. Dans ce cas le gaz suit un mouvement rectiligne.

Pour éviter que l'appareil ne s'échauffe, une couronne en métal percée de trous permet de diriger sur la glace de verre un courant d'air comprimé et refroidi.

L'appareil représenté par le croquis n° 2 peut servir à ozoner l'air pur et sec; mais il est aussi destiné à faire agir l'effluve sur un gaz quelconque ou sur des vapeurs. Il est entouré d'un bain permettant de le refroidir ou de le réchauffer à volonté.

Il est composé d'une boîte carrée ou rectangulaire en aluminium ou tout autre métal dont la section en plan est représentée par la figure 71 et la section en coupe par la figure 72. Les deux faces de la boîte sont polies et percées au centre de trous A et A' (figure 73), pour permettre l'entrée et la sortie du gaz.

Contre chacune des faces de la boîte sont appliquées deux glaces de verre représentées en pointillé sur la figure 72 et maintenues par des barrettes collées sur ces glaces suivant des rayons, à une petite distance des faces internes de la boîte.

Les faces des glaces opposées à celles qui regardent les parois de la boîte sont argentées ou couvertes d'étain.

Les quatre coins des deux glaces sont coupés de manière à laisser au gaz qui circule entre la première glace et première face interne de la boîte la liberté de s'échapper et de redescendre ensuite entre la seconde glace et la seconde face interne de la boîte.

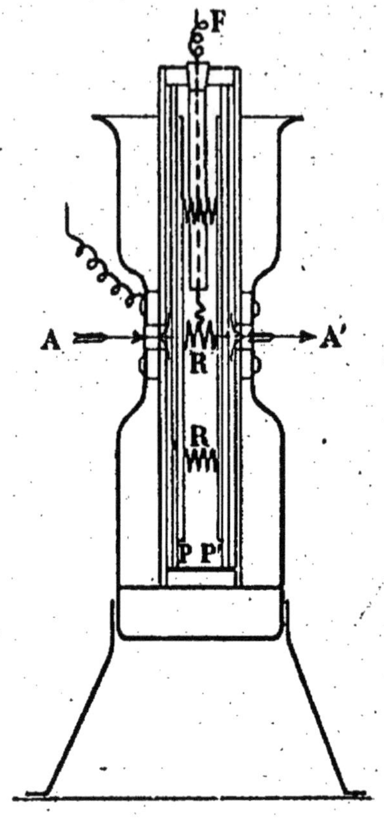

Fig. 72. — Coupe de l'ozoneur Verley.

Entre les deux glaces de verre, au centre de la boîte est laissé un intervalle dans lequel sont intercalées des plaques d'aluminium P et P', que des ressorts viennent appliquer contre l'argenture des glaces.

Les deux plaques d'aluminium sont en communication avec l'un des pôles d'un courant alternatif à potentiel élevé, à l'aide d'un fil F, qui pénètre dans la boîte par l'intérieur d'un tube de verre servant à isoler ce fil.

La boîte elle-même est mise en communication avec l'autre pôle du courant alternatif, de sorte que l'effluve jaillit entre les glaces de verre et les parois internes de la boîte.

Tout le système est placé dans un bain en métal que l'on peut, soit chauffer, soit refroidir, et qui est naturellement porté au même potentiel que la boîte, de sorte que l'on isole les pieds I et I' qui la supportent.

Les gaz ou les vapeurs que l'on veut soumettre à l'action de l'effluve entrent dans l'orifice A de l'appareil I, pénètrent entre la paroi correspondante de la boîte et la première glace et redescendent ensuite entre la seconde glace et la seconde paroi pour sortir par l'orifice A, ou inversement.

Pour actionner le premier ou le second appareil, on peut mettre, d'une part, les faces argentées des glaces, d'autre part, les plaques métalliques en communication avec les deux pôles d'un transformateur donnant un courant alternatif de 5.000 à 10.000 volts, ou même davantage.

Les glaces de verre peuvent avoir une épaisseur de 5 à 6 millimètres.

Ces appareils se comportent comme des condensateurs formés de deux plaques métalliques entre lesquelles sont interposés 2 diélectriques distincts : 1° la lame de verre ; 2° la lame gazeuse.

A chaque intervention de courant, les molécules de verre, qui servent de diélectriques, se polarisent en sens contraire, et subissent un déplacement très faible, car elles sont relativement fixes dans leur position d'équilibre.

D'après la théorie de Maxwell, elles agissent comme un ressort tendu, qui, en se détendant, restitue la plus grande partie de l'énergie qu'il a accumulée.

Par contre, les molécules des gaz, qui sont essentiellement mobiles, subissent un déplacement réel dans le sens des lignes de force. Ce déplacement se répète chaque fois que le courant change de sens, et il se produit alors un dégagement de chaleur et de lumière qui absorbe une certaine quantité d'énergie.

D'autre part, à la suite de la série de chocs qui se répètent entre les molécules gazeuses, à chaque renversement de courant, les molécules peuvent être dissociées. Dans le cas de l'oxygène, les atomes mis en liberté se recombinent en partie pour redonner l'édifice stable $O = O$, mais il se forme en même temps l'édifice O^3, beaucoup moins stable, qui est l'ozone. Ce dernier est formé avec un dégagement de chaleur moindre que le précédent, — en d'autres termes, on peut dire qu'il existe en partant de l'oxygène avec absorption de chaleur.

Pour produire le maximum d'effet utile, il faut que l'énergie électrique produise le plus possible de travail interne, en formant de l'ozone et le moins possible de travail externe qui se manifeste par un dégagement de chaleur.

M. Verley a reconnu qu'étant donné un courant alternatif d'une valeur constante, mesurée à l'électro-dynamomètre, on produit d'autant plus d'ozone qu'on multiplie davantage le nombre de périodes. Par exemple, un alternateur de 20.000 watts et de 5o périodes par seconde formera moins d'ozone qu'un alternateur de 20.000 watts et de 100 périodes par seconde. Cependant, la différence n'est pas très sensible dans ce cas, et pour que les résultats soient en faveur du plus grand nombre de périodes, il faut les augmenter dans des proportions plus considérables.

Il serait impossible de construire un alternateur donnant par exemple 100.000 périodes par seconde, tandis que M. Verley a pu, en mettant à profit une découverte faite par M. Herz, en 1888, obtenir, avec un alternateur donnant 8o périodes par seconde, un nombre de vibrations excessivement rapides, qui n'est pas moins de un million par seconde.

L'expérience de M. Herz est la suivante :

Deux sphères S et S' sont réunies par des tiges de cuivre à deux petites boules BB'. Ces tiges sont elles-mêmes reliées à une bobine Rhumkorff, dont les pôles sont figurés en PP'. Si la différence de potentiel est suffisante, une étincelle jaillit entre les boules BB', les sphères se déchargent et si l'on se trouve dans certaines conditions cette décharge est oscillante. Il se produit une série de perturbations électriques de durées très courtes dont les périodes sont de l'ordre des billionièmes de seconde.

Le système S' B' a reçu le nom d'excitateur, et la bobine PP' a pour mission de renouveler constamment les charges de l'excitateur.

Les vibrations électriques extrêmement rapides produites par l'excitateur peuvent traverser un milieu diélectrique, mais elles sont arrêtées par les surfaces conductrices sur lesquelles elles se réfléchissent.

Elles ont la propriété curieuse et inattendue de pouvoir être mises en évidence à l'aide d'un appareil susceptible de vibrer à l'unisson avec l'excitateur et qui est appelé résonnateur électrique.

Le résonnateur est un circuit ouvert qui a la forme CC' et sa capacité, sa résistance et sa self-induction doivent satisfaire autant que possible à la même équation de condition que la quantité correspondante de l'excitateur. Si on dispose le résonnateur dans le voisinage de l'excitateur, on constate un flot d'étincelles entre les boules CC' du premier appareil.

M. Verley a appliqué ce principe à la production de l'effluve et obtenu ainsi des résultats très remarquables.

Voici le dispositif adopté :

Le transformateur T a ses deux pôles PP' reliés en $P^1P'^2$ à un condensateur C. Si le condensateur C est mis en relations à l'aide des fils P_1P_2 $P'_1P'_2$ avec un appareil à effluve O, il se décharge dans cet appareil et si on a soin de couper un des circuits, par exemple $P^1 P^2$, de manière à faire jaillir des étincelles entre B et B', la décharge du condensateur C est oscillatoire et il se produit dans tout le système et

dans l'appareil à effluve une série de vibrations extrêmement rapides, que l'on peut mettre en évidence en
approchant de l'appareil à effluve un circuit ouvert
ayant la forme d'un résonnateur de Herz. On fait
jaillir de cet appareil une série d'étincelles. On constate aussi que l'effluve est beaucoup plus belle, et
qu'elle se présente sous la forme d'un nuage bleu, au
lieu d'être formée d'une série de petites étincelles.

Quand on a plusieurs appareils à effluve fonctionnant en même temps, soit par aspiration, soit par
compression, il faut, pour un fonctionnement régulier,
que tous ces appareils débitent la même quantité de
gaz.

M. Verley a imaginé pour cela un petit indicateur
de débit que l'on peut construire en verre ou en grès,
et qui, pour cette raison, ne peut être détérioré par
l'ozone.

Cet appareil (fig. 73) permet de mesurer à chaque
instant le nombre de litres de gaz qui passent dans
un appareil donné.

Il est formé de deux boîtes A et A', séparées par
un diaphragme B, percé d'un petit orifice O. Le tube
manométrique T, dont les deux branches communiquent l'une avec la boîte A, et l'autre avec la boîte
A', est à moitié rempli d'un liquide coloré. Si, en
ouvrant le volant, on laisse pénétrer du gaz dans la
boîte A, à la pression P, le gaz passe par l'orifice O
et se détend dans la boîte A' à la pression P'. Pour
une ouverture O donnée, l'écoulement du gaz est

fonction de la différence P—P', quelle que soit la valeur absolue de P et de P'. Cette différence P — P' est mesurée par la différence de niveau observée dans le tube manométrique.

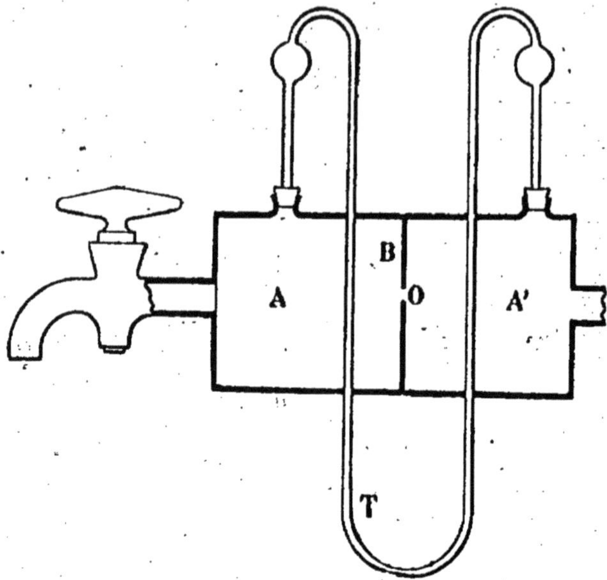

Fig. 73. — Indicateur de débit pour ozoneur Verley.

Si, dans une batterie d'appareils montés en série, chaque ozoneur est muni d'un appareil de ce genre, il suffit, en réglant les robinets, d'obtenir une même différence de niveau dans tous les manomètres pour que l'écoulement soit le même dans tous les ozoneurs.

Si, en ouvrant le robinet, on laisse pénétrer du gaz dans la boîte A, à la pression P, le gaz circule par l'orifice O, et se détend dans la boîte A' à la pression P'.

Par une ouverture O donnée, l'écoulement du gaz est fonction de la différence P — P', quelle que soit d'ailleurs la valeur absolue de P et de P'.

Cette différence P — P' est mesurée par la différence de niveau observée dans le tube manométrique.

Il est évident que cet appareil peut fonctionner également par aspiration ou par compression.

Si une batterie d'appareils à ozone montés en série est munie, sur chaque ozoneur, d'appareils de ce genre, il suffit, en réglant les robinets, d'obtenir une différence de niveau dans tous les manomètres qui soit la même, pour que l'écoulement soit le même dans tous les ozoneurs, ce qui est indispensable pour assurer le rendement maximum du système.

Les caractéristiques des ozoneurs Verley sont :

1º Leur mode de construction : une lame de métal d'une part et d'autre part une lame de verre ou autre diélectrique, argentée ou étamée sur la face opposée à celle qui regarde la lame de métal.

Cette construction est importante au point de vue pratique, car elle permet de construire des appareils d'une dimension quelconque, ce que l'on n'a pu faire jusqu'à présent. En effet, les appareils à effluve à diélectrique et à lames parallèles publiés jusqu'ici sont formés de deux lames de verre chargées d'électricité sur les faces opposées à celles qui sont en regard l'une de l'autre. Pour qu'une effluve suffisamment puissante jaillisse entre ces deux lames, il ne faut pas qu'elles aient plus de 1 à 2 millimètres d'épaisseur, sans cela il faudrait les porter à des potentiels trop élevés pour la pratique industrielle. Or, il est très difficile de construire des lames de verre de

1 à 2 millimètres d'épaisseur et d'une surface de 1 mq., par exemple, rigoureusement planes et d'épaisseur égale en tous points, ce qui est une condition essentielle pour que l'effluve jaillisse d'une manière régulière. Au contraire, il est très facile d'obtenir des glaces de verre de dimensions quelconques, parfaitement planes et d'épaisseur régulière à partir de 4 à 5 millimètres d'épaisseur. On constate que l'effluve jaillit dans l'appareil Verley à des potentiels allant de 5.000 à 10.000 volts, même avec des glaces de 5 à 6 millimètres;

2o Le mode de production de l'effluve à l'aide de vibrations herziennes produites par un condensateur alimenté par une source électrique à haut potentiel, et se déchargeant dans un appareil à effluve;

3o Un indicateur de débit destiné à mesurer l'écoulement du gaz par la différence de pression dans deux boîtes communiquant ensemble par un petit orifice, ce qui permet d'obtenir un écoulement régulier dans une batterie d'appareils à effluve montés en série.

Ces appareils ont d'ailleurs faits leurs preuves industrielles; en dehors des avantages déjà signalés, il faut encore insister sur la facilité du démontage.

Il suffit de soulever la glace de verre pour mettre à nu la plaque d'aluminium que l'on peut essuyer de temps en temps pour la débarrasser de la poussière et de l'humidité amenées par le contact de l'air aspiré.

En outre, l'appareil présentant une grande surface de refroidissement, sa température ne s'élève pas en plein travail à plus de 4 à 5° au-dessus de l'atmosphère ambiante. Il n'est donc pas nécessaire de recourir à des dispositifs compliqués par le refroidissement, qui est absolument nécessaire, car, à la suite d'expériences que j'ai faites, j'ai reconnu que le rendement en ozone diminue rapidement quand la température augmente pour devenir insignifiante à la température de 50_0.

A l'usine de Courbevoie, où ces appareils sont exposés par la Société anglo-française des parfums perfectionnés, il y a une installation de 140 appareils, enfermés dans une salle parfaitement isolée et refroidie à 0_0 à l'aide d'une machine à acide sulfureux.

Ozoneur de MM. Marnier et Abraham. — L'ozoneur de MM. Marnier et Abraham est basé sur un autre principe.

Deux disques en fonte (fig. 74 d^1, d^2,) sont suspendus de manière que leurs faces soient parallèles, deux plaques de verre, p, p, sont appliquées sur ces disques et sont séparées entre elles par un intervalle dans lequel se produisent les effluves. Les plateaux d sont enfermés dans une caisse hermétiquement close. L'air arrive en a, traverse les effluves comme l'indiquent les flèches, et, se transformant en ozone, vient sortir en o pour être utilisé dans la chambre de stérilisation. Les disques d^1, d^2 sont évidés. Ils reçoivent un courant d'eau qui les empêche de s'échauffer d'une manière anormale sous le dégagement de chaleur dû à la dépense d'énergie électrique.

L'idée de la réfrigération des électrodes est ancien-,

ne, mais MM. Marnier et Abraham ont été les premiers à indiquer comment un courant d'eau pouvait être électriquement isolé dans des conditions suffisamment pratiques pour permettre un refroidissement par circulation continue.

Une grande difficulté était d'obtenir la concentration de l'ozone suffisante.

MM. Marnier et Abraham ont obtenu une concentration élevée de l'ozone au moyen de leur dispositif de réfrigération continue combiné avec l'usage d'un déflagrateur. La réfrigération, devenue pratique, a permis l'utilisation d'effluves intenses qui

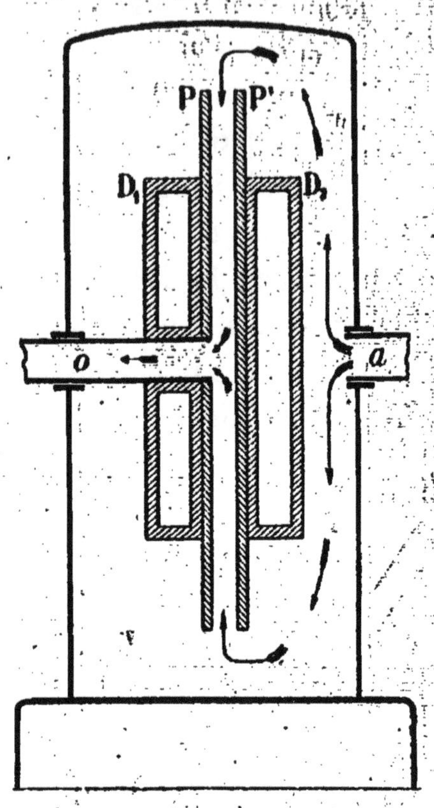

Fig. 74. — Coupe schématique de l'ozoneur de MM. Marnier et Abraham.

seules donnent de l'azone concentré; et, au moyen du déflagrateur, on a réussi à produire ces effluves à bon marché.

Ce déflagrateur consiste simplement.

Ozoneurs Otto. — D'autres ozoneurs très intéressants sont ceux de M. Otto. Ces appareils appartiennent à deux catégories : 1º les ozoneurs à électrodes mobiles ; 2º les ozoneurs à annonceurs et à interrupteurs d'effluves.

Nous donnerons d'une façon très succincte le fonctionnement d'un appareil de chacune de ces catégories,

Ozoneur Otto à électrode mobile. — Un ozoneur a électrode mobile (fig. 75 et 75 *bis*) comprend une cuve en fonte alésée intérieurement, évidée à sa partie inférieure suivant deux génératrices et reposant sur un bâti O. Dans l'intérieur de la cuve se trouvent un grand nombre de disques *b* en tôle d'acier, à bords tranchants ; ils présentent un évidement et sont fixés sur un axe C, entraîné par une poulie et une courroie *d*.

Des rondelles en fonte *g* maintiennent un certain écartement entre ces disques *b*, et le tout est fortement comprimé par un écrou *f*.

Deux glaces *h* ferment la cuve et permettent de suivre la marche de l'appareil. Le courant, venant d'un transformateur, est amené à l'un des paliers soutenant l'arbre *c* ; les paliers reposent sur deux blocs isolants *l*. L'autre fil du transformateur et le bâti de l'ozoneur sont reliés à la terre.

Une tubulure *l* permet l'arrivée des gaz qui doivent être soumis à l'effluve ; leur sortie s'effectue par la tubulure *m*.

Quand le courant arrive dans l'appareil, des effluves jaillissent entre les bords en biseaux et la surface interne du cylindre en fonte.

On a créé également des appareils verticaux analogues à celui que nous venons de décrire.

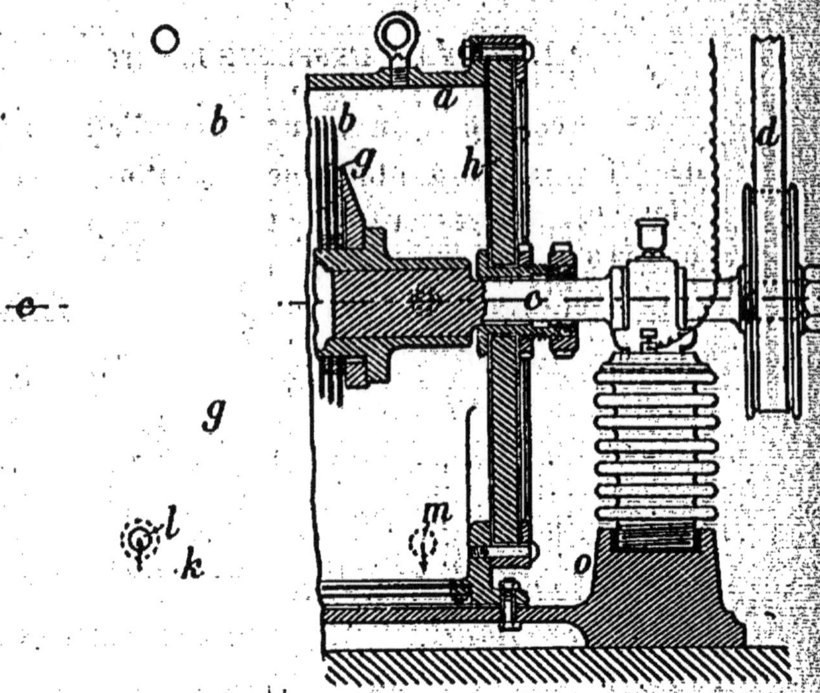

Fig. 75 — Ozoneur rotatif horizontal Otto. Coupe longitudinale.

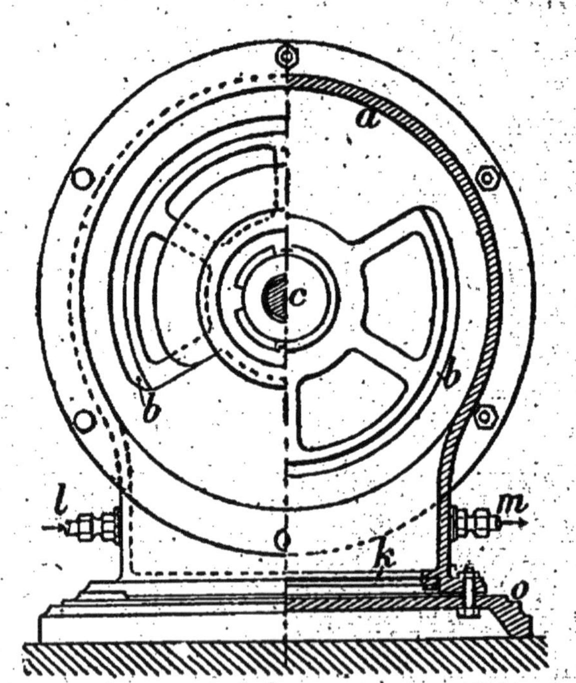

Fig. 75 bis. — Vue en bout et coupe transversale.

Ozoneur Otto à interrupteurs d'effluves. — Dans les ozoneurs à interrupteurs d'effluves, on produit des amorçages et des interruptions successifs, en plaçant, entre les électrodes fixes, des disques mobiles qui, par des vides ou des pleins successifs, permettent ou empêchent le passage de l'effluve. Un tel appareil est formé de deux séries d'électrodes p et n, placées à l'intérieur d'un bâti b et fixées sur deux cloisons c. Ces cloisons portent une légère ouvertui $>$ d permettant la circulation du gaz.

Entre les électrodes se trouvent des plateaux conducteurs i, montés sur un arbre a. Ces plateaux portent de nombreux évidements.

Le courant est amené par deux conducteurs f et k.

Si les électrodes de nom contraire sont suffisamment éloignées pour que l'effluve ne jaillisse pas entre elles en temps ordinaire, lorsque viendra à se présenter la partie pleine du disque conducteur, cette effluve jaillira. On aura donc des amorçages ou des interruptions suivant que la partie du plateau passant entre les deux électrodes sera évidée ou pleine. On pourra arriver d'ailleurs au même résultat en plaçant les deux électrodes assez près l'une de l'autre, pour que l'étincelle jaillisse entre elles; alors on produira l'interruption et le passage successif de l'effluve.

CHAPITRE II

APPLICATIONS INDUSTRIELLES DE L'OZONE

Ces applications sont de trois sortes :

1º L'épuration des eaux ;

2º Certaines oxydations en vue de la préparation de quelques produits chimiques ;

3º L'épuration des jus sucrés.

Epuration des eaux. — Des expériences extrêmement concluantes ont été faites à ce sujet à Lille avec l'ozoneur Marnier et Abraham. Nous entrerons dans quelques détails à ce sujet.

En 1897, MM. Marnier et Abraham reprirent le problème et en fournirent une solution pratique et industrielle dont la fig. 76 donne un schéma explicatif.

Le principe de la méthode consiste à faire passer l'eau qu'on veut épurer dans une colonne remplie d'air ozoné concentré.

Le liquide est aspiré en *a* par une pompe centrifuge *b*; et il est envoyé au sommet *c* de la colonne *d*, dont la disposition intérieure a pour but de diviser l'eau en minces filets sur lesquels s'exerce l'action de l'ozone. Un puisard *g* recueille l'eau qui, reprise par

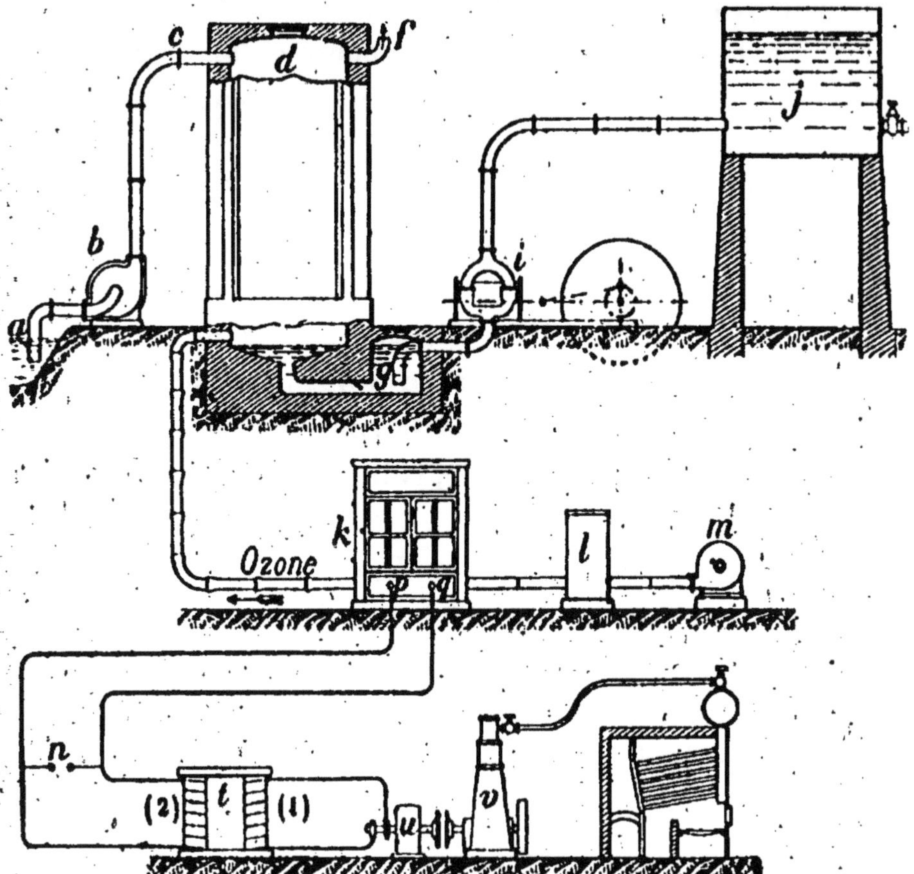

Fig. 76. — Schéma d'une usine de stérilisation des eaux Système Marnier et Abraham.

une pompe élévatoire *t*, est refoulée au réservoir de distribution *j*.

L'air ozoné est amené à la partie inférieure de la chambre de stérilisation, qu'il traverse de bas en haut pour sortir en *f*.

La circulation de l'ozone est assurée par un ventilateur *m* aspirant l'air atmosphérique pour le faire passer d'abord dans un dessiccateur *l*, dans un ozonateur *k*, enfin dans la colonne *d*.

Le dessiccateur n'est autre chose qu'un cylindre contenant de l'acide sulfurique concentré qui absorbe la vapeur d'eau contenue dans l'air.

L'ozoneur est un appareil où se produisent des effluves électriques dans lesquels l'oxygène de l'air se transforme en ozone.

Le courant électrique nécessaire à la production des effluves est fourni par un transformateur *t* dont le circuit primaire (1) reçoit le courant d'un alternateur *u* actionné par une machine à vapeur *v* et sa chaudière.

Le circuit secondaire (2) fournit à l'ozoneur des courants à une tension voisine de 40.000 volts.

En *n* on place en dérivation sur le circuit de haute tension un déflagrateur formé de deux sphères entre lesquelles jaillit une étincelle électrique que l'on souffle continuellement au moyen d'un jet d'air comprimé ou de vapeur.

Tel est, dans son extrême simplicité, le principe sur lequel est basé l'ozonisateur de l'eau d'après les procédés de MM. Marnier et Abraham.

Une difficulté consiste dans le mélange de l'eau avec l'ozone; elle est inhérente à la nature même de l'ozone pratiquement insoluble dans l'eau.

L'insolubilité est une propriété primordiale qu'il faut exiger de tout agent employé pour la stérilisation des eaux potables. Elle constitue l'indispensable garantie du consommateur en lui donnant la certitude absolue qu'en aucun cas l'eau qui sert à son alimentation n'aura, à la suite du traitement qu'elle a subi, conservé de trace appréciable de l'agent stérilisateur.

C'est cette garantie que ne peuvent donner les permanganates, les composés toxiques du chlorure et autres produits chimiques que l'on dissout et peut retenir en toutes proportions.

Cette considération suffit à elle seule pour assurer à l'ozone le monopole incontestable de la stérilisation des eaux alimentaires.

Mais par quel moyen réaliser un contact assez intime entre la masse liquide qu'il s'agit de stériliser et le gaz stérilisant insoluble?

Au laboratoire, pour de petites quantités d'eau, les méthodes sont nombreuses; mais pour le traitement industriel des grands cubes, les tentatives n'avaient abouti qu'à des insuccès, lorsque MM. Marnier et Abraham créèrent leur colonne de stérilisation.

Cette colonne a permis de réaliser entre l'ozone et l'eau un mélange intime et pour ainsi dire moléculaire, dans des conditions à la fois efficaces au point de vue bactériologique et avantageuses au point de vue commercial.

La perfection des résultats obtenus par les procédés que nous venons de décrire fut démontrée au cours des mémorables expériences de Lille.

En 1898, M. Marnier obtint de la municipalité de

Lille l'autorisation d'établir à l'usine élévatoire d'Emmerin une installation capable de stériliser environ 3000 mc. par vingt-quatre heures.

Dans un premier local, une machine à vapeur actionnant l'alternateur. Dans un local contigu, les appareils de production de l'ozone, comprenant le transformateur, l'ozonateur et le déflagrateur. Auprès du bâtiment de l'usine la colonne de stérilisation.

Pour la circulation de l'air ozoné, on avait trouvé commode de remplacer le ventilateur par un aspirateur Kœrting, placé au sommet de la colonne.

L'eau contaminée arrivait en charge et était rendue stérile dans les bassins d'alimentation des pompes élévatoires.

L'usine, mise en route en juin 1898, fut normalement exploitée pendant une durée de neuf mois consécutifs.

Les essais furent continués pendant une période de plus de deux mois et furent consignés dans un rapport à la municipalité de Lille.

Les conclusions de ce rapport étaient les suivantes:

« En résumé, l'ensemble des analyses bactériologiques et chimiques que nous avons effectuées pendant la période qui s'étend du 10 décembre 1898 au 12 février 1899 nous conduit à conclure que :

« 1º Le procédé de stérilisation des eaux d'alimentation par l'ozone, basé sur l'emploi des appareils ozoneurs et de la colonne de stérilisation de MM. Marnier et Abraham, est d'une efficacité incontestable, et cette efficacité est supérieure à celle de tous les procédés de stérilisation actuellement connus, susceptibles d'être appliqués à de grandes quantités d'eau;

« 2° La disposition très simple de ces appareils, leur robustesse, la constance de leur débit et la régularité de leur fonctionnement donnent toutes les garanties que l'on est en droit d'exiger d'appareils vraiment industriels;

« 3° Tous les microbes pathogènes ou saprophytes que l'on rencontre dans les eaux étudiées par nous sont parfaitement détruits par le passage de ces eaux dans la colonne ozonatrice. Seuls quelques germes de *bacillus subtilis* résistent.

« On compte environ un germe appartenant à cette espèce par 15 cc. d'eau traitée avec une concentration d'ozone égale à o gr. oo6 par litre d'air. Avec une concentration de o gr. oo9 le nombre des germes de *B. subtilis* revivifiable par la culture en bouillon s'abaisse à moins de 1 pour 25 cc. d'eau traitée.

« Il importe d'observer que le *B. subtilis* (microbe du foin) est tout à fait inoffensif pour l'homme et pour les animaux; et, d'ailleurs, les germes de ce microbe résistent à la plupart des moyens de destruction, tels que le chauffage à la vapeur sous pression à 110°. Il n'est donc pas utile d'exiger sa disparation complète des eaux destinées à la consommation, et nous considérons comme très suffisante la stérilisation obtenue par l'air ozonisé avec une concentration de o gr. oo5.

à o gr. 006 par litre, dans les conditions où se placent MM. Marnier et Abraham ;

« 4° L'ozonisation de l'eau n'apporte dans celle-ci aucun élément étranger préjudiciable à la santé des personnes appelées à en faire usage. Au contraire, par suite de la non-augmentation de la teneur en nitrates, et de la diminution considérable de la teneur en matières organiques, les eaux soumises au traitement par l'ozone sont moins sujettes aux pollutions ultérieures, et sont, par suite, beaucoup moins altérables. Enfin, l'ozone n'étant autre chose qu'un état moléculaire particulier de l'oxygène, l'emploi de ce corps présente l'avantage d'aérer énergiquement l'eau, et de la rendre plus saine et plus agréable pour la consommation, sans lui enlever aucun de ses éléments minéraux utiles.

« En présence de ces résultats excellents, la Commission a voulu se rendre compte de certains frais qui avaient attiré son attention au cours des expériences effectuées. Il semblait extraordinaire, par exemple, que l'eau ozonée, conservée douze heures, vingt-quatre heures, trente-six heures et même cinq jours au laboratoire, restât stérile, et se montrât relativement plus pauvre en germes que l'eau analysée très peu de temps après la prise d'échantillons.

« On pouvait supposer :

« Ou bien que les quelques germes de B. subtilis qui échappaient à l'action de l'ozone, pendant le passage à la colonne, étaient détruits ultérieurement par une très petite quantité d'ozone qui pouvait rester dans ö liquide pendant les premières heures qui suivent le prélèvement ;

« Ou bien que l'ozonisation engendre dans l'eau des substances chimiques qui empêchent la pullulation des germes.

« Pour répondre à ces questions, nous avons mélangé à 373 cc. d'eau ozonée prélevée le 23 janvier et conservée 3 jours au laboratoire, 68 cc. d'eau brute prélevée le 26 du même mois.

« Le mélange a été ensemencé le 28, soit après deux jours de contact, à la dose de o cc. 1 dans six matras de gélatine nutritive.

« La numération des colonies, effectuées après six jours de culture à 23°, a donné 1340 germes par centimètre cube.

« Donc l'eau ozonée ne renferme aucune substance antiseptique, capable de stériliser les germes de l'eau non ozonée avec laquelle on la mélange et d'empêcher leur pullulation (1). »

Nous donnons la disposition type adoptée par la Société industrielle de l'Ozone pour la stérilisation des eaux des villes, laquelle est, en principe, identique à celle qui vient d'être décrite. Seulement les machines et appareils divers ont été prévus en double unité, sujétion imposée par la nécessité d'assurer un service public, dont la continuité ne saurait être laissée à la merci d'un accident.

(1) Extrait du Rapport de la Commission officielle de Lille.

Lorsqu'il est possible de prendre le courant alternatif sur une distribution extérieure, l'aménagement général se trouve modifié et simplifié.

C'est ce qui a lieu à l'usine établie par la Société industrielle de l'Ozone aux mines du Boléo (Mexique).

Le courant est fourni aux bornes du transformateur par l'une des phases d'une ligne triphasée à 5ooo volts. Le réglage est obtenu au moyen d'une bobine de self-induction.

Le ventilateur est actionné par un moteur électrique triphasé. Le reste de l'installation est conforme à la disposition type.

Avantages du mode de purification des eaux par l'ozone. — On peut dire qu'à la suite des travaux de MM. Marnier et Abraham le problème de jour en jour plus difficile de l'approvisionnement en eau potable des agglomérations urbaines est désormais résolu.

Jusqu'ici, les villes se sont trouvées dans l'obligation d'aller capter au loin l'eau des sources pour l'amener par des conduites d'un entretien coûteux et dont l'établissement exige l'immobilisation de capitaux considérables. Souvent, même, ces eaux amenées à grands frais ne sont pas d'une qualité irréprochable.

Et dans les cas trop fréquents où l'éloignement des sources ne permet plus financièrement leur adduction la nécessité s'impose de puiser l'eau d'alimentation dans la rivière voisine.

Le seul mode d'épuration jusqu'ici applicable était la filtration en grandes masses dont tous les hygiénistes sont unanimes à reconnaître l'insuffisance.

Un moyen nouveau se présente aujourd'hui, entouré de toutes les garanties scientifiques et expérimentales; l'eau ozonée, quelle que soit sa contamination originelle, ne sert plus de véhicule aux maladies infectieuses telles que le choléra, la fièvre typhoïde, etc., parce qu'elle ne contient plus aucun germe pathogène.

Chimiquement, sa composition s'est améliorée par la disparition presque totale des matières organiques. Ses éléments minéraux sont restés les mêmes, et elle sort des chambres de stérilisation fortement aérée, plus légère et plus pure.

Est-il besoin de rappeler qu'à l'inverse de ce qui a lieu lorsqu'on a recours aux produits chimiques solubles, aucun dosage n'est ici nécessaire ? Un excès quelconque d'ozone peut être employé sans que les eaux traitées en conservent aucune trace.

Les appareils d'ozonisation sont simples d'un maniement et d'un réglage faciles. Ils peuvent être conduits par le personnel ordinaire des usines élévatoires. Leur construction robuste les rend capables de supporter normalement les services les plus sévères. Par la nature même des éléments qui les composent ils peuvent, sur un type uniforme, être construits pour les plus petits comme les plus grands débits.

Les dépenses d'installation et d'exploitation de ces appareils restent généralement très inférieures aux frais d'établissement et d'entretien des canalisations de grande longueur. Et quand ces canalisations préexistent, le coût supplémentaire de l'ozonisation indispensable pour éliminer l'intégralité des germes pathogènes n'est qu'une fraction faible, et presque toujours négligeable, du prix de revient total de l'eau.

D'autres expériences sont faites à l'heure actuelle à la Société anglo-française des parfums perfectionnés à Courbevoie avec les ozoneurs Verley.

Ils ont déjà donné de bons résultats.

Enfin les ozoneurs Otto sont également utilisés dans ce but.

L'installation faite à l'Hotel Moderne à Paris comporte des appareils basés sur les principes que nous avons indiqués.

Réactions oxydantes produites par l'ozone. — L'ozone est employé pour produire dans l'industrie quelques réactions oxydantes. C'est ainsi que la Société anglo-française des parfums perfectionnés, à Courbevoie, utilise ce gaz pour fabriquer différentes matières premières de parfumerie, notamment la vanilline et le pipéronal. La vanilline s'obtient le plus souvent dans l'industrie par oxydation de l'eugénol ou de l'isoeugénol.

L'eugénol se retire des clous de girofle par distillation. — On transforme cet eugénol en isoeugénol par l'action de la potasse. L'eugénol a pour formule :

$$C-CH^2-CH=CH^2$$

$$\begin{array}{c} HC \\ HC \end{array} \bigg\langle \begin{array}{c} CH \\ C-O-CH^3 \end{array}$$

$$C-OH$$

La constitution de l'isoeugénol peut s'exprimer par le schéma suivant :

$$C-CH=CH-CH^3$$

$$\begin{array}{c} HC \\ HC \end{array} \bigg\langle \begin{array}{c} CH \\ C-OCH^3 \end{array}$$

$$C-OH$$

Si l'on oxyde l'isoeugénol on obtient la vanilline.

$$C^6H^3 \Big\langle \begin{array}{c} CH=CH-CH^3 \\ -OCH^3 \\ OH \end{array} + 3O = C^6H^3 \Big\langle \begin{array}{c} CHO \\ OCH^3 \\ OH \end{array} + CH^3-COOH$$

On voit qu'il se forme ainsi de l'acide acétique et que la transformation a lieu par action de trois atomes d'oxygène, c'est-à-dire par une molécule d'ozone.

Le pipéronal, plus connu sous le nom d'héliotropine, est préparé d'une façon semblable. On extrait le safrol de l'essence de sassafran, on transforme ce safrol en isosafrol et on l'oxyde pour obtenir l'héliotropine.

Ces procédés ont été brevetés en 1895 par MM. Otto et Verley. Ils ont eu une grande influence sur les cours des parfums artificiels, notamment sur celui de la vanilline. Cette matière valait 8.750 fr. le kilo en 1876; 2000 en 1880, 850 en 1890, 700 en 1895, à l'heure actuelle, son cours est aux environs de 100 fr.

Epuration des jus sucrés. — L'application industrielle des appareils Verley au traitement des jus sucrés a été faite à Noyon dans l'usine de M. Bouillaut.

Les premiers essais datent de la campagne de 1897; ils ont été poursuivis durant la campagne dernière et n'ont pu être menés à bonne fin qu'à la fin de cette campagne.

L'installation pour le traitement de 200 tonnes par jour comprend :

Une machine de 100 chevaux;

Un alternateur pouvant fournir un courant de 300 ampères à 250 volts, soit 75.000 watts.

Le courant est divisé en 10 courants dérivés, actionnant chacun un transformateur. Ces transformateurs produisent un courant secondaire d'une tension de 12.000 volts et chacun actionne à son tour 10 appareils à azone, soit en tout 100 ozoneurs.

Ces derniers sont disposés sur une série d'étagères à claire-voie ce qui permet à l'air de circuler librement autour des appareils et d'assurer le refroidissement.

Comme la campagne sucrière a lieu l'hiver, on se trouve dans d'excellentes conditions pour obtenir un rendement convenable en ozone, sans avoir besoin de recourir à un refroidissement artificiel de la salle.

Chaque appareil est réuni à un collecteur en plomb par un tube de verre par lequel se produit l'aspiration de l'ozone.

Afin d'assurer un débit égal dans chaque ozoneur, chacun d'eux est muni d'un petit indicateur spécial, muni d'un robinet de verre que l'on règle de manière à obtenir partout un écoulement régulier et identique du gaz.

Le collecteur qui reçoit l'ozone provenant de tous ces appareils est relié à la partie inférieure d'une colonne de coke imprégné de lessive de soude caustique destinée à retenir les vapeurs nitreuses produites en même temps que l'ozone par l'action de l'effluve sur le mélange d'azote et d'oxygène de l'air. A la sortie du dénitrificateur, les gaz sont introduits dans une série de cuves en tôle munies d'agitateurs mécaniques.

Les bras de l'agitateur se meuvent entre une série de faux-fonds percés de trous, et ce dispositif a pour but d'obtenir une émulsion aussi complète que possible de l'air ozoné avec la solution sucrée, et de laisser l'ozone en contact avec les sirops le plus longtemps possible.

A la sortie de la première cuve, l'air ozoné pénètre dans la seconde cuve contenant également du sirop qui reçoit l'excédent d'ozone qui échappe à la première.

Il y a une série de trois cuves : deux sont en travail pendant que l'une d'elles est en vidange et en remplissage. Leur contenance est de 70 hectolitres chacune.

A la sortie des cuves à ozoner ou ozonateurs, le courant gazeux est conduit à une pompe sèche capable d'aspirer 8oo mc. à l'heure. C'est cette pompe qui, placée à l'extrémité de tout le système, détermine par aspiration le courant d'air ozoné dans tous les appareils que je viens d'énumérer.

Pour effectuer le traitement on introduit dans les ozonateurs 4o hectolitres de sirop marquant de 2oo à 25 B. et sortant du triple effet. Le sirop a été préalablement refroidi à la température d'environ 20°, car l'expérience a montré qu'à une température plus élevée l'ozone attaque le sucre.

Le sirop doit avoir une alcalinité de 1 gramme à o gr. 5 de chaux par litre.

Au début de l'opération on voit le sirop se colorer et l'ozone est entièrement absorbé. Au bout de quelque temps l'alcalinité diminue et la coloration augmente.

Au bout de 1 heure 1/4 à une heure 1/2 l'ozone commence à échapper de la première cuve et est retenu dans la seconde, en même temps la coloration tend à disparaître. Lorsque la coloration du sirop ozoné est revenu à peu près à la coloration primitive du jus initial, on suspend le courant d'ozone que l'on dirige sur la cuve suivante.

A la sortie de l'ozonateur, le sirop maintenu froid et saturé d'acide sulfureux jusqu'à une acidité de 1 gr. 1/2 à 2 grammes par litre. On neutralise ensuite toujours à froid par la baryte jusqu'à établir une alcalinité de o gr. 3 à o gr. 5 par litre. On réchauffe ensuite jusqu'à la température de 80° et on envoie la masse à travers un filtre-presse spécial, construit en Angleterre par MM. Johnson et Cie et qui seul a permis d'opérer la filtration du sulfite de baryte extrêmement ténu et chargé de matières organiques qui est produit dans ces conditions.

Quel est le rôle de l'ozonation et du traitement subséquent de l'acide sulfureux et de la baryte sur les sirops?

Le jus de betterave contient, en dehors de la saccharose, un mélange si complexe de substances organiques et minérales qu'il est impossible de se faire à priori une idée des réactions qui peuvent se produire et de l'influence mutuelle que peuvent avoir les uns sur les autres les produits dérivés de ces réactions.

L'action de l'ozone peut être envisagée sous les deux aspects suivants : 1° La combustion complète de certaines matières organiques, le sucre restant parfaitement intact et inaltéré, à condition que la température ne soit pas trop élevée et que l'action de l'ozone ne soit pas prolongée au delà de certaines limites.

Ce fait résulte de ce que le quotient de pureté est augmenté dans une certaine mesure par l'action seule du passage de l'ozone dans le sirop. Cette augmentation de pureté est naturellement variable avec la nature des matières qui existent dans le sirop initial, elle est généralement de 1 à 2°. Les matières organiques qui paraissent être oxydées de préférence sont les matières odorantes de la betterave, le goût âcre est remplacé par une saveur plus douce et qui paraît plus sucrée. 2° En dehors de cette combustion complète de certaines substances très oxydables, l'ozone produit une modification importante d'autres matières contenues dans le sirop. Cette transformation est mise en évidence par la formation que j'ai signalée de matières colorantes et par la diminution de l'alcalinité. Il se forme des acides qui viennent neutraliser une partie de l'alcali et pour éliminer ces matières transformées, j'ai reconnu qu'il fallait compléter l'action de l'ozone par le traitement réducteur. On peut employer pour cela la poudre de zinc, l'acide hydro-sulfureux, l'hydrogène électrolysé, mais j'ai reconnu que le traitement mentionné plus haut : l'acide sulfureux et la baryte, est celui qui fournit les résultats les plus efficaces.

Le sulfite de baryte en se précipitant entraîne les matières réduites de la substance colorante, de sorte que l'on obtient après filtration un sirop parfaitement brillant, en grande partie décoloré et possédant une fluidité remarquable, ce sirop ne paraissant pas plus visqueux que du jus de deuxième carbonation.

Il résulte de là que la durée de la cuite est diminuée dans de grandes proportions; que le quotient de pureté est généralement augmenté de 2 ou 3° et le quotient salin augmente aussi dans les mêmes proportions.

En résumé on peut affirmer que le traitement par l'ozone dans les conditions annoncées précédemment permet d'éliminer environ 50 p. 100 du non-sucre existant dans le sirop, il permet donc d'extraire de la betterave une plus grande quantité de sucre cristallisable en diminuant la proportion de mélasse. Le sucre obtenu est entièrement dépourvu de l'odeur de la betterave, il a un goût agréable qui rappelle un peu celui du sucre extrait de la canne.

D'après les chiffres donnés plus haut, la force motrice nécessaire pour traiter une tonne de betterave est d'environ 1/2 cheval, et la dépense d'acide sulfureux et de baryte est actuellement avec le cours de la baryte de 50 centimes.

Autres applications de l'ozone. — On a également appliqué l'ozone au *blanchiment des étoffes, de la paille, de la ciré* et *de l'amidon.* Dans certains cas, l'ozone semble présenter des avantages aussi grands que l'eau oxygénée; il peut être utilisé pour quelques cas où l'on ne pourrait employer l'eau oxygénée.

On a également employé ce gaz, pour améliorer les liqueurs, le tabac, le café, etc., pour vieillir les bois et les durcir.

Mais ces usages sont restreints.

IV. — ÉTINCELLE ÉLECTRIQUE

L'étincelle électrique n'a pas encore donné lieu à des résultats industriels.

Toutefois, il nous semble nécessaire de rappeler ici quelques expériences qui présentent le plus grand intérêt.

On sait que l'étincelle, qui peut être produite soit par les machines statiques, soit par les courants de haute fréquence, agit et par sa température élevée et par électrolyse.

La seule action de l'étincelle qui peut devenir intéressante, au point de vue pratique, est son action sur un mélange d'azote et d'oxygène, laquelle a été étudiée par M. Berthelot; il se forme des composés nitreux; mais on ne peut pas obtenir une réaction complète, l'étincelle décomposant les produits nitrés.

On sait, depuis Cavendish, que si l'on fait intervenir un alcali, qui absorbe les composés nitreux, on obtient finalement un nitrate. C'est cette expérience qui, reprise d'une façon plus approfondie, a permis d'isoler l'*argon*.

On voit que de ces expériences découle le problème si important de la fixation de l'azote de l'air, problème approfondi par M. Berthelot et par quelques savants anglais, notamment Sir William Crookes, Lord Raleigh, etc.

Nous apprenons que la solution industrielle du problème serait trouvée. On annonce en effet qu'aux chutes du Niagara une usine, fonctionnant régulièrement, prépare industriellement l'acide azotique par cette méthode.

CONCLUSIONS

Au cours de ce livre, nous avons décrit les méthodes qui ont reçu la consécration de l'industrie ainsi que celles qui paraissent ouvrir un horizon nouveau à l'électrochimie et à l'électro-métallurgie. — En 1889, ces industries ne comptaient qu'une seule branche importante : le raffinage du cuivre; les industries de l'aluminium et du chlorate de potassium étaient dans la période de début.

En 1902, ces industries occupent une place des plus importantes, et elles paraissent appelées à bouleverser certaines fabrications.

Dans un remarquable discours prononcé à Liverpool, à la fin de 1899, M. le professeur Lunge parlant des modifications probables dans le développement général de l'industrie chimique, disait :

« La rupture de l'équilibre qui existe actuellement entre les différents pays industriels sera accélérée par d'autres facteurs (que l'épuisement des mines).

« Il serait puéril de vouloir prophétiser à l'aventure; mais nous sommes en face de deux réalités qui s'imposent à notre réflexion : l'électricité et la force hydraulique. Toute cette réserve d'énergie que des milliers d'années nous ont léguée sous forme de combustible fossile, et qui n'est qu'une fraction infinitésimale de l'énergie des rayons solaires qui ont frappé notre sol pendant cette période, n'est rien en comparaison de celle que le soleil dépense journellement pour l'évaporation de l'eau, et dont nous retrouvons une grande partie dans l'énergie mécanique formée par les chutes naturelles.

« Il y a quelques années à peine, on n'avait utilisé qu'une bien faible proportion de cette énergie, même dans les pays de progrès industriel. Aujourd'hui, il semble que tout soit changé, et le changement s'est produit avec une rapidité prodigieuse. En Grande-Bretagne la transformation n'est pas très visible bien que les établissements industriels des chutes de Foyers soient un exemple assez curieux de ce progrès. Mais, en Suisse, c'est une véritable fièvre qui règne pour l'utilisation des chutes d'eau que l'on trouve en abondance dans les vallées des Alpes, dans celles du Jura et même sur le cours du Rhin! Même spectacle dans les régions montagneuses de la France, en Espagne, dans le Tyrol, en Italie, en Suède et en Norwège. Il se trouve que, précisément, les pays qui possèdent peu de gisements houillers sont bien pourvus en chutes d'eau. Réciproquement, l'Angleterre et l'Allemagne, qui n'ont rien à désirer au point de vue du combustible, sont à peu près dépourvues de forces motrices naturelles. Seuls les États-Unis jouissent du rare privilège de posséder à la fois, en abondance, ces deux sources de richesse nationale. »

Pour donner une idée aussi nette que possible de

Fig. 77. — Usines électro-chimiques de la France.
(Chaque usine est représentée par .)

l'état actuel des industries que nous venons de décrire, nous donnons une carte qui se trouvait à l'annexe de la Classe d'Electrochimie, et qui donne la situation des usines françaises en 1900 (fig. 77); un graphique montrant la variation de la puissance tota-

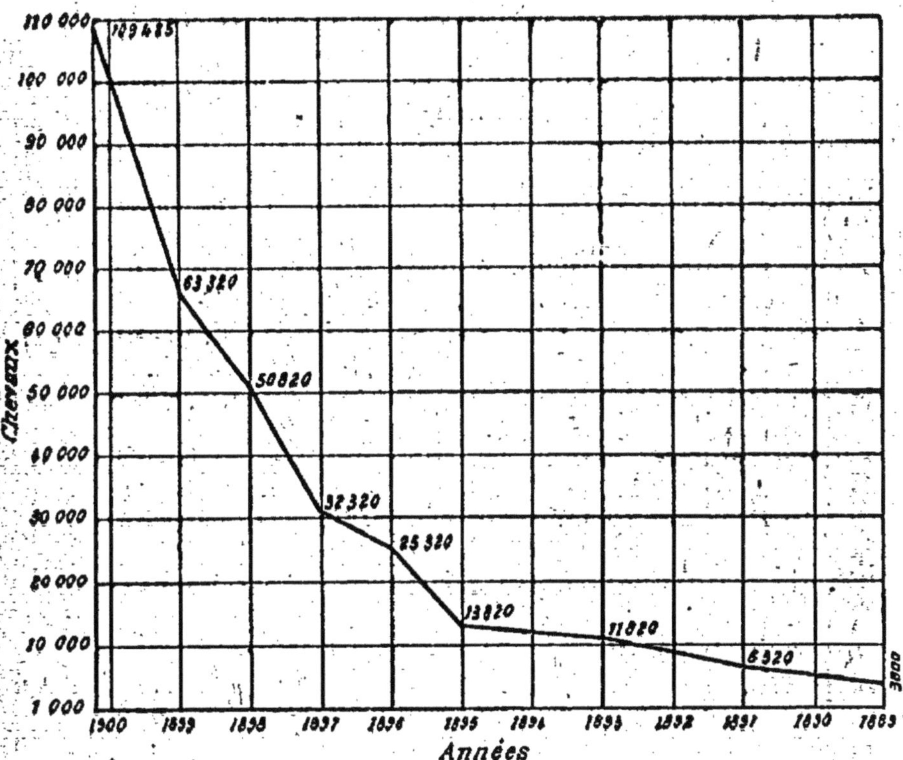

Fig. 78. — Développement de la puissance utilisée par les usines éteclro-chimiques en France, de 1889 à 1900.

lisée en France (fig. 78); et des tableaux statistiques extraits du remarquable rapport de M. Swan auquel nous avons déjà emprunté de nombreux renseignements.

Les quantités produites pendant l'année 1900 sont exprimées en tonnes métriques.

La lettre N indique que des renseignements ont été

Tableau I. — Raffinerie de cuivre.

NOM DE LA SOCIÉTÉ	LOCALITÉ	SOURCE de la force	CHEVAUX		Production 1900
			disponibles	utilisés	
Mansfeldische Gewerskschaft............	Eisleben	Vapeur, gaz	100	N	N
Bergbau und Eisenhütten Gewerksckaft...	Wittkowitg	Vapeur	10	10	180
Elliott's Metal Company...............	Pembrey	»	600	?	N
Allg. Elektro-metallurg. Gesellschaft.....	Papenburg	»	N	N	?
T. Bolton and Sons...................	Oakamaov	»	?	?	N
Etablissements industriels E. C. Gramont.	Pont-de-Cheruy	Eau	150	50	150
English Electro-metallargical C⁰.........	Hunslet	Vapeur	N	?	?
Königliches Hüttenamt..............	Oker	Vapeur et eau	N	N	N
Elmore's Metall-Akt-Gesell	Schladern	»	550-360	850	1.200
Königl. Hütten-Verwaltung.............	Brixlegg	Eau	N	N	N
Norddeutsche Affinerie................	Hambourg	Vapeur	N	N	N
Elektro-Metall-Werk Nikolojeff...........	Moscou	»	60	35	350

Tableau II. — Raffinerie de lingots.

NOM DE LA SOCIÉTÉ	LOCALITÉ	SOURCE de la force	CHEVAUX utilisés	PRODUCTION 1900
Deutsche Gold. u. Silber Scheide Anstalt.....	Francfort	Vapeur	30	Or, 26.131 onces Argent. 7.186.080 onces
Norddeutsche Affinerie.................	Hambourg Pforzheim	» »	N ?	Or (N), platine (N) ?

reçus, mais qu'ils ne sont pas destinés à être publiés.

La valeur de la production des raffineries de Francfort et de Hambourg a été évaluée, pour 1900, à la somme de plus de 2.500.000 livres (62.500.000 francs).

Il faut ajouter encore une grande quantité d'argent récupérée des boues de raffineries électrolytiques de cuivre.

La valeur totale des métaux précieux obtenus par les méthodes électrolytiques, en Europe, est probablement de 3.500.000 livres (87.500.000 francs).

Tableau III
Extraction de l'aluminium

NOM DE LA SOCIÉTÉ	LOCALITÉ	Source de la force	CHEVAUX		Production 1900
			disponibles	utilisés	
Soc. électro-métallurgique française.....	La Praz	Eau	12.500	?	N
The British Aluminium Company...	Foyers	»	5.000	?	N
Compagnie des Prod. chimiques d'Alais...	St-Michel	»	2.000	?	?
Aluminium Industrie Aktien Ges.........	Neuhausen	»	4.000	?	?
	Rheinfelden	»	5.000	?	?
	Land-Gastein	»	5.000	?	?

Deux de ces sociétés ont fourni les informations demandées ; dans les autres cas, les données relatives à la force disponible ont été obtenues par une autre voie. Les six établissements ci-dessus ont 33.500

chevaux disponibles, pour la production de l'aluminium. On évalue leur production de 1900 à 4.000 tonnes.

Tableau IV

Extraction du sodium

NOM DE LA SOCIÉTÉ	LOCALITÉ	Source de la force	CHEVAUX		Production 1900
			disponibles	utilisés	
Elektro-chemische Werke..............	Bitterfeld	Vapeur	3,000	?	?
Castner-Kellner Alkali C°................	Weston Point	»	4 000	?	N
Elektro-Fabrik Natrium,...............	Rheinfelden	Eau	?	?	?

Il faut ajouter à ceci que deux fabriques de couleurs allemandes produisent, pour leurs propres usages, du sodium électrolytique et que la Société française d'Electrochimie commence à en faire.

Tableau V

Fabrication des alcalis et du chlorure de chaux.

NOM DE LA SOCIÉTÉ	LOCALITÉ	SOURCE de la force	CHEVAUX		PRODUCTION 1900
			disponibles	Utilisés	
Bosnische Elektricitäts Aktienges.	Jayce.	Eau.	9.200	?	?
CastnerKellner Alkali Co............	Weston-Point.	Vapeur.	4.000	N	N
Elektrochemische Werke.........	Rheinfelden.	Eau.	3.500	?	?
— —	Bitterfeld.	Vapeur.	3.000	?	?
Soc. des soudures électrolytiques.	Les Clavaux.	Eau.	2.600	Momentanément ne travaille pas,	—
Soc. italiana di Elektrochimica « Volta »...............	Bussi.	»	2.800	En voie de construction.	—
Soc. anon. elektra del Besaya....	Barcena.	»	2.400	»	—
Solvay et Cie...............	Jemeppe.	Vapeur.	1.500	1.000	Caustique : 630 Chlorure : 1.360
Deutsche Solvay Werke	Osternienberg.	»	1.500	1.000	Caustique : 1.535 Chlorure : 3.338
Lubinoff, Solvay et Cie	Donetz.	»	1.500	En voie de construction.	»
Soc. des usincs dés prod. chim. de Monthey............	Monthey.	Eau.	1.500	680	Caustique : 1.000 Chlorure : 2.500
Akcyine Towarzystro « Elektrycznon »............	Zembkowice.	Vapeur.	1.200	1.200	Caustique : 1.250 Chlorure : 2.550
Soc. anon. suisse de l'industrie électrochimique « Volta »......	Chèvres.	Eau.	1.000	500	Caustique : 600 Chlorure : 1.440
The electrolytic Alkali et Cie	Middlevich.	Vapeur.	1.000	N	N

Ces 14 établissements disposent de 13.700 chevaux (vapeur) et 23.000 chevaux (eau); soit, au total, de 36.700 chevaux.

La production de six établissements a été de 12.000 tonnes de soude caustique, de 26.000 tonnes de chlorure de chaux. Huit établissements n'ont pas communiqué de chiffres.

TABLEAU VI
Fabrication de chlorates

NOM DE LA SOCIÉTÉ	LOCALITÉ	Source de la force	CHEVAUX		Production 1900
			disponibles	utilisés	
Corbin »	Chedde	Eau	12.000	9.000	4.500
Société d'électro-chimie	St-Michel de Maurienne	»	4.000	?	?
Société d'électro-chimie	Vallorbe	»	3.000	?	N
Superfosfat Fabrik Aktiebolag	Mansboe	»	4.600	N	N
Superfosfat Fabrik Aktiebolag	Alby	»	?	?	?
Consortium f. Elektrochem. Ind.	Golling	»	4.500	?	?
Ges. f. Elektrochem. Ind.	Turgi	»	800	?	?

Trois de ces sociétés seulement ont fourni les chiffres demandés. Dans les autres cas, les données relatives à la force disponible ont été obtenues par une autre voie.

Ces sept établissements disposent de plus de 28.000 chevaux pour la fabrication de chlorates, et leur production est évaluée, pour 1900, à près de 9.000 tonnes.

Tableau VII

Ferro-chrome et autres alliages

NOM DE LA SOCIÉTÉ	LOCALITÉ	Source de la force	Chevaux disponibles	Production 1900
Soc. électro-métallur. française..	Le Praz	Eau	12.500	N
Soc. électro-chim. de la Romanche	Livret	»	12.000	?
Acetylen Gas Gesell. Wien.....	Méran	»	2.400	?
Société d'Electro-chimie..........	St-Michel	»	4.000	?

Il faut ajouter encore qu'une société italienne, à Darfo, dispose de près de 1.500 chevaux, pour la production d'acier, par le procédé de Stassano, et qu'à Essen, on fabrique du ferro-chrome par le procédé de Goldschmidt-Vantin.

Tableau VIII. — Fabrication du carbure de calcium.

NOM DE LA SOCIÉTÉ	LOCALITÉ	Source de la force	CHEVAUX		Production 1900
			disponibles	utilisés	
Soc. electro-chim. de la Romanche	Livet	Eau	12.000	En voie de construction	—
Bosnische Elektricität Akt. Ges	Jasce	»	9.200	?	?
Soc. italiana carburo di calcio	Collestatle	»	9.000	?	?
Aktieselskabet-Hafslund	Sarpsborg	»	8.000	?	?
Usines électriques de Lonza	Gampel	»	7.500	3.500	3.500
Aktieselskabet Karbidindustrie	Sarpslorg	»	7.000	?	1.500
Soc. suisse de l'ind. électro-chim. « Volta »	Vernier	»	7.000	3.000	3.000
Soc. électro-chim. du Giffre	Bellegarde	»	6.000	?	?
Acetylene Illuminating Compagny	Foyers	»	5.000	1.200	1.200
Superfosfat Fabriks Aktiebolag	Mansbœ	»	4.600	N	N
Societa espagnola carburos metallicos	Berga	»	4.000	?	?
Schweizerische Ges. f. elektrochem. ind	Thusis	»	3.500	2.000	900
Elektrochemische Werke	Rheinfelden	»	3.500	?	?
Società piemontese di carburo di calcio	St-Marcel	»	3.000	?	?
Orebro Elektriska Aktiebolag	Orebro	»	3.000	?	?
Soc. niçoise d'électrochimie	Plan-du-Var	»	3.000	?	?
Trollhaitans Elektriska Kraf Aktiebolag	Trollhattan	»	2.600	1.600	1.500
Soc. hydro-électrique des Pyrénées	Le Castelet	»	2.400	2.000	?
Allg Carbid-u. Acetylengesell	Matrei	»	2.250	2.250	2.250
Hamekoski Aktiebolag Wiborg	Hamekoski	»	2.000	?	?
Akcyjm Towarzystvo Elektricznon	Zombkowice	Vapeur	1.200	?	?
Compagnie française des carbures	Schilienne	Eau	1.150	1.055	600
Württemberg. Portland Cement Werke	Lauffen	»	500	500	200
Schweiz. Ges. f. elektrochem. Ind	Luserbach	»	500	?	?
Compagnie des salines du Midi	Salies-du-Salut	»	300	300	215
The United Alkali Company	Widnes	Gas	N	N	?

Ces 26 usines disposent de 107.000 chevaux (eau), 1.200 chevaux (vapeur), soit au total de 108.200 chevaux.

La production de 13 usines a été de 17.065 tonnes de carbure. Un très grand nombre d'usines à carbure n'ont fourni aucun renseignement.

Tableau IX. — Force totale de 50 établissements européens pour les industries électrochimiques et électro-métallurgiques.

PAYS	NOMBRE d'établissements	CHEVAUX DISPONIBLES			
		Eau	Vapeur	Gaz	Total
Royaume-Uni	6	5.000	8.600	200	13.800
France	11	54.100	néant	—	54.100
Allemagne	9	4.550	5.300	50	9.940
Suisse	7	25.000	néant	—	25.000
Suède et Norvège	4	25.200	»	—	25.200
Autriche	2	9.218	10	—	9.228
Italie	5	17.850	néant	—	17.850
Russie	4	2.000	2.760	—	4.760
Espagne	2	6.400	néant	—	6.400
Total	50	149.318	16.710	250	166.278

Ce tableau n'indique que le tiers des établissements existant en Europe.

Tous ces tableaux prouvent le développement pris d'une façon si soudaine par les industries électro-métallurgiques et électro-chimiques, développement dans lequel la France a joué un rôle primordial.

TABLE DES MATIÈRES

Préface.. 5

Introduction.. 6
Principales mesures électriques, 6. — Unités pratiques, 10.
— Définitions, 10. — Lois de Faraday, 11. — Equi-
valent électrochimique, 11. — Loi de M. Berthelot, 12.

I. — FABRICATION DES PRODUITS CHIMIQUES PAR ÉLECTROLYSE

PREMIÈRE PARTIE. — Préparation des métalloïdes et de leurs dérivés par électrolyse.   17

CHAPITRE PREMIER. — Fabrication de l'hydrogène
et de l'oxygène.. 17

CHAPITRE II. — Fabrication du fluor............... 23

CHAPITRE III. — Fabrication du chlore, de la soude
et de la potasse... 31
Coup. d'œil général sur l'industrie de la soude, 31. —
Procédés par voie humide, procédés à diaphragme, 35.
— Procédés au mercure, 55. — Procédés sans diaphragme et sans mercure, 61. — Procédés par la voie
sèche, 65. — Prix de revient de la soude et du chlore
électrolytiques, 69.

CHAPITRE IV. — Fabrication des hypochlorites et
des chlorates alcalins et alcalins-terreux par
électrolyse... 76
Considérations générales, 76. — Hypochlorites, 79. —
Chlorates de potassium et de sodium, 83. — Chlorate
de sodium, 88.

CHAPITRE V. — **Autres produits dérivant des métalloïdes**..................................... 90

Persulfates, 90. — Acide hydrosulfureux et hydrosulfite de sodium, 92. — Composés d'arsenic, 94.

DEUXIÈME PARTIE. — **Electrométallurgie par électrolyse** 95

CHAPITRE PREMIER. — **Electrométallurgie du cuivre**...................................... 97

    I. — *Raffinage du cuivre brut*............... 97

Principe, 97. — Expériences de Kiliani, 99. — Procédés avec insufflation d'air, 105. — Prix de revient, 117.

    II. — *Extraction du cuivre*...................... 119

Principe général, 119.

CHAPITRE II. — **Electrométallurgie du zinc**.......... 126

CHAPITRE III. — **Electrométallurgie de l'argent**..... 138

CHAPITRE IV. — **Electrométallurgie de l'or**.......... 150

Première méthode : l'or reste à l'anode, 150. — 2° méthode : on électrolyse des dissolutions d'or faites par voie chimique, 150.

CHAPITRE V. — **Electrométallurgie de l'étain**...... 158

CHAPITRE IV. — **Electrométallurgie des autres métaux**................................... 160

Electrométallurgie du nickel, 160. — Electrométallurgie du chrome, 161.

TROISIÈME PARTIE. — **Fabrication des dérivés des métaux**................................... 163

Baryte et strontiane, 163. — Chromates et bichromates, 164. — Permanganate de potassium, 165. — Ferricyanure de potassium, 166. — Carbonate de plomb ou céruse, 166. — Couleurs minérales, 169.

QUATRIÈME PARTIE. — **Fabrication des composés organiques**................................... 171

Chloroforme et iodoforme, 173. — Dérivés iodés des phénols, 174. — Aniline, hydrazobenzol, azobenzol et azoxybenzol, 174. — Paramido-phénol, 176. — Matières colorantes, 177. — Couleurs d'aniline, 179.

II. — INDUSTRIES UTILISANT LE FOUR ÉLEC-
TRIQUE.. 180

CHAPITRE PREMIER. — Préparation des métalloïdes
et des métaux avec four électrique.............. 181
Fours électriques, 181. — Préparation des métalloïdes
et des métaux, 195. — Phosphore, 195. — Etude des
diverses variétés du carbone, 196. — Préparation du
chrome, 198. — Préparation du manganèse, 199. —
Préparation du tungstène, 199. — Préparation du
molybdène, 200. — Préparation de quelques autres
métaux, 200. — Préparation des alliages, 201. — Fabrication de l'acier, 202. — Applications diverses du
four électrique, 203.

CHAPITRE II. — Industrie du carbure de calcium,
du carborundum, etc........................... 207
Généralités, 207. — Fours pour la fabrication du carbure de calcium, 208. — Impuretés du carbure de calcium, 233. — Propriétés et utilisations du carbure
de calcium, 238. — Autres carbures, 240. — Etat
actuel de l'industrie du carbure de calcium, 242.

CHAPITRE III. — Fabrication des siliciures et
borures 244

CHAPITRE IV. — Fabrication de l'aluminium et du
magnésium..................................... 247
I. — Aluminium............................... 247
Historique de la fabrication de l'aluminium, 251. —
Procédés actuels dus à Héroult et Hall, 255.
II. — Magnésium............................. 254
III. — Lithium................................ 255

CHAPITRE V. — Etat actuel de l'industrie de l'aluminium, ses débouchés......................... 257
Matières premières, 260. — Etat actuel de la production
et variations du prix, 264. — Utilisation de l'aluminium, alliage, 265. — Etude théorique des alliages
d'aluminium, 270. — Débouchés de ces alliages et du
métal, 271. — Albuminothermie, 272. — Historique,
274. — Découverte du Dr Goldschmidt, 275. — Production de métaux à l'état de pureté, 276. — Qualités
des minéraux obtenus par le procédé Goldschmidt, 284.
— Applications du procédé Goldschmidt basées
sur l'utilisation de la température élevée obtenue, 287.

III. — APPLICATION DE L'EFFLUVE ÉLEC-TRIQUE.. 295

CHAPITRE PREMIER. — Industrie de l'ozone et ses applications.................................... 295

Généralités, 295. — Ozoneur Du Moncel, 296. — Tubes producteurs d'ozone de M. E.-U. Chatelain, 298. — Ozoneurs industriels, 300. — Ozoneurs Verley, 301. — Ozoneurs de MM. Marnier et Abraham, 314. — Ozoneurs Otto, 315.

CHAPITRE II. — Applications industrielles de l'ozone... 319

Épuration des eaux, 319. — Réactions oxydantes produites par l'ozone, 329. — Epuration des jus sucrés, 332. — Autres applications de l'ozone, 336.

IV. — ÉTINCELLE ÉLECTRIQUE................ 337

CONCLUSIONS.. 339

TABLE ALPHABÉTIQUE

Acier fabriqué au four élec-
trique, 202.
Alcalis, 346.
Alizarine, 177.
Alliages, 201.
— d'aluminium, 265.
Aluminium(alliages d'), 265.
— (carbure d'), 210.
— (extraction de l'), 344.
— (fabrication de l'), 247.
— (industrie de l'), 257.
Aluminothermie, 273.
Aniline, 174.
— (couleurs d'), 179.
Anodes, 11.
Anthracène, 177.
Antimoine, 101.
Argent, 100.
— (électro-métallurgie de l'),
138.
Argon, 337.
Arsenic, 100.
— (composés d'), 91.
Azobenzol, 174.
Azoxybenzol, 174.

Baryte, 163.
Baryum (carbures de), 210.
Bichromate, 164.
Bismuth, 100.
— (oxyde de), 100.
Blanchiment des étoffes, 336.
Borures (fabrication des), 211.

Calcium (carbure de), 207, 340.
Calorie, 8.
Carbonate de plomb, 166.

Carbone, 196.
Carborundum, 207.
Carbure d'aluminium, 210.
— de baryum, 210.
— de calcium, 207, 340.
— de cerium, 210.
— de manganèse, 210.
— de strontium, 210.
— d'uranium, 210.
Cathode, 11.
Cerium (carbure de), 210.
Céruse, 166.
Chauffage local des pièces de
métal, 293.
Chaux (chlorure de), 76, 346.
Chlorates, 347.
— alcalins et alcalins-ter-
reux (fabrication par), 76.
— de potassium, 77, 83.
— de sodium, 77, 83, 89.
Chlore (fabrication par élec-
trolyse), 31.
Chloroforme, 173.
Chlorure de chaux, 76, 346.
Chromates, 164.
Chrome, 198.
— (électrométallurgie du),
161.
Cobalt, 101.
Colorantes (matières), 177.
Composés organiques (fabri-
cation des), 171.
Couleurs d'aniline, 179.
— minérales, 160.
Cuivre (électrométallurgie
du), 97.

Cuivre (extraction du), 119.
— (oxydule de), 99.
— (raffinerie du), 343.
— (sulfure de), 99.
— brut (raffinage du), 97.

Densité de courant, 9.
Dérivés iodés des phénols, 174.
— des métaux (fabrication des), 163.
Développement de la puissance utilisée par les usines électro-chimiques en France, 342.
Diaphragme, 35.

Eau de Javel, 76.
Eaux (épuration des), 319.
Effluve électrique (application de l'), 295.
Electrodes, 11.
Electrolyte, 10.
Electrométallurgie de l'argent, 138.
— du chrome, 161.
— du cuivre, 97.
— par électrolyse, 95.
— de l'étain, 158.
— du nickel, 160.
— de l'or, 150.
— du zinc, 126.
Energie électrique, 9.
Epuration des eaux, 319.
Equivalent électrochimique, 11.
Etain, 100.
— (électrométallurgie de l'), 158.
Etincelle électrique, 337.
Etoffes (blanchiment des), 336.

Fer, 101.
Ferricyanure de potassium, 166.
Ferrochrome, 201, 318.
Ferrosilicium, 201.
Ferrotitane, 202.

Fluor (fabrication par électrolyse), 23.
Force électromotrice, 9.
Four électrique (industries utilisant le), 180.

Grande calorie, 8.

Hydrazobenzol, 174.
Hydrogène (fabrication par électrolyse), 17.
Hydrosulfite de sodium, 92.
Hydrosulfureux (acide), 92.
Hypochlorites, 79.
— (fabrication par électrolyse), 76.
— de soude, 76.

Intensité, 8.
Iodoforme, 173.
Ions, 10.
— (théorie des), 13.

Lingots (raffinerie de), 343.
Lithium, 255.
Loi de Berthelot, 12.
— de Faraday, 11.

Magnésium, 254.
Manganèse, 199.
— (carbure de), 240.
Mesures électriques, 6.
Métalloïdes (préparation des) par électrolyse, 17.
— (préparation des) au four électrique, 181.
Métaux (dérivés des), 163.
— préparés au four électrique, 181.
Molybdène, 200.

Nickel, 101.
— (électrométallurgie du), 160.
Niobium, 201.

Or, 100.
— (électrométallurgie de l'), 150.
Oxyde de bismuth, 100.

Oxydule de cuivre, 99.
Ozone (applications indus
 trielles de l'), 319.
— (industrie de l'), 293.

Paramidophénol, 176.
Perchlorate de potassium, 77.
— de sodium, 77.
Permanganate de potassium,
 165.
Persulfates, 91.
Pétroles, 211.
Phénols (dérivés iodés des),
 174.
Phosphore, 195.
Platine, 100.
Plomb, 101.
— (carbonate de), 166.
Potasse (fabrication par élec-
 trolyse), 31.
Potassium (chlorate de), 77,
 83.
— (ferricyanure de), 166.
— (perchlorate de), 77.
— (permanganate de), 165.
Produits chimiques fabriqués
 par électrolyse, 15.
Puissance électrique, 10.
— (développement en Fran-
 ce), 311, 312.
Purpurine, 177.

Quantité d'électricité, 9.

Résistance, 9.

Siliciures (fabrication des),
 241.

Sodium (chlorates de), 77,
 83, 88.
— (extraction du), 315.
— (hydrosulfite de), 92.
— (perchlorate de), 77.
— (utilisation du), 68.
Soude (fabrication par électrolyse), 31.
— (hypochlorite de), 76.
— (industrie de la), 31.
Soudure des tuyaux, 287.
Strontiane, 163.
Strontium (carbure de), 240.
Sulfure de cuivre, 99.
Système C. G. S., 6.

Thermite, 287.
Titanique (acide), 201.
Tungstène, 199.
Tuyaux (soudure des), 287.

Unités électriques, 6.
— pratiques, 10.
Uranium, 200.
— (carbure d'), 240.
Usines électro-chimiques en
 France, développement de
 la puissance électrique utilisée, 311, 342.

Vanadium, 200.
Verre (fabrication du), 203.

Zinc, 101.
— (électrométallurgie du),
 126.
Zircone, 200.

Poitiers. — Imp. BLAIS et ROY, 7, rue Victor-Hugo.

B.S.G.D.G